개정판

생각을 키우는 번역학 수업

번역 실무와 이론을 한 번에

생각을 키우는 키우는 번역학 수업

- 번역 실무와 이론을 한 번에 -

이상빈 지음

HU:iNE

생각을 키우는 키우는 번역학 수업

- 번역 실무와 이론을 한 번에 -

이상빈 지음

HU:iNE

저자의 말

이 책의 집필 목적은 번역학(Translation Studies) 전공자들이 번역 실무에 필요한 기술을 익히고 실무와 관련된 기초 이론을 충분히 습득하도록 하는 데 있다. 하지만 이 책은 번역학의 모든 분야를 심도 있게 다루지는 않는다. 집필 과정에서 필자는 '번역 실무에 관심 있는 학생이라도 이 정도 이론은 알아야 하지 않을까?'라는 생각으로 이론에 접근했다.

『생각을 키우는 번역학 수업』은 기존의 번역(학) 교재와 비교해볼 때 다음과 같은 특징이 있다.

첫째, 이 책에서 소개한 대부분의 번역은 학부 번역 수업에서 논의한 실제 번역이다. 다만, 학생 번역문에 포함된 철자, 띄어쓰기 등의 오류는 논지에 영향을 주지 않는 선에서 소폭 수정하였다.

둘째, 이 책은 국내 번역(학) 수업에서 자주 논의되는 문제, 특히 학생들이 실습 과정에서 자주 범하는 실수와 오류를 분야별로 보여준다. 따라서 번역을 학문으로 접근하기 시작한 학생들에게 더욱더 유용하다.

셋째, 이 책은 실무의 문제를 이론에 접목함으로써 번역 전략의 타당성을 제시하고 번역 이론의 적용 가능성을 논한다. 따라서 이론만을 나열하는 일부 번역학 서적이나 실무의 문제만을 다루는 기존 교재와는 접근법이 다르다.

넷째, 기본적으로 이 책은 학부 전공생의 눈높이에 맞춰 번역학을 쉽고 친절하게 설명한다. 하지만 이 책에 포함된 보충 자료와 전문번역가의 실제 번역은 통번역대학원 석사 과정생뿐만 아니라 번역학 석·박사 과정생에게도 매우 유용하다.

다섯째, 이 책은 번역학의 제반 문제를 폭넓게 다룬다. 특히 기존 전공서에서는 쉽게 접할 수 없는 '트랜스크리에이션(transcreation)', '파라텍스트(paratext)', '요약 번역

(summary translation)', '화면/음성 해설(audio description)', '기계번역 포스트에디팅(machine translation post-editing)', '팬 번역(fan translation)', '교정교열(revision)' 등도 사례를 통해 친절하게 설명한다.

여섯째, 이 책은 다양한 분야에서 흥미로운 볼거리를 제공한다. 예를 들면 광고, 카툰, 만화, 포스터 등의 이미지를 통해 번역의 새로운 단면을 설명한다. 이 책에 포함된 각종 이미지는 독자의 번역 세계관을 넓히는 데 큰 도움을 줄 것이다.

일곱째, 각 챕터 후반부에 〈심화 학습을 위한 논문〉 리스트를 제공한다. 다만 독자의 자료 접근성과 자료의 난이도를 고려하여, 리스트에는 국내에서 발행된 저널 논문만을 담았다. 논문 대부분은 한국학술지인용색인(www.kci.go.kr)에서 무료로 내려받을 수 있다.

여덟째, 본 개정판에는 한국문학과 관련해 전문번역가의 독특한 번역 사례를 추가하였다. 사례에 관한 논의는 주로 필자의 최근 논문에서 다룬 내용이며 기존 교재에서는 쉽게 접할 수 없는 내용이다. 초판에서는 영한번역을 위주로 내용을 구성하였으나 이번 개정판에서는 한영 문학번역 사례를 추가하여 논의의 수준을 한 차원 끌어 올렸다. 번역 사례는 판소리, 고전·현대 소설, 시 등 다양한 장르를 고려해 발췌하였다.

아쉬운 점도 여전히 남아 있다. 무엇보다도, 필자의 교육·연구 경험을 바탕으로 집필한 것이기에 혹자가 보기에 빠지거나 부족한 부분이 있을 것이다. 특히 정보기술과 관련된 번역학의 새로운 단면들, 특히 기계번역 포스트에디팅과 컴퓨터 보조 번역은 개략적인 내용만을 제시하였다. 또한 시스템 이론, 번역 윤리, 포스트식민주의 번역 이론, 번역자학(Translator Studies), 번역의 철학적 접근법 등은 난이도 및 성격을 고려해 이번 개정판에서도 제외하였다.

앞으로도 필자는 이 책을 더욱 발전시키기 위해 다양한 자료를 수집하고 연구에 매진할 것이다. 특히 새로운 영역에 관심을 기울이고 다른 학자와의 협력 체계를 강화함으로써 분석 내용의 정확도와 효용성을 높일 것이다. 독자 여러분에게도 진심 어린 충고와 제언을 구하는 바이다.

2023년 2월 6일
저자 이상빈

감사의 글

이 책의 개정판이 나올 때까지 여러 분이 도움을 주셨다.

먼저, 필자의 소속 학과 구성원들에게 감사의 마음을 전한다. EICC학과 조성은, 남원준, 최희경 교수님께서는 필자의 곁에서 늘 든든한 후원자가 되어 주셨다. 아울러 이 책의 핵심 독자이기도 한 EICC학과 학생들과 일반대학원 영어번역학과 학생들에게도 고마움을 표하는 바이다.

과거 필자가 근무했던 동국대학교 영어·통번역학과 교수님들께도 감사의 마음을 전한다. 필자는 동국대학교에서 4년 넘게 근무했고 그 과정에서 이 책의 근간인 번역 자료와 모티브를 얻을 수 있었다. 좋은 환경에서 교육과 연구에 전념할 수 있도록 해주신 학과 교수님들께 다시 한번 심심한 사의를 표한다.

이 책의 집필 과정에는 여러 전문가와 동료의 도움이 있었다. 강내영 작가님은 화면(음성) 해설에 관한 조언과 함께 자신의 원고를 흔쾌히 보내주셨고, 김태희 작가님은 초판 출간에 필요한 그림을 그려주셨다. 한승희, 이준호 선생님은 트라도스(Trados)와 멤소스(Memsource) 관련 자료를 제공하셨고, 박미정 교수님(한국외국어대학교 통번역대학원)은 일본어 텍스트를 감수해주셨다. 또한 임종우, 이선우 선생님은 영화 제목, 화장품 광고 번역과 관련해 훌륭한 아이디어를 공유하셨고, 이윤지, 오주연, 선영화 선생님은 초판의 오류를 바로잡는 데 큰 도움을 주셨다. 아울러 한국문학 번역과 관련해 영감을 주신 마샬 필(Marshall Pihl), 케빈 오록(Kevin O'Rourke), 브루스/주찬 풀턴(Bruce and Ju-Chan Fulton) 선생님께도 고개 숙여 감사 인사를 드린다.

각종 자료의 재출판을 허락해 주신 국내외 출판사와 관계자분들께도 고마움을 전한다. 아시아(김지연), 멤소스(Memsource, Brittany Nelson), 한국근현대사박물관(최준호), 라우트리지(Routledge), 펭귄랜덤하우스, 메이요 클리닉(Mayo Clinic), 더바디샵(The Body Shop), VAST 엔터테인먼트, 뉴질랜드 관광청(김지현), 영화감독 얀 채프만(Jan Chapman),

BBC, 코오롱 브랜드실(이혜연), 유니세프 한국위원회, 메르세데스-벤츠 코리아, 평민사, 이매진, 판타그래픽스[Fantagraphics (르포 만화가 Joe Sacco)], 네이버 웹툰 참여번역팀, 예술의 전당(박경복) 등은 필자가 간절히 원하던 자료 사용을 허락해 주셨다. 또한 카툰 이미지 사용을 흔쾌히 허락해 주신 시사만화가 케빈 칼(Kevin Kallaugher), '블론디(Blondie)'의 다이앤 어윈(Dianne Erwin), '와탕카'의 정필용 작가님께도 감사의 뜻을 표한다.

개정판까지 출간될 수 있도록 행정적 지원을 아끼지 않은 분도 있었다. 특히 대학 인문역량강화사업(CORE) 관계자분들과 한국외국어대학교 지식출판콘텐츠원의 김민정(초판), 박현정(초판), 장혜정(개정판), 노재은(개정판) 선생님께도 고개 숙여 감사의 마음을 전한다.

2022년 9월 1일
저자 이상빈

차례 *contents*

1

번역의 개념 : 기호를 중심으로

번역 수업에 익숙해진 3학년 학생들에게 느닷없이 다음과 같은 질문을 던졌다. "번역(translation)이란 무엇인가? 번역을 정의해보라."

번역을 2년간 배웠는데 이제야 번역을 정의하라니? 생뚱맞다.

위 질문에 대해 어떤 학생들은 곧바로 답을 적기 시작했다. 하지만 어떤 학생들은 조금 주저하면서 쉽게 쓰질 못했다(눈치가 빠른 학생일지도 모른다). '당연하게 생각했던 것'을 막상 설명하려고 할 때 생각보다 어렵지 않던가? 학생들이 제출한 답안 일부를 제시하면 다음과 같다.

❶ 용어 translation은 사실 통역이라는 의미로도 사용됩니다(translator가 통역사를 의미할 수도 있음). Translation은 통역과 번역을 합친 단어입니다.

❷ 외국어(영어) 텍스트를 자국어(한국어)로 옮긴 것 또는 그 반대

❸ 한 언어를 다른 언어로 바꾸는 과정이나 그 결과물을 말합니다.

❹ 일반적으로 언어 간의 전환을 말하지만 한 언어 내에서도 번역은 가능하다. 예를 들어 패러프레이즈도 일종의 번역이다.

학생들의 표현은 생각보다 다양했지만, 간단히 요약하자면 위의 네 가지로 귀결된다. 여러분도 위 답변에 공감하는가? 어떤 답안이 가장 바람직하다고 생각하는가?

제시된 답안을 하나씩 정리해보자. 먼저 답안 ❶은 논지에서 벗어난 내용일 수도 있으나 학생들이 알아둬야 할 translation의 기본 의미를 보여준다. 일반적으로, 또는 단어만 놓고 볼 때, translation과 translator는 각각 '말을 옮기는 것'과 '말을 옮기는 사람'으로 해석 가능하다. 따라서 학생이 지적한대로 translation은 '통역'을, translator는 '통역사'를 뜻하기도 한다. 실제로 필자가 외신기자 통역을 나갔을 때도 명패에 "TRANSLATOR"라고 적혀 있던 기억이 있다. 물론 이는 학문적 관점의 해석이 아니다. 통번역학에서는 translation과 interpreting(interpretation), 그리고 translator와 interpreter를 구분하기 때문이다(참고로 이상빈[2020c: 4]에 따르면 interpreting과 interpretation은 다르다). 콜리나(Colina 2015: 3-4)와 같은 학자는 번역과 통역을 함께 지칭할 경우 "Translation"(첫 번째 T는 대문자로 쓰기 때문에 유표적이다)으로 적고, 번역만을 뜻할 때는 "translation"(첫 번째 t는 소문자)으로 표기해야 한다고 말한다.

답안 ❷는 번역을 결과물의 관점으로만 해석한 것이다. 즉, 번역의 의미 범주에서 번역 행위를 간과하고 있다. 답안 ❸은 번역의 결과(product)뿐만 아니라 번역의 과정(process)도 고려했다는 점에서 만족스럽다. 하지만 이 답안도 학생들이 일반적으로 생각하는 번역의 관념에서 크게 벗어나지는 못했다. 번역을 (서로 다른) 언어 간의 전환에만 국한시켰기 때문이다. 답안 ❹는 앞서 살펴본 두 답안에 비해 번역을 폭넓게 정의하고 있다. 비록 "전환"이라는 단어를 사용하여 답안 ❸이 제시한 '과정'과 '결과'를 뚜렷하게 구분하지는 않지만, 번역을 단순히 언어 간 작업에만 국한시킨 것이 아니라 언어 내 작업으로도 이해한 결과다. 우리가 답안 ❹에 주목해야 하는 이유는 일반적으로 번역학과 학생들이 '언어 내 번역'을 수행(고려)하지 않기 때문이다.

번역을 정의하는 건 생각보다 쉽지 않다. 학자마다 관점이 다르고 번역이라는 개념에 접근하는 방법론부터 다르기 때문이다. 그래서 번역을 둘러싼 유사 개념도 생각보다 많다(이에 대해서는 나중에 논하기로 하자).

번역의 개념을 이해하는 데 있어 로만 야콥슨(Roman Jakobson)의 분류는 매우 유용하다. 그는 저서 『On Linguistic Aspects of Translation』에서 다음과 같이 번역을 정의한다.

• 동일언어 번역(intra-lingual translation) 또는 바꿔 말하기(rewording) : 동일언어 내의 다른 기호를 이용해 언어 기호(verbal signs)를 해석하는 것

- 이(異) 언어 간 번역(inter-lingual translation) 또는 본원적 의미의 번역(translation proper): 다른 언어를 이용해 언어 기호를 해석하는 것
- 기호 간 번역(inter-semiotic translation) 또는 변환(transmutation): 비언어 기호 체계를 활용하여 언어 기호를 해석하는 것 (Jakobson 1959/2004: 139)

학생들이 일반적으로 알고 있는 번역은 야콥슨이 제시한 두 번째 정의, 즉 '이(異) 언어 간 번역'에 해당한다. 그래서 야콥슨도 일찍이 '이(異) 언어 간 번역'을 "본원적 의미에서의 번역"으로 불렀다. 앞서 살펴본 학생들의 답안 가운데 네 번째 답안, 즉 '한 언어 내에서도 번역이 가능하다'는 논리는 야콥슨의 첫 번째 정의에 해당한다. 동일언어 번역에는 (학생이 언급했던) 패러프레이즈뿐만 아니라 독자를 고려한 요약, 다시쓰기도 포함된다. 예컨대 다음 발췌문을 살펴보자.

Article 31

1. States Parties recognize the right of the child to rest and leisure, to engage in play and recreational activities appropriate to the age of the child and to participate freely in cultural life and the arts.
2. States Parties shall respect and promote the right of the child to participate fully in cultural and artistic life and shall encourage the provision of appropriate and equal opportunities for cultural, artistic, recreational and leisure activity.

Article 31 (Leisure, play and culture): Children have the right to relax and play, and to join in a wide range of cultural, artistic and other recreational activities. (UNICEF Fact Sheet n.d.)

첫 번째 발췌문은 유니세프(UNICEF)가 제정한 아동권리협약(UNCRC)의 일부이다. 아동권리협약에 따르면 협약 비준국은 자국의 아이들이 협약의 내용을 주지할 수 있도록 다양한 조치를 취해야 하는데 그 중 대표적인 것이 아동 친화적인 협약문을 제작하는 일이다. 따라서 유니세프는 두 번째 발췌문에서 엿볼 수 있듯이 협약문 가운데 아이들에게 유효한 내용만을 선별한 후 아이들이 협약문을 쉽게 이해할 수 있도록 쉬운 문

유니세프 한국위원회(2006), 그림으로 보는 아동권리협약

장으로 바꿔썼다. 바로 이것이 동일언어 번역에 해당한다(번역 과정에서 요약도 이루어졌다).

협약 당사국인 우리나라도 아동권리협약을 홍보하기 위해 보다 아동 친화적인 번역을 선택했다. 특히 유니세프 한국위원회는 『그림으로 보는 아동권리협약』에서 협약의 내용을 쉬운 한국어로 요약했을 뿐만 아니라 그 내용을 그림으로까지 표현했다. 예컨대 협약문 31조는 위 그림과 같이 번역되었다.

이 그림 텍스트는 영어를 한국어로 옮겼다는 점에서 본원적 의미의 번역, 즉 이(異)언어 간 번역에 해당한다. 또한 언어 기호의 일부를 그림(시각기호)으로 전환했다는 점에서 기호 간 번역으로도 해석된다(물론 그림과 글이 1:1 관계에 있지 않다).

번역의 개념을 보다 폭넓게 이해하기 위해 기호 간 번역에 대해 좀 더 살펴보자. 그림 (가)의 벤츠(new CLS-Class) 광고는 이브가 아담을 유혹하기 위해 건넨 것이 사과가 아니라 벤츠 키라는 내용을 담고 있다. 광고 문구도 이를 반영하듯 "the technology of seduction"(유혹의 기술)으로 제시되어 있다. 이 광고는 국내에서 (나)와 같이 번역되었는데 그 양상은 기호 간 번역으로 설명할 수 있다. 원문 (가)의 시각 기호는 번역문 (나)에서 "아담을 유혹한 것은 이브가 아니다[바로 벤츠 CLS이다]"라는 언어 기호로 번역되

(가) Mercedes-Benz 영어광고(Daimler AG)   (나) 메르세데스-벤츠 코리아 광고

었고, 원문의 붉은색 사과(아담의 머리 위)와 자동차 키는 붉은색 자동차로 명시화되었다. 비록 한국어 광고에는 사과 이미지가 없지만 언어 기호와 시각 기호의 결속성이 붉은 사과를 연상케 한다.

　기호 간 번역의 또 다른 예는 배리어프리(barrier-free) 영화이다. 배리어프리 영화란 "기존의 영화에 화면을 음성으로 설명해주는 화면 해설(audio description)과 화자 및 대사, 음악, 소리정보를 알려주는 한글자막을 넣어 모든 사람이 함께 즐길 수 있도록 만든 영화"를 뜻한다(배리어프리영화위원회 n.d.). 예컨대 다음 페이지에 있는 화면을 살펴보자.

　이 스크린샷은 영화 「사랑의 가위바위보」 배리어프리 버전의 시작화면이다(엄밀히 말해 영화의 광고화면이다). 이 동영상을 재생하면 깃발 하나가 경쾌한 음악과 새소리에 맞춰 빠르게 날아가는 장면을 확인할 수 있다. 동영상은 이 장면에서 "수채화 풍경이 펼쳐진다. 코오롱 스포츠 로고와 '1973'이 그려진 깃발이 언덕 위에서 펄럭이다 멀리 날아간다."라는 화면 해설을 내보내고, 이와 동시에 다양한 소리정보를 담은 한글자막을 보여준다. (스크린샷 상단에서는 음악정보에 해당하는 "[♪ 경쾌한 음악 시작]"이라는 자막을 볼 수 있고, 하단 중앙에서는 "[쏴아 - 바람소리, 풀잎소리] / [짹짹 - 새소리 푸더덕 - 새의 날갯짓 소리]"라는 소리정보를 확인할 수 있다.) 위 화면에서도 추측할 수 있듯이 배리어프리 영화는 시각 기호를 언어 기호로 번역하여 음성으로 전달하고 등장인물의 대사, 소리, 음악 등을 문자 기호로 번역한 것이다.

　외화도 배리어프리 버전으로 제작 가능하다(異 언어 간 번역이 동시에 진행되는 셈이다).

사랑의 가위바위보(배리어프리 버전, 유투브)

다만 더빙을 먼저 하고 화면 해설 원고를 작성한 후에 내레이션을 녹음하기 때문에 배리어프리 제작 과정이 훨씬 더 길고 복잡하다.

화면 해설(audio description)은 번역학의 핵심 영역임에도 불구하고 번역 실무나 이론 등에서 충분히 논의되지 못했다. 2017년 초 현재, 국내 전업 작가의 수는 고작 20명 수준에 불과하며, 번역학계의 관련 논문은 찾아보기가 매우 어렵다.

화면 해설은 제약이 많은 번역이다. 일반적으로 화면 해설은 등장인물의 대사를 비롯하여 영화의 배경소리와도 겹치지 않아야 하므로 해설의 분량이나 속도, 해설시점 등에 상당한 제약이 따른다. 또한 경우에 따라서는 성우의 발성과 호흡도 고려해야 한다(강내영 2017년 5월 15일 개인 교신).

다음 화면은 강내영 작가가 작성한 영화 「개를 훔치는 완벽한 방법」의 화면 해설 원고이다(내레이터: 배우 정겨운). 이 원고를 살펴보면 번역이 얼마나 정교하고 복잡하게 이루어지는지를 짐작할 수 있다.

To. 정겨운 배우님^ㅅ^ 반갑습니다!
화면 해설은 굵은 글씨에, 밑줄이 쳐져 있는 굴림체만 읽으시면 됩니다.
ex. (바로) 화면 해설 잘 부탁드립니다.
괄호(   )안의 내용은 해설이 들어갈 타이밍(녹음점)을 표시한 것입니다.
화면 해설 밑에 표시된 화살표 → 는 전달사항을 기재한 거예요. 읽으실 때 참고해 주세요~*
화면 해설이 대사와 겹치는 부분은 가로줄로 표시를 했습니다. 대사 위로 해설이 들어가면 돼요.
다음 대사에 가로줄이 없다면 해설이 대사와 겹치지 않게 잘 읽어주세요!^ㅅ^
위의 내용들을 참고하신다면 화면 해설을 낭독하실 때 도움이 되실 거라 생각됩니다.
일반 프로그램 내레이션보다 약간 속도감 있게 읽으셔야 할 거예요.
녹음 잘 부탁드립니다.

1356 [시간코드]	(바로)	정현이 천 원짜리 몇 장을 꺼내 세어보다가/ 전부 지소의 손에 쥐어준다.
정현		너 먹고 싶은 거 사먹어.
정현(V.O) 지소 정현		엄마 갈게. 엄마, 근데... 혹시 오백만 원 없어? 뭔 소리야. 빨리 가 딴 데로 새지 말고~
1421	(바로)	레스토랑 안으로 들어가는 정현을 보고/ (하아~) 지소가 낮은 한숨을 내쉰다.
1427	(돌아서면)	그러다가 이내 어깨를 축 늘어뜨리고는 걸음을 옮긴다.
	지소———	~~하아~~
1436	(부동산)	지소는 부동산중개소를 지나가면서 평당 500만 원짜리 집을 떠올린다.
1441	(정류장)	버스정류장을 지날 때는 500번 버스 노선표가, 서점 앞에선 조선왕조500년 책이, 편의점 앞에선 비타500음료가 눈에 쏙쏙 들어온다.
1453	(횡단보도)	길을 건너는 지소 주위로/ 500이라는 숫자들이 두둥실 떠다닌다.
1458	(세탁기)	잠시 후 무인세탁소.
1502	(효과음 쿵쿵쿵)	지소가 의자에 앉아서/ 세탁기 동전투입구에 적혀 있는 '500'이란 숫자를 넋 나간 얼굴로 보고 있다가/ 손에 들고 있던 피자 쿠폰 여러 개와 500원짜리 동전을 가만히 내려다본다.(꼬르륵~)

강내영(2017년 5월 29일 전자문서 교신)

김명균 (2009) 토마스 하디의 소설『더버빌가의 테스』의 영화화와 자막연구: 로만 폴란스키의『테스』를 중심으로. 번역학 연구 10(3): 31-52.

김정우 (2013) 훈민정음 언해는 '언어 내 번역'인가? 통번역교육연구 11(3): 29- 47.

손석주 (2016) 포스트식민주의 언어 내 번역을 통해서 다시 읽는 살만 루시디 소설. 영미어문학 123: 77-94.

이상빈 (2015) 시각기호를 고려한 인쇄광고의 번역전략 고찰: 소규모 영한광고 자료를 기반으로. 번역학 연구 16(1): 65-91.

이성엽 (2014) 그림책 번역: 이미지와 텍스트의 관계를 중심으로. 번역학 연구 15(5): 105-129.

이영훈 (2011) 한국에서의 번역 개념의 역사: 조선왕조실록에서 본 '翻譯'. 번역학 연구 15(1): 129- 151.

이영훈 (2012) 한국어 번역 개념사의 명칭론적 접근: 조선왕조실록 탐구 (2). 번역학 연구 13(1): 167- 203.

이영훈 (2015) 프랑스어와 한국어 번역 개념 비교 연구. 프랑스학 연구 73: 149-172.

이영훈 (2015) 한·중·일 번역 개념의 비교 고찰. 번역학 연구 16(5): 61-87.

이향 (2008) 번역이란 무엇인가. 파주: 살림출판사.

임동휘 (2014) 번역에 대한 메타번역적 접근: 기호, 인지 중심의 번역 개념. 코기토 76: 299-338.

Lee, S-B. (2017) Audio description in the digital age: Amateur describers, web technology and beyond. *The Journal of Translation Studies* 18(4): 13-34.

2

번역 개념의 확장

앞서 우리는 야콥슨이 제시한 번역의 삼각 체계, 즉 '동일언어 번역', '이(異) 언어 간 번역', '기호 간 번역'을 살펴보았다. 야콥슨의 모델은 번역의 전통적 체계에서 벗어나 번역을 '기호의 전이'로 해석했다는 점에서 의미가 크다.

번역의 개념을 보다 폭넓게, 보다 명확히 이해하기 위해서는 앞서 논의한 야콥슨의 모델 이외에도 번역과 관련된 다른 개념들을 살펴봐야 한다. 예컨대 '버전'(version), '트랜스크리에이션'(transcreation) 등과 같이 '번역'(translation)과 혼용되거나 의미 영역이 유사한 개념들을 이해할 필요가 있다. 필자는 학생들에게 다음과 같은 사례를 제시하고 각 경우가 번역에 해당하는지, 그리고 그 이유는 무엇인지 논의토록 했다.

❶ 국내 기업의 비디오 게임을 미국, 일본, 중국 시장 등에 수출하기 위해 게임 전체를 현지의 니즈(needs)에 맞추는 과정

❷ 독자층을 달리하여 체스 설명서를 다시 쓰는 경우. 예컨대 "The castle moves sideways or up/down. Try moving it as far as you want"라는 내용을 "The rook moves horizontally or vertically with no limit on the number of squares it may travel"로 다시 씀(Munday 2012: 143).

❸ 동물보호의 메시지를 강조한 화장품 광고(아래 왼쪽)를 국내 유명 연예인의 광고(아래 오른쪽)로 변형

더바디샵(The Body Shop), VAST 엔터테인먼트

❹ 뉴욕타임스의 기사를 직간접적으로 참고하여 한국어로 재구성한 동아일보 기사.
직접인용의 표시가 있는 경우도 있고 없는 경우도 있다. 직접인용의 경우 원문
을 찾기가 어렵고, 원문을 찾아 비교해도 1:1 대응관계인지 파악하기가 어렵다.

❺ 미국에서 태어난 한국인 교포 2세가 한국과 미국의 가치관을 혼합하여 〈아리
랑〉을 재해석한 텍스트

❻ 분쟁지역(팔레스타인)을 방문한 만화가가 그곳에서 겪은 여러 사건을 르포 만화
로 재구성한 것

- 만화가(안경 쓴 사람): Tell her most of the people I know in Germany support
the Palestinian cause. Tell her —
- 통역사(두 번째 장면의 화자): She says with words only. She says so what?
How are words going to change things? She says she wants to see action.
- 만화가: Well, tell her I don't know what to say to her. Where's my shoes?
(Sacco 2001: 243)

❼ 황금종려상 수상작 *The Piano*의 한 장면(왼쪽 이미지)을 모티브로 삼아 만든 뉴질랜드 관광 브로슈어(오른쪽 이미지). 브로슈어 하단에는 "[...] if you haven't seen 'The Piano' it's time you did"라는 문장이 있다.

영화 The Piano의 한 장면
(뉴질랜드 Karekare 해변, YouTube)

뉴질랜드 관광브로슈어
(M&C Saatchi, Sydney 2003)

위의 사례들은 국내외 번역학계가 최근 들어 본격적으로 논의하기 시작한 개념들이다. ❶~❼은 각각 '현지화', '버전', '트랜스크리에이션', '트랜스에디팅', '문화번역', '기호번역', '매체 간 번역'의 예이다. 각 사례를 간략히 설명하면 다음과 같다.

❶ 현지화(localization): '로컬리제이션', '로컬라이제이션'으로도 쓴다. 현지화는 '길트'(GILT)라는 맥락에서도 설명할 수 있다. 길트란 세계화(Globalization), 국제화(Internationalization), 현지화(Localization), 번역(Translation)을 뜻하는 머리글자이다. 세계화는 현지화 이전의 과정을 포함하여, 제품의 유통과 다국어 고객지원까지 아우르는 포괄적 비즈니스 절차를 뜻한다. 국제화는 제품을 다개국어로 현지화 하는 데 필요한 비용과 시간을 최소화하기 위해 제품개발 단계에서부터 현지화의 요소를 고려하는 것이다. 예컨대 향후 현지화 과정에서 문제될 수 있는 문화 특정항목(culture-specific items)을 사용하지 않거나 게임 캐릭터의 말풍선을 (번역에 대비해) 여유 있게 만드는 것이다. 현지화는 제품의 준비, 설계, 관리, 평가 등을 포괄하는 개념으로, 이 과정에서 번역은 외주로 진행되는 경우가 많다. 현지화 유형에는 소프트웨어 현지화를 비롯해 비디오 게임, 멀티미디어, 소형기기, 웹, 스마트폰 애플리케이션 현지화 등이 있다.

국제화의 개념은 현지화가 아닌 다른 맥락에서도 사용할 수 있다. 가령 일부 K-pop 가수들은 전 세계 팬들이 자신의 SNS 포스팅을 쉽게 번역할 수 있도록 간단한 문장구조와 쉬운 어휘를 사용한다. 필자도 국제화(?) 경험이 있다. 국제회의 발표 중에 다개국어 통역을 원활하게 하기 위해 간단한 어휘와 단문을 의식적으로 사용한다.

❷ 버전(version): 하우스(House 1997: 147)에 따르면 장르 변화를 수반하는 번역이다. 예컨대 유대인 학살과 관련된 '역사' 텍스트(영어)를 독일어로 번역하면서 텍스트의 성격을 논문으로 바꾼 경우이다. (하우스는 독일어 텍스트가 유대인 학살에 대한 독일 민간인의 책임을 축소했다고 주장한다.) 위에서 살펴본 '체스' 사례는 다른 독자를 대상으로 다른 느낌의 텍스트를 만드는 일종의 다시쓰기(rewriting)에 해당한다.

버전이라는 용어는 다른 상황에서 다른 의미로도 사용된다. 예를 들어 유럽연합에서는 정치적인 이유로 모든 공식문서를 회원국의 언어로 '번역'하고 있는

데 이러한 번역문서는 언어버전(language version)으로 간주된다(Koskinen 2000). 이 관점에 따르면 유럽연합의 모든 문서는 원문이고, 어떠한 버전도 다른 버전에서 파생될 수 없다. 각 회원국의 언어는 동일한 위상을 누리며, 모든 문서는 '동시에' 작성되는 것으로 간주된다(물론 실제로는 그럴 수 없다).

❸ 트랜스크리에이션(transcreation): 앞에서 살펴본 더바디샵 광고 쌍은 몇 가지 측면에서 '안정적인' 번역 관계를 보여준다. 특히 소비자를 응시하는 광고 모델의 모습, 헤드라인의 위치·모양·색깔, 모델 어깨에 그려진 보라색 필기체 문구, 제품 이미지의 위치 등이 조직적으로 옮겨졌다. 그 내용을 표로 정리하면 다음과 같다.

분류	영어 광고	한국어 광고
표층 메시지	동물보호: '사향노루를 사용하지 않은 제품이다!'	국내 화장품 시장의 상황과 소비자 니즈를 고려하여 동물보호 메시지를 사용하지 않음. '인기배우 현빈도 반한 제품이다!'
광고 모델	소비자를 강하게 응시하는 '요구 그림'(demand picture)	동일함(다만, 광고의 핵심 메시지와 로컬 시장을 고려하여 모델을 현빈으로 대체)
헤드라인	BE A NATURAL BORN (흰색 폰트) REBEL (노란색 이탤릭체)	내가 반한 살냄새(영어광고와 비슷한 느낌을 주는 노란색 기울임체) 쉿! 화이트 머스크(영어광고와 비슷한 느낌을 주는 흰색 폰트)
모델 어깨 위의 텍스트 이미지	"cruelty-free musk"(보라색 필기체)를 사향노루의 이미지와 함께 제시함 → 광고의 핵심 메시지와 결속성을 구축	영어 광고와 비슷한 위치에 현빈의 친필 서명을 삽입(영어광고와 동일한 느낌을 주는 보라색 필기체) → 광고의 핵심 메시지와 결속성을 구축

이 광고번역은 이선우·이상빈(2017: 53-54)이 소개한 트랜스크리에이션의 사례이다. 트랜스크리에이션이란 "원문의 문자정보나 시각정보에 의존하기보다는 카피라이팅(copywriting)을 만들거나 새로운 시각자료를 만들어내는, 일종의 번안(adaptation)"에 해당한다(Torresi 2010: 187). 트랜스크리에이션은 주로 광고번역에서 사용되며, 내용과 표현의 급진적 변화를 수반하기 때문에 번역으로 보지 않는

연구자도 있다(이상빈 2017 참고).

❹ 트랜스에디팅(transediting): 번역(translation)과 편집(editing)의 합성어로, 국내 학계에서는 '편역'으로 더 잘 알려져 있다(cf. 이상빈 2015: 76). 트랜스에디팅은 뉴스연구자 카렌 스테팅(Karen Stetting)이 번역과 편집의 "회색지대"(grey area)를 지칭하기 위해 처음 사용한 용어이다(Bielsa and Bassnett 2009: 63). 뉴스 번역을 연구하는 발데온(Valdeón 2015: 640)은 트랜스에디팅을 "국제뉴스 생산에 영향을 주는 언어 내, 언어 간 쓰기 과정" 등으로 광범위하게 정의한다. 혹자는 국제뉴스 생산자를 "저널레이터"(journalator: journalist + translator)라고도 부른다(van Doorslaer 2012).

❺ 문화번역(cultural translation): 문화번역이라는 용어를 이해하기 위해서는 번역에 대한 사고의 틀을 바꿔야 한다. 문화번역은 원문을 앞에 두고 하는 파생적·위계적 개념의 '번역'이 아니라 문화의 '해석' 과정에 가깝다. 문화번역은 "타문화의 모습을 자문화로 덮어버리는 것이 아니라 두 문화 간의 상호침투(inter-penetration)와 협상을 통해 두 문화 모두 혼종된 형태로 '생존'할 수 있도록 하는 일련의 해석과 쓰기이며 인식론적 번역"이다(이상빈 2014: 121). 뒤에서 살펴볼 문화특정항목의 번역과는 완전히 다른 개념이다.

❻ 기호번역(semiotic translation): 사람의 경험(텍스트)을 만화로 옮긴 경우이다. 이러한 종류의 번역은 다기호번역(multisemiotic translation)으로도 해석할 수 있다. 왜냐하면 '번역가'(만화가)가 수집한 음성정보, 시각정보, 심지어 촉각·후각정보 등이 글자와 그림으로 표현되기 때문이다. 또한 자신의 경험을 옮긴 것이니 자기번역(self-translation)으로도 부를 수 있다.

❼ 매체 간 번역(intermedial translation): 영화를 관광 브로슈어(포스터)로 번역한 유명한 사례이다. 뉴질랜드는 이 영화 이외에도 「반지의 제왕」(The Lord of the Rings), 「호빗」(The Hobbit), 「라스트 사무라이」(The Last Samurai), 「나니아 연대기」(The Chronicles of Narnia) 등을 이용해 관광자료를 제작한 바 있다(Croy 2004). 우리나라의 경우에는 「겨울연가」를 비롯해 다수의 한류 드라마 모티브를 관광자료로

번역해왔다. 장르 간 이동도 쉽게 찾을 수 있다. KBS 드라마 「아이 엠 샘」(2007)은 오카다 카즈토의 「교과서에는 없어」(教科書にないッ)를 번역한 것이고, 「꽃보다 남자」(2009)도 가미오 요코의 동명 원작을 번역한 것이다.

지금까지 살펴보았듯이 번역의 세계는 실로 무궁무진하다. 필자가 설명한 내용은 번역의 일부 개념만을 간략히 소개한 것에 불과하다. 지금까지 여러분이 알고 있었던 '번역', 즉 원문을 다른 언어로, 1:1 대응 방식으로, 옮기는 것만이 번역은 아니다. 번역의 개념은 매우 넓고 그 종류와 차원도 다양하며, 때로는 그 영역이 다른 개념과 중첩되어 번역학자들 사이에서도 번역의 개념과 관련해 이견과 논란이 많다. 이러한 점에서 아래 그림은 번역의 다양성과 확장 가능성을 보여주는, 번역학 지도의 일부에 지나지 않는다. 번역은 근원(source)의 흔적을 담고 있는 개념의 이동이기 때문이다.

흔히 말하는
'직역'과 '의역'의
대립관계
• word-for-word vs.
sense-for-sense
translation
• literal vs.
free translation
• overt vs. covert trans-
lation
• semantic vs. commu-
nicative translation,
etc.

기호체계의 관점에서 본 번역
• inter-lingual translation
• intra-lingual translation
• inter-semiotic translation

원문을 '그대로' 옮기는
것이 아니라 변형, 삭제,
첨가 등이 대규모로 수반
되는 경우
• rewriting
• adaptation
• localization
• version
• transcreation
• transediting
• gist translation
• paraphrase, etc.

TRANSLATION

기타
• pseudotranslation
• paratranslation
• interlinear translation
• inverse translation, etc.

원문이 없는, 관념적 번역
• cultural translation

끝으로, 다음 인용문에서 체스터만(Chesterman)이 언급한 번역의 개념을 살펴보자. 그가 제시한 번역 개념은 우리에게 어떤 점을 시사하는가?

Translating is no more than a form of writing that happens to be rewriting. Learning to speak means learning to translate meanings into words. Furthermore, translation is also like the comprehension of everyday speech, as Schleiermacher points out: we often have to rephrase another person's words in our own minds, in order to understand. It is frequently said that we also translate across time within the same language, as when we read Chaucer in a modern English translation. And even without such a translation, when reading Chaucer in the original we are still somehow interpreting him into our own language. ... Our words are not ours: they have been used before, and our own use is inevitably tainted by their previous usage, in other people's mouths. There are no "originals"; all we can do is translate. (Chesterman 2016: 9)

김도훈 (2013) 이코노텍스트로서의 어린이 그림책 번역. 번역학연구 14(1): 7-29.

김혜림 (2019) 웹툰 한중 번역전략 분석:『신과 함께—저승편』을 중심으로. 통번역학연구 23(2): 49-70.

선영화 (2021) 학부 번역교육의 맥락에서 바라본 트랜스크리에이션의 개념적 유용성 연구 ― 광고번역 결과물의 텍스트 내적·외적 분석을 통한 실증적 고찰. 통번역학연구 25(1): 73-118.

선영화 (2022) 트랜스크리에이션의 개념 특유성에 대한 고찰 ― 유사 개념과의 비교를 중심으로. 통역과 번역 24(1): 137-162.

송연석 (2013) 뉴스편역의 이데올로기 4대강 사업 관련 외신편역의 분석. 통번역학연구 17(4): 74-100.

신나안 (2020) 스타벅스 메뉴의 현지화를 위한 장소 중심의 네이밍 전략. 번역학연구 21(5): 161-184.

유정화 (2018) 한류 문화콘텐츠의 번역 이데올로기: 한노 애니메이션 번역을 중심으로. 통번역학연구 22(4): 137-161.

윤선경 (2016) 창작과 번역의 모호한 경계. 외국문학연구 61: 237-255.

이상빈 (2011) 문화번역(cultural translation)에 관한 이론적 고찰: 호미 바바를 중심으로. 통역과 번역 13(2): 93-108.

이상빈 (2012) 문화번역과 젠더번역에 관한 이론적 고찰. 통번역학연구 16(3): 23-42.

이상빈 (2014) 문화번역의 텍스트적 재현과 '번역': 이창래의 *Native Speaker*와 그 번역본을 중심으로. 통번역학연구 18(4): 119-140.

이상빈 (2015) 시각기호를 고려한 인쇄광고의 번역전략 고찰. 번역학연구 16(1): 65-91.

이상빈 (2015) 통번역학 용어의 한국어 번역에 관한 비판적 성찰. 통번역학연구 19(4): 73-92.

이상빈 (2016) 트랜스크리에이션, 기계번역, 번역교육의 미래. 통역과 번역 18(2): 129-152.

이선우, 이상빈 (2017) 글로벌 화장품 광고의 윤리적 메시지는 어떻게 번역되는가. 통역과 번역 19(1): 45-66.

이성엽 (2014) 그림책 번역: 이미지와 텍스트의 관계를 중심으로. 번역학연구 15(5): 105-129.

이현주 (2020) 웹툰 번역의 현지화에 관한 연구 ― 중국 대륙과 대만의 중국어 번역을 중심으로. 통번역학연구 24(3): 137-163.

홍정민 (2021) 패밀리 뮤지컬 번역과 아동 관객: 〈마틸다〉를 중심으로. 번역학연구 22(1): 313-350.

3

밈과 번역

밈(meme)이란 모방을 통해 전파할 수 있는 생각, 개념, 행동 양식 등을 뜻한다. 리차드 도킨스(Richard Dawkins)가 『이기적 유전자(The Selfish Gene)』에서 처음 사용한 이 용어는 문화 진화를 설명할 때 자주 등장한다. 최근에는 인터넷을 통해 급속도로 확산하는 문화 현상, 특히 2차 저작물이나 패러디 등을 설명할 때 주로 쓰인다.

밈과 번역은 연관성이 매우 크다. 밈이 전달되는 모방의 과정이 곧 번역이며 밈의

I Want YOU ...
(1917년 포스터)

What Are YOU Doing ...
(1916년 표지)

Lord Kitchener Wants YOU
(1914년 영국 포스터)

외형적 증거를 찾을 수 있는 곳도 번역이기 때문이다. 밈은 여러 측면에서 패러디와 비슷하다. 하지만 밈은 확산 속도, 확산 방식, 영향력 등에서 우리가 알고 있던 패러디를 넘어선다.

밈과 번역의 관련성은 20세기 초 유행했던 징집 포스터를 통해 확인할 수 있다. 여러분도 한 번쯤 봤을 법한 엉클 샘(Uncle Sam) 이미지를 기반으로 밈과 번역을 생각해보자.

첫 번째 이미지는 제임스 몽고메리 플래그(James Montgomery Flagg)가 그린 미국의 신병 모집 포스터이다. 『타임(Time)』에 따르면 "I Want YOU for U.S. Army" 포스터는 1918년까지 총 4백만 부 넘게 인쇄되면서 큰 효과를 거뒀다(Knauer 2017).

사실 "I Want YOU for U.S. Army" 포스터는 『레슬리즈 위클리(Leslie's Weekly)』의 표지에서 비롯되었다(Library of Congress n.d.). 두 번째 이미지에서 볼 수 있듯이 표지 가장 아래쪽에는 1917년 징집 포스터에 영감을 주었을 만한 "What Are YOU Doing for Preparedness?"라는 문구가 있다.

레슬리즈 표지도 완전히 순수한 창작물은 아니었다. 『타임』에 따르면 플래그의 그림은 영국의 징집 포스터인 "Lord Kitchener Wants YOU"(세 번째 이미지)를 각색한 것이다. 키치너(1850~1916)는 영국의 전쟁 영웅이다.

© 한국근현대사박물관

'I Want You …' 포스터는 우리나라에서도 확인할 수 있다. 왼쪽 이미지는 한국근현대사박물관(파주 소재)에 소장된 포스터이다. 이 포스터 역시 시각 기호 및 언어 기호 차원에서 앞서 살펴본 포스터와 비슷한 점이 많다. 일단 인물(화자)의 시선, 표정, 손가락(검지), 클로즈업 등이 이전 사례와 거의 똑같다. 두건 속 '태극 마크'(유일하게 컬러인 부분, Uncle Sam 모자의 별에 해당)는 비록 크기는 작지만, 색 대비로 인해 강렬하게 느껴진다. 포스터 문구 "너는 나라를 위하여 무엇을 하고 있는가"는 "I Want YOU for U.S. Army"보다 직설적이지 않다. 하지만 화용적 측면에서 보면 '(포스터 독자가) 국가를 위해 뭔가를 해야 한다'라는 메시지는 분명히 전달한다. 문구로만 따지면 앞서 살펴본 세 그림 중 레슬리즈 표지("What Are YOU Doing for Preparedness?")와 가장 흡사하다.

지금까지 키치너 포스터에서 파생한 것으로 보이는 두 편의 '번역'을 살펴봤다. 사실 키치너와 관련된 번역은 훨씬 더 많다. 위키피디아 "Lord Kitchener Wants You" 페이지(2022년 6월 기준)를 검색하면 캐나다, 아르메니아, 독일, 러시아, 브라질, 구소련, 슬로베니아, 헝가리, 스페인, 아일랜드의 'I Want You …' 포스터를 확인할 수 있다. 이러한 포스터는 대부분 1950년대 이전에 만들어진 것이다. 인터넷이 없던 시절이니 I Want You 밈의 파급력은 당시 기준으로 상당한 셈이다.

I Want You 밈이 징병이나 애국심 고취만을 위해 활용된 것은 아니다. I Want You 밈은 최근에도, 여러 상황에서, 다양한 목적으로 진화를 거듭해 왔다. 가령 영화 「스쿨 오브 락(School of Rock)」에서 주인공 듀이 핀(Dewey Finn)은 새로운 밴드를 결성하기 위해 전단을 붙이고 다니는데, 이 전단에서도 I Want You 밈을 확인할 수 있다. 전단의 클로즈업 화면에는 검지로 (시청자를) 가리키며 전면을 응시하는 듀이가 있고, 그 아래에는 "DEWEY FINN WANTS YOU FOR THE MOST ROCKING BAND EVER"라는 문구가 있다. 한편 영화배우 마이클 루커(Michael Rooker)의 트위터에는 코로나 예방 포스터가 하나 있는데, 여기에서도 I Want You 메시지를 확인할 수 있다. 영화 「가디언즈 오브 갤럭시(Guardians of the Galaxy)」에서 욘두 우돈타(Yondu Udonta) 역할을 맡았던 그는 이 포스터에서 영화 속 분장에 검정 마스크를 하고 있다. 그는 오브(Orb)를 쥔 채 검지로 앞을 가리키고 있고, 포스터 하단에는 "Yondu Wants YOU to Wear a Mask and Keep Social Distance"라는 메시지가 있다.

4

이분법? 직역 vs 의역

'직역' vs '의역'

번역을 모르는 사람도 간혹 듣거나 쓰는 말이다. 번역을 전공하는 학생들은 셀 수 없을 만큼 자주 사용하는 것 같다. 특히 학급 친구의 번역을 평가할 때는 직역과 의역의 이분법이 단골 소재로 등장한다. 예컨대 영어 논문에 기반한 다음 사례를 살펴보자.

 원문

The visibility of healthcare interpreting research began to increase in the early 1990s, thanks to Cecilia Wadensjö (1992) who presented a corpus of Russian-Swedish dialogue interpreting in 13 medical encounters.

Lee (2009c: 118)

번역문 1: 의료통역 연구의 가시성(visibility)은 13건의 의료상황에서 수집된 러시아어-스웨덴어 대화통역 코퍼스를 활용한 세시릴아 바덴쇼의 연구(Cecilia Wadensjö 1992) 덕분에 1990년대 초부터 증가하기 시작했다.

번역문 2: 의료통역 연구는 Cecilia Wadensjö(1992)가 13건의 의료통역(러시아어-스웨덴어 간의 대화통역)을 연구한 1990년대 초 이래로 눈에 띄게 늘어났다.

　　학생들은 〈번역문 1〉과 〈번역문 2〉를 각각 '직역'과 '의역'으로 인식했다(사실 꼭 그렇지만은 않다). 〈번역문 1〉은 '잘 읽히지 않고 이해도 어려운 직역'으로 규정한 반면, 〈번역문 2〉는 '잘 읽히는 번역', '덜 "번역" 같은 번역'으로 평가했다. 물론 〈번역문 1〉에도 장점은 있고, 〈번역문 2〉에도 문제가 없는 것은 아니다. 가령 〈번역문 1〉에서는 "corpus", "dialogue interpreting"과 같은 전문용어를 정확히 살리면서 예상독자(통역전문가, 연구자 등)의 직관적 이해를 도모했다. 〈번역문 2〉에서는 '코퍼스'를 누락시켰고, '연구의 visibility가 증가하기 시작했다'를 '연구 [논문]의 수가 눈에 띄게 늘어났다'로 해석하여 문제의 소지가 있다.

　　〈번역문 1〉과 〈번역문 2〉를 비교할 때는 텍스트 유형도 고려해야 한다. 〈원문〉이 의료통역에 관한 학술논문임을 감안하면 번역독자는 '번역'임을 분명히 인지하고 읽는다. 즉, 어색함을 어느 정도 전제하고 읽는다. 논문을 번역할 때는 자연스러움보다 정확성이 훨씬 더 중요하다는 사실을 기억해야 한다. 때로는 자연스러운 번역을 포기해야 할 때도 있다.

　　직역과 의역의 대립관계는 번역(학)의 역사 속에서도 오랫동안 다루어져 왔다. 다음 표가 보여주듯이 여러 해외 학자도 원저자 중심의 번역방식과 번역독자 중심의 번역방식을 다양한 용어로 설명한 바 있다.

학자	원문(원저자) 중심	번역문(번역독자) 중심
(1) Schleiermacher	Alienating translation	Naturalizing translation
(2) Nida	Formal equivalence	Dynamic equivalence
(3) Newmark	Semantic translation	Communicative translation
(4) Vinay & Darbelnet	Direct translation	Oblique translation
(5) Nord	Documentary translation	Instrumental translation
(6) House	Overt translation	Covert translation
(7) Toury	Adequacy	Acceptability
(8) Venuti	Foreignization	Domestication

표에 나타난 여덟 쌍의 번역 접근법을 요약하면 다음과 같다.

❶ 저자에게 다가가는 번역(alienating translation)은 원저자를 그대로 남겨둔 채 번역 독자를 원저자에게 최대한 가까이 가도록 만드는 번역이다. 반면, 독자에게 다 가가는 번역(naturalizing translation)은 번역독자를 그대로 두고 원저자를 번역독자 에게 최대한 가까이 가도록 만드는 번역이다(Schleiermacher 1813/2004: 49).

❷ 형태적 등가(formal equivalence)는 "[원문] 메시지의 내용뿐만 아니라 [원문] 메 시지의 형태에도 초점을 맞춘다. … 도착어의 메시지는 출발어의 대응 요소 와 최대한 가까워야 한다"(Nida 1964: 159). 반면, 기능적 등가(dynamic [functional] equivalence)는 "번역독자와 번역문의 관계가 원문독자와 원문의 관계와 최대한 비슷해야 한다는 '효과등가(equivalent effect) 원칙'에 기초한다"(Nida 1964: 159).

❸ 어의적 번역(semantic translation)은 도착어의 의미론적, 통사론적 구조가 허락 하는 한도 내에서 원문의 문맥적 의미(contextual meaning)를 가급적 그대로 옮 기는 번역이다. 반면 소통적 번역(communicative translation)은 원문독자에게 나 타났던 (예상)효과와 비슷한 효과를 주는 번역이다. 예를 들면 독일어 *Frischer angestrichen!*[Freshly painted!]의 어의적 번역은 *Recently painted!*이고, 소통적 번역 은 (실제 맥락에서 보다 적절한) *Wet paint!*이다(Newmark 1981: 54).

❹ 직접번역(direct translation)은 전통적 개념의 직역(literal translation)과 유사하고

간접번역(oblique translation)은 직접번역이 불가능할 때 사용하는 자유번역(free translation)에 해당한다(Vinay and Darbelnet 2004: 128-37).

❺ 기록물로서의 번역(documentary translation)은 원저자와 원문독자 간의 소통(communication)을 있는 그대로 보여주는 기록물(document)과도 같다. 따라서 번역독자는 자신이 읽고 있는 텍스트를 '번역'으로 인지하면서 읽는다. 원문의 색깔을 있는 그대로 보여주는 축자역(word-for-word translation), 직역 등이 이에 해당한다. 반면, 매개체로서의 번역(instrumental translation)은 원문에 얽매이지 않으면서도 원문의 메시지를 전달하는 일종의 매개체(instrument)와도 같다. 이러한 번역은 원저자와 원문독자 간의 소통과는 다른, 새로운 유형의 소통을 창조하고, 번역 독자에게 '원문'을 읽는 느낌을 준다(Nord 2005).

❻ 외현적 번역(overt translation)은 번역독자를 명시적으로 의식하지 않은, 원문 중심의 번역을 뜻한다. 이 경우 번역독자는 원문을 몰래 엿듣는 느낌을 받을 수 있다. 반면, 내현적 번역(covert translation)은 원문의 이국성(foreignness)을 숨긴 번역이며, 목표문화에서 원문의 지위를 누리는 번역이다. 내현적 번역의 기능은 "원문의 기능을 재창조, 재생산, 또는 재현하는 데에 있다"(House 1997: 114).

❼ 충분한(adequate) 번역은 출발문화의 규범(norm)을 따르는 번역이며 수용 가능한(acceptable) 번역은 도착문화의 규범을 따르는 번역이다. 가령 포르투갈어 학술논문을 영어로 번역하는 경우 원문의 복잡한 문장구조와 논리전개 방식을 그대로 번역한다면 이는 충분한 번역에 해당한다. 반면 원문의 복잡한 문장구조와 논리전개 방식을 영어권 규범에 맞게, 명확하게 정리하여 번역한다면, 이는 수용 가능한 번역으로 해석할 수 있다(Munday 2012: 173).

❽ 이국화(foreignization)는 원문의 이국적 요소를 가시적으로 드러낸, 원문과 가까운 번역이다. 따라서 자연스럽게 읽히지는 않지만 윤리적으로 바람직한 번역이다. 반면, 자국화(domestication)는 도착어의 문화적 가치를 따르면서 번역의 느낌을 최대한 줄인 번역이다. 즉, 잘 읽히는 자민족 중심의(ethnocentric) 번역을 말한다(Venuti 2008).

위의 여덟 가지 접근법을 통해 우리는 세 가지 관점을 도출할 수 있다. 첫째, 일부 학자도 인정하였듯이 상반되는 개념 쌍들은 표현 방식만 다를 뿐 개념상으로는 큰 차이가 없다. 예컨대 노드(Nord 2005: 80)는 기록물로서의 번역과 매개체로서의 번역이 외현적 번역 및 내현적 번역과 유사하다고 인정했다(둘 간의 다른 점은 Hatim[2001: 96]을 참고할 것). 따라서 어느 학자의 개념을 사용할지 결정해야 한다면 그 학자가 강조한 논의의 맥락과 초점을 정확히 파악해야 한다(이는 석박사 과정에 입학하면 배운다).

둘째, 베누티, 하우스, 투리 등이 지적하였듯이, 상반되는 두 개념은 단순한 이분법적 개념(binary concept)이 아니라 연속체(continuum)로 해석되어야 한다. 따라서 현실세계에서는 '100% 충분한 번역'이나 '100% 수용 가능한 번역'을 찾을 수 없다(다시 말하면 100% 직역, 100% 의역을 논하기란 어렵다). 같은 맥락에서 X라는 번역을 '자국화 번역'이라고 단정짓기보다는 'X는 Y보다 자국화의 흔적이 뚜렷하게 나타난다.' 등으로 표현하는 것이 바람직하다. 한 번역 내에서도 자국화 전략과 이국화 전략이 공존할 수 있다. 직역을 고집하는 번역가라도 경우에 따라, 부지불식간에, 의역을 하기도 한다.

셋째, 위에서 언급한 번역학자들은 상황과 관계없이 원문(원저자) 중심의 번역 방법을 선호했거나 원문 효과를 도착문화에서도 유지할 수 있는 경우 원문(원저자) 중심의 번역 방법을 고집하였다. 가령 뉴마크(Newmark 1981: 39)는 "어의적 번역뿐만 아니라 소통적 번역에서도 원문 효과가 유지될 수만 있다면 축자역(literal word-for-word translation)이 가장 좋은 번역일 뿐만 아니라 유일하게 타당한(only valid) 번역 방법이다."라고 역설했다. 또한 베누티(Venuti 2008: 15-16)는 슐라이어마허(Schleiermacher 1813/2004)와 마찬가지로 이국화가 "매우 바람직한(highly desirable) … 전략적 문화개입"이라고 주장했다. 텍스트의 기능과 스코포스(skopos)를 강조한 노드(Nord 2005)는 매개체로서의 번역을 선호했지만, 이 경우에도 '원문의 기능과 번역의 목적을 유지할 수만 있다면' 직역이 최고의 번역 방법이라고 주장했다.

구하나, 이영훈 (2010) 기데온 투리의 '용인성' 개념과 그 해석. 번역학연구 11(4): 25-56.

김영신 (2016) 이국화인가 자국화인가. 동서 비교문학 저널 37: 37-55.

박헌일 (2019) 한영 소설 제목의 시대별·번역사별 번역 전략 양상 연구. 번역학연구 20(5): 35-52.

신나안 (2019) 예술영화포스터 번역과 이미지의 의미화 전략. 문화와융합 41(2): 145-174.

안수경 (2021) 한국아동문학의 아웃바운드 번역에서 나타난 직역과 중역: 아동문학『마당을 나온 암 탉』수출 사례를 중심으로. 번역학연구 22(5): 99-120.

오미형 (2007) 한국아동문학의 외국어 번역에 있어 자국화와 이국화:『고양이 학교』영역본 사례 연구. 동화와 번역 13: 187-213.

왕옌리 (2019) 한국소설의 중국어 번역 전략 문제 —「森浦 가는 길」의 세 가지 번역본을 중심으로. 통 번역학연구 23(4): 143-167.

윤현숙 (2019) 희곡번역의 자국화 양상과 공연대본에서의 수용 — 체호프의「벚꽃 동산」을 중심으로. 통번역학연구 23(4): 203-229.

이미형 (2009) 베누티의 "차이의 윤리"와 이국화 번역에 대한 비판적 고찰: 베르망의 관점으로. 번역학 연구 10(2): 83-104.

이영훈 (2018) 의역(意譯)의 계보. 통번역학연구 22(1): 145-177.

이영훈 (2019) 직역(直譯)의 재발견: 계보학적 탐구. 통역과 번역 21(3): 149-179.

이지민 (2019) 라이선스 뮤지컬 가사 번역을 위한 실용적 지침: 가창용이성을 중심으로. 통역과 번역 21(2): 145-167.

이혜승 (2013) 동일 원문에 대한 러시아어와 한국어 번역 사례 비교 분석 — 자국화와 이국화를 중심으 로. 통번역학연구 17(1): 203-223.

조재룡 (2009) '번역문학'의 정치성에 관한 고찰 — 직역과 의역의 이분법을 넘어서. 비교한국학 17(1): 109-143.

5

번역 방법
(translation techniques)

번역 초보자들이 가장 궁금해하는 것 중 하나가 바로 번역 방법이다. 번역 방법
(translation techniques)이란 번역가가 번역 과정에서 텍스트의 미시적 측면을 해결하기 위
해 사용하는 기술이다. 따라서 거시적 측면에서 텍스트에 접근하는 방식을 의미하는
번역 전략(translation strategies)과는 다르다('번안'과 같이 번역 전략이면서도 번역 방법인 것도 있
다). 위르타도 알비르와 몰리나(Hurtado Albir and Molina 2002)는 번역 방법과 관련된 여
러 선행연구를 검토한 후, 다음과 같이 18가지 번역 방법을 요약·제시했다.

❶ 번안(adaptation): 출발어의 문화요소 등을 도착어의 문화요소 등으로 대체한다
(번역전략으로서의 번안은 다른 의미를 갖는다).

❷ 확대(amplification): 원문에 없던 세부사항을 기술한다.

❸ 차용(borrowing): 출발어의 단어나 표현을 직접 사용한다. 출발어를 그대로 쓰는
방식과 출발어의 음가(音價)를 도착어로 옮겨 적는 방법이 있다.

❹ 모사(calque): 출발어의 단어나 구(phrase)를 어휘적 또는 구조적으로 모방한다.

❺ 보상(compensation): 원문의 정보나 문체 효과를 다른 곳에 반영한다. 예를 들어
말장난(wordplay)을 번역할 수 없는 경우 말장난이 없는 다른 부분에서 새로운 말
장난을 만든다.

❻ 기술(description): 원문의 용어나 표현의 의미를 풀어서 기술한다.

❼ 담화맥락에 맞는 창조(discursive creation)：원문의 맥락에서는 전혀 예상할 수 없는, 일시적 등가어를 활용한다.

❽ 기존 등가어(established equivalent)：어학사전의 내용이나 기존에 자주 활용되었던 등가어를 그대로 사용한다.

❾ 일반화(generalization)：보다 일반적인 어휘, 즉 상위어를 사용한다.

❿ 언어 요소의 확대(linguistic amplification)：순차통역이나 더빙에서 흔히 나타나는 것처럼 언어 요소를 추가하는 방법이다.

⓫ 언어 요소의 압축(linguistic compression)：동시통역에서 흔히 나타나는 것처럼 언어 요소를 융합 또는 축약한다.

⓬ 축자역(literal translation)：원문을 단어 대 단어(word for word) 방식으로 번역한다.

⓭ 변조(modulation)：관점, 초점(focus) 등을 달리하여 번역한다.

⓮ 특정화(particularization)：'일반화'와는 반대로, 구체적이고 세부적인 어휘(하위어)를 사용하여 번역한다.

⓯ 축소(reduction)：'확대'와는 반대로, 원문의 정보 요소를 축소한다.

⓰ 대체(substitution)：언어 요소를 준언어적(paralinguistic：어조, 표정, 동작 등) 요소로 바꿔 번역한다(또는 반대의 경우).

⓱ 치환(transposition)：문법 항목(grammatical category)을 달리하여 번역한다.

⓲ 변이(variation)：언어의 유형이나 종류를 바꿔 번역한다. 예컨대 일반소설을 아동소설로 각색할 때 문체를 바꿔 번역하거나 인물이 사용하는 언어(방언, 개인어)의 종류를 달리하여 번역한다.

위의 18가지 방법은 단어나 구(phrase) 차원의 번역 문제를 해결할 때 유용하다. 하지만 이와 같은 이론적 논의만으로는 각 내용을 기억하기가 쉽지 않고 실전에 적용하기는 더욱더 어렵다. 따라서 우리 입장에서는 위에서 언급한 내용들이 영한번역에서 어떻게 실현될 수 있는지를 살펴봐야 한다. 필자가 수업에서 제시한 사례는 다음과 같다.

번역 방법(techniques)	영한번역(또는 유사상황에서의) 사례
번안(adaptation)	as popular as rugby → 야구만큼이나 인기 있는
확대(amplification)	Capodanno → 이탈리아어로 새해 첫날을 의미하는 카포단노(Capodanno)
차용(borrowing)	*유형 1(無번역): Soho is a small, multicultural area of central London → Soho는 런던 중심부에 위치한 ... *유형 2(음차): fundamentals → [경제] 펀더멘탈
모사(calque)	Political Correctness → 정치적 올바름
기술(description)	Yusheng → 싱가포르 사람들이 명절에 즐겨 먹는 생선 샐러드
기존 등가어 (established equivalent)	Talk of the devil. → 호랑이도 제 말하면 온다. (영한사전)
일반화 (generalization)	gin → 술, cottage → 집, cappuccino → 커피
언어 요소의 확대 (linguistic amplification)	She's silent. → 그 사람은 아무 말도 하지 않았다.
언어 요소의 압축 (linguistic compression)	He said the same thing over and over again, using a string of meaningless words. → 그는 중언부언했다.
축자역(literal translation)	He is one of the kindest people I have met. → 그는 내가 만나봤던 가장 친절한 사람 가운데 하나다.
변조(modulation)	The coffee was not hot. → 커피는 식어 있었다.
특정화(particularization)	shoes → 운동화, tools → 톱과 망치
축소(reduction)	chaebol, the nation's giant family-owned conglomerates → 재벌
대체(substitution)	검지와 중지를 교차시키고 손등이 상대방 쪽으로 가게 함(I'll keep my fingers crossed for you.) → 행운을 빌게.
치환(transposition)	Women are increasingly using contraceptive. → 여성의 피임약 사용이 증가하고 있다.
변이(variation)	to prevent the abduction of, the sale of, or traffic in children → 우리가 물건처럼 사고 팔리지 않도록 *「유엔아동권리협약」의 일부(원문)를 초등학생들에게 홍보하기 위한 번역이다. 따라서 텍스트 유형과 예상독자가 완전히 달라진 경우다. 원문의 "children"이 내러티브의 화자("우리")로 변했고, '약취유인, 인신매매, 거래' 등의 어려운 표현도 독자친화적인 "물건처럼 사고 팔리다."로 변경되었다 (Lee 2013: 144를 확인할 것).

번역 테크닉을 익혀두면 번역을 쉽게 할 수 있을 거라 믿는 사람이 있다. 사실 위에서 제시한 번역 방법과 예시는 아무것도 아니다. 마법 지팡이 같은 번역 방법은 없다.

6

스코포스와 번역 브리프

스코포스(skopos)

번역학을 전공하는 학생이라면 한 번쯤 들어봤을 법한 단어가 아닌가 싶다. 스코포스란 그리스어로 목표(aim), 목적(purpose)을 의미한다. 스코포스 이론(Skopos Theory)에 따르면 목표텍스트가 최종적으로 구현되는 방식은 도착문화권의 맥락에서 의도된 목적, 즉 번역 브리프에서 고객이 명시한 스코포스에 의해 결정된다.

번역 브리프(translation brief)란 번역 과업 수행과 관련하여 번역 의뢰자가 요구하는 일체의 지시사항을 뜻한다. 번역 브리프는 문서를 통해 명시적으로 표현되기도 하고, 때로는 구두로 전달되거나 심지어는 암시적인 방법으로도 묘사된다. 하지만 대개는 번역가에게 구체적으로 전달되지 않기 때문에 번역가가 스스로 번역의 방향이나 전략 등을 파악해야 한다. 번역 브리프를 제대로 파악하지 못하면 오역이 없어도 참담한 결과를 맛볼 수 있다.

필자는 번역 과제를 부여할 때 기본적으로 번역 브리프를 함께 제시한다. 아래 번역 브리프는 필자가 요약 번역을 할 때 제시했던 브리프의 일부이다. 어떤 내용이 들어 있는지 다 함께 살펴보자.

(a) 여러분은 북한 문제와 관련된 정부부처에서 인하우스 번역가(staff translator)로 근무하고 있습니다. (b)오늘 여러분은 중국의 탈북자 송환과 관련하여 미국의 고위관리가 증언한

내용(첨부파일)을 번역해야 합니다. 번역을 할 때 다음 사항에 유의하시길 바랍니다.

❶ 이 번역의 목적은 탈북자 송환문제와 관련된 미국정부(로버타 코헨이라는 관료로 대변)의 반응과 입장을 소개하는 것이다.

❷ 번역문은 부처 직원의 정책자료로 활용될 예정이다.

❸ 번역문은 탈북자 송환문제, 대북문제 등에 관심 있는 사람이면 누구나 확인할 수 있도록 부처 홈페이지 '해외 동향' 메뉴에 게시될 예정이다.

❹ 아래 인터넷 주소에서 영어 원문을 직접 확인할 수 있다.

원문주소: http://www.brookings.edu/testimony/2012/0305 ...

(Lee 2012를 재구성)

이 브리프의 내용을 차례대로 살펴보자. 먼저 문장 (a)는 번역가의 상황적 배경을 간략하게 제시하고 있다. 이어 문장 (b)는 원문에 대한 개괄적인 정보(출처 포함)를 제시한다. 지시문에 해당하는 문장 ❶은 "번역의 목적", 즉 텍스트의 의도된 기능을 보여준다. 이어 문장 ❷는 목표 텍스트의 최종 수신자("부처 직원")와 수용 장소(부처 "정책자료")를 언급하면서, 텍스트의 수용 동기(motive)까지도 암시하고 있다. 마지막으로 문장 ❸과 문장 ❹는 최종 수신자('일반 국민'), 텍스트의 발신 매체(medium), 장소 등을 확인시켜 준다. 이처럼 번역 브리프의 구성 요소는 기본적으로 '텍스트의 기능', '목표 텍스트의 최종 수신자', '텍스트 수용의 시공간적 배경', '텍스트의 발신 매체', '텍스트 생산과 수용 이유' 등을 포함한다(Nord 1997: 60).

스코포스 이론이 가정하는 두 가지 기본 원칙은 다음과 같다. 첫째, 두 문화, 두 텍스트 간의 교류(interaction)는 그 목적에 따라 결정된다. 둘째, 목적은 텍스트 수용자(receiver)에 의해 결정된다. 다시 말해, 번역의 내용은 번역의 목적에 따라 달라지며, 번역의 목적은 궁극적으로 번역독자에 의해 결정된다. 이러한 점에서 스코포스 이론은 번역을 과거 지향적이 아닌, 미래 지향적인 것으로 간주한다.

스코포스는 번역 결과물뿐만 아니라 번역 과정에도 적용된다. 목표 문화에서 규정하는 번역의 기능이나 목적은 번역가가 의도한 목적과 다를 수 있고, 이러한 경우 번역가는 '선택'을 해야만 한다. 물론 목표문화(의사소통)의 목적과 번역가의 목적이 일치할 수도 있으며 이러한 경우가 바로 '이상적인' 번역 상황에 해당한다.

스코포스 이론에서 중요하게 생각하는 또 다른 요소는 텍스트의 내적 합치성(intratextual coherence)이다. 내적 합치성이란 번역한 내용을 이해할 수 있어야 하고 목표 문화의 '의사소통' 상황에서도 번역의 의미가 통해야 한다는 뜻이다. 스코포스 이론에서는 내적 합치성이 외적 합치성(intertextual coherence), 즉 '원문에 대한 충실성(loyalty)'보다 우선한다. 외적 합치성은 내적 합치성에 종속하고, 외적 합치성과 내적 합치성은 스코포스 규칙에 종속한다(Nord 1997: 32).

스코포스 옹호론자들은 원문에 대한 충실성(외적 합치성)을 간과한다는 이유로 비판을 받기도 한다. 실제로 스코포스 이론의 선구자 페르메어(Vermeer)는 1984년 취리히 강연에서 "원문의 폐위"(de-throning the source text)라는 말까지 사용했다가 언어학자는 물론 일부 번역학자들로부터 거센 비판을 받아야만 했다(Snell-Hornby 2006: 54). 필자도 박사과정 시절에 어떤 학술대회에 참석했다가 비슷한 상황을 목격한 적이 있다. 당시 논문발표를 했던 언어학자가 스코포스 번역을 주장했는데, 패널로 참가한 문학연구자 4명이 원전에 대한 충실성을 강조하면서 발표자를 거세게 몰아붙였다. 강한 공세와 수적 열세에 몰린 발표자가 필자의 눈에도 매우 안타깝게 보일 정도였다. 하지만 이러한 상황을 스코포스의 한계로만 해석해서는 안 된다. 감히 말하는데, 충실성(누구에게, 무엇에 충실하느냐)은 쉽게 규정할 수 있는 개념이 아니다.

강경이 (2019) 중국 공예 유물 명칭 중한 번역 양상 및 소통적 측면의 문제점 분석. 통번역학연구 23(3): 1-24.

김가희 (2018) 기능주의 번역이론 고찰 및 적용: 문학번역 텍스트 비교 분석을 중심으로. 영어권문화연구 11(3): 27-44.

김순미 (2010) 목적(skopos)에 따른 텍스트 내적 요소(intratextual factors)의 변화: 자기계발서 중심으로. 통번역학연구 14(1): 1-30.

김진숙 (2012) 번역강의실에서의 의사소통: 석사과정생들의 번역브리프와 번역의 관계에 관한 실행연구. 번역학연구 13(2): 41-63.

박은숙, 박윤희 (2019) 『채식주의자』 번역을 통해 본 '번역가 브리프' 기능 연구. 동서비교문학저널 47: 97-116.

박지영 (2016) 번역명세서 분석을 통한 번역 의뢰인의 니즈 고찰: 정부 기관의 번역명세서를 중심으로. 번역학연구 20(2): 1-26.

선영화 (2016) 그림책에서 애니메이션으로의 시각기호 번역 연구 — *The Lost Thing* 각색의 스코포스를 중심으로. 통역과 번역 18(1): 75-102.

신지선 (2005) 아동문학 번역 시 스코포스 이론의 적용. 번역학연구 6(2): 125-140.

이미정 (2021) 방정환 번역의 '굴절'과 스코포스 —「왕자와 제비」를 중심으로. 한국근대문학연구 22(2): 317-345.

이상빈 (2017) 학부번역전공자의 기계번역 포스트에디팅, 무엇이 문제이고, 무엇을 가르쳐야 하는가? 통역과 번역 19(3): 37-64.

이창수 (2003) 기능주의적 번역이론에서 본 우리나라 관광 안내 사이트 번역의 실태 연구. 통역과 번역 5(2): 101-126.

이현경 (2018) 영자신문 네 칸 연재만화 영한번역의 양상 고찰: 유머번역을 중심으로. 번역학연구 19(2): 253-276.

정호정 (2016) 번역과정에 있어서의 번역브리프와 번역 결정: 다국어사전 구축 번역에 대한 사례연구. 통역과 번역 18(3): 235-259.

7

번역 과정과 인지

　번역학계는 지난 1980년대 말부터 번역가의 '인지', 번역가의 '판단 과정'(decision-making process)에 큰 관심을 보여 왔다. 번역가의 인지 과정이 규명된다면 번역물에 대한 보다 타당성 있는 설명이 가능할 뿐만 아니라 번역물의 품질도 효과적으로 개선할 수 있기 때문이다. 또한 번역가의 인지 능력을 고려하여 번역교육의 내용, 구성, 난이도를 효과적으로 개선할 수 있기 때문이다. 번역가의 심리·인지적 과정은 직접적인 관찰·측정·분석이 불가능하기 때문에 비유적으로 '블랙박스'(black box)로도 불린다.

　번역학자들은 번역가의 판단 과정 및 인지 능력과 관련하여 몇 가지 세부사항에 주목했다. 예컨대 초보 번역가와 전문 번역가의 접근방식에는 어떠한 차이가 있는가? 전문 번역가가 원문을 읽고 이해하는 과정은 어떤 특징을 보이는가? 번역전공자가 번역에 필요한 자료를 수집·사용하는 과정에서 발생하는 문제점은 무엇인가? 번역전공자와 '언어전공자'(또는 번역경험이 거의 없는 이중언어사용자)는 번역수행 과정에서 어떠한 차이를 보이는가? 번역경험이 많아지면 번역 과정은 어떻게 달라지는가? 이러한 질문에 답하기 위해 일부 번역학자들은 사고발화법(thinking aloud), 번역일기(translation diary), 과제중심 문제해결 보고서(Integrated Problem and Decision Reporting), 번역 코멘터리(translation commentary) 등의 방법을 활용하여 번역 과정에 관한 데이터를 수집·분석해왔다.

　사고발화법은 초창기 번역연구에서 가장 많은 관심을 받았던 방법이다. 사고발화법이란 번역가가 번역을 수행하면서 떠오르는 모든 생각을 실시간으로 말하도록 하고 그 발화내용을 녹취(녹화)·분석하는 방법이다. 예를 들어 뢰르셔(Lörscher 1996)는 외국어 학습자와 전문 번역가를 대상으로 위와 같은 사고발화법을 진행하고 두 집단의 차이를 비교한 바 있다. 그의 실험에 따르면 두 비교집단은 번역전략의 종류와 사용 빈도, 번역 단위(translation unit), 텍스트에서 강조하는 요소, 번역문을 검토하는 정도 등에 있어 유의미한 차이를 보였다.

 참고: 사고발화법의 예

▶실험 지시문 일부
다음 텍스트를 한국어로 번역해 주세요. 평소대로 번역을 하되 번역 도중 머릿속에 떠오르는 것은 뭐든지, 계속 말씀해 주시길 바랍니다. 논리적으로 말씀하실 필요도 없고, 자신의 생각을 정당화할 필요도 없습니다. 그저 생각나는 대로 계속 말씀해 주시면 됩니다. 영어 단어를 섞어서 말씀하셔도 됩니다. 모든 발화 내용은 녹취됩니다.

▶녹취내용(Think-Aloud Protocol: TAP) 일부
[…] 그래… 어디 보자. 이 문장 …. 뭐가 이렇게 길, 길어! 주어가 여기 … 여기까지구… 이 단어가 … 서브버시브[subversive]가 무슨 뜻이었나 … '전복하다' 뭐, 그런 거니까 … 서브버시브 액티버티는 '전복활동'으로 일단 번역하… 아니… 그래도 사전을 보구. 일단 네이버… 네이버로 하고, 뭐… 네이버. 이건, 좀 이상하게 들리긴 하네, 하하하. 다시 지워서…

하지만 사고발화법은 최소한 세 가지 측면에서 비판을 받아왔다. 첫째, 피험자(발화자)는 작업기억(working memory)에 있는 정보만을 발화할 수 있다. 따라서 번역을 하면서 자동적으로(습관적으로) 수행하는 부분에 대해서는 사고발화법을 통해 관련 정보를 얻기가 불가능하다(전문 번역가일수록 습관적인 결정이나 판단이 많을 수 있다). 둘째, 번역이라는 고도의 인지활동을 수행하면서 자신의 생각을 말하는 것은 적지 않은 인지 부담으로 작용한다. 따라서 사고발화(법)는 피험자의 인지 가운데 일부만을 보여주고 인지 과정 자체를 왜곡할 수도 있다. 셋째, 사고발화법은 녹음이 가능한 소규모 실험환경에서만 가능하다. 따라서 다수의 학생을 대상으로 하는 번역교육(또는 번역연구)에서는 직접적인 활용이 어렵다. 번역가 세 명만을 데리고 실험을 해도 전사(transcription)해야 할 녹

취 분량은 엄청나다.

사고발화법과 달리 번역 코멘터리(translation commentary)는 번역교육 현장에서 비교적 쉽게 적용할 수 있다. 번역 코멘터리란 번역가(번역전공자)가 번역을 수행한 직후 자신의 번역 과정을 정해진 기준에 따라 구체적으로 적은 것이다. 이러한 점에서 번역 코멘터리는 사고발화법과 달리 피험자의 '내성'(introspection)이 아닌, '회상'(retrospection)에 의존하는 방식이다. 다만, 번역 코멘터리 방식은 기존의 번역일기(translation diary)와 달리, 구체적인 작성기준(writing guideline)을 제시한다. 예를 들어 가르시아 알바레즈(García Álvarez 2007: 144)는 19가지 작성지침을 제시한 후 학생들이 그 기준에 따라 번역 과정을 상세하게 기술하도록 했다. 이러한 방법은 사고발화법만큼이나 번역 과정을 이해하는 데 도움을 준다(Munday 2012: 299).

✓ 참고: 회상과 내성의 단점

▶진실성(veridicality)
자신의 번역 과정을 회상하여 보고할 경우, 기억력 문제나 심리적 요인 등으로 인해 회상한 내용이 실제와 다를 수 있다.

▶반응성(reactivity)
번역을 수행하면서 자신의 생각을 발화하면 인지활동에 영향을 받게 된다. 따라서 사고 발화는 피험자의 인지 가운데 일부만을 보여주고 인지 과정을 왜곡할 수 있다.

국내에서는 이상빈(Lee 2010)이 국내 학부생을 대상으로 번역 코멘터리 가이드라인을 개발하고 실제 영한번역 실습교육에서 번역 코멘터리를 활용한 바 있다. 그는 번역을 전공하는 학부생 32명에게 부패방지와 관련된 OECD 보고서를 요약 번역하도록 한 후, 가이드라인을 참고하여 자신의 번역 과정을 가급적 상세하게 기록하도록 주문했다. 그가 소개한 번역 코멘터리의 일부를 제시하면 다음과 같다(Lee 2010: 244-248).

※ 대괄호[ ]는 코멘터리의 내용을 요약한 것으로, 가이드라인의 주요 항목에 해당한다.

이번 번역은 '요약 번역'을 접해보지 않아 요약 번역의 개념을 잡는 것이 중요했다. 다소 생소한 형태였기 때문에 형식은 어떻게 해야 하고 길이는 어느 정도가 좋은지에 대해 판단하기가 어려웠다[번역브리프, 번역문의 구조, 텍스트 유형 관습에 관한 고민]. 더구나 정부 관련 기관의 홈페이지에 게시될 글이기 때문에 형식에 대해서 더 고민이 많았다[번역브리프, 번역문의 구조, 출판(게시) 날짜 및 장소 등에 관한 고민]. 그래서 번역지시서에 나와 있는 위원회 홈페이지의 다른 자료를 참고하려 했으나, 부패방지위원회의 홈페이지가 열리지 않았다. 그리고 검색을 통해 부패방지위원회의 명칭이 '국가청렴위원회', '국민권익위원회' 순으로 바뀌었다는 것을 알게 되었다. 국민권익위원회 홈페이지(http://www.acrc.go.kr/)에 들어가 다른 요약 번역문을 참고하려 했는데, 이 위원회의 자료실에는 주로 국내 자료가 업로드되어 있었고 해외 동정에 대한 자료를 찾기가 힘들었다[번역을 위한 자료 검색의 과정].

이 홈페이지에서는 필요한 참고 자료를 얻기가 힘들 것 같아 다른 OECD 관련 기관의 홈페이지를 다시 검색하다 'OECD 대한민국 정책센터(http://www.oecdkorea.org)'라는 홈페이지를 발견했다. 그리고 이 홈페이지의 '국제세미나' 메뉴에서 OECD가 발표한 보고서의 여러 요약 번역문을 볼 수 있었다[번역을 위한 자료검색의 과정].

나는 이 요약문을 참고해 해당 형식을 따르자 결정한 후[번역관습, 자료검색에 관한 생각], 각각의 소제목에 번호를 매기고 항목마다 글머리 기호를 매기는 방법으로 번역했다[번역문의 구조, 텍스트 유형의 관습, 번역규범 등에 관한 생각]. 다만 참고한 번역문에서는 번역을 가능한 아주 짧게 하고 번역 전문의 파일을 첨부했으나 나의 번역문은 번역지시서상 번역 전문의 게시에 대한 내용이 언급되지 않았기 때문에 요약 번역문 안에 ST(Source Text)의 모든 정보를 포함해야 했다. 그래서 번역문이 예상보다 길어졌다[번역브리프에 관한 생각].

번역을 하는 동안, ST와 TT(Target Text)의 목적이 달라져서 생기는 변화에 주의해야 했다[원문과 번역문의 기능에 관한 생각]. ST가 OECD의 정책 관계자와 실무자들을 대상으로[원문과 관련된 '참여자'] 뇌물 방지를 위해 노력하자는 연설문이기 때문에[텍스트 유형 및 기능에 관한 생각] 청자의 공감을 이끌어내기 위해 풀어서 설명하는 경향이 있는 반면[결속성, 맥락, 어휘, 언어역 등에 관한 문제, 독자에 관한 문제], TT는 정책 관계자와 일반 국민을 대상으로 한[번역독자에 관한 생각] 정책 참고용 자료로 쓰이기 때문에[번역의 기능에 관한 생각] 상대적으로 informative한 성격을 띤 글로 바뀌어야 했다[번역브리프, 언어역, 텍스트 유형에 관한 생각].

앞서 언급했던 대로 ST는 상대방을 설득하기 위한 글이기 때문에[텍스트의 기능에 관한 생각] 청자의 이해를 돕기 위한 수사적 표현이 많았고, 같은 말이라도 좀 더 쉽게 풀어 쓰는 편이었다[결속성, 맥락, 어휘, 언어역 등에 관한 문제]. 다만 텍스트의 내용에 대한 청자의 사전 지식이 이미 풍부하기 때문에[독자에 대한 고민] 전문성 결여를 우려해 지나치게 쉬운 표현을 쓰지는 않은 편이었다[관용구, 전문용어, 어휘 선택 등에 관한 고민]. 그리고 공식 석상에서 저자가 직접 이야기하는 것이기 때문에 대화체의 성격을 띠고 있지만[언어역, 텍스트 생산자 등에 관한 고민], 연설이 진행되는 장소가 영국 왕립 국제 문제 연구소라는 다소 공식적인 장소이기 때문에 formal한 분위기도 느낄 수 있었다[언어역, 맥락 등에 관한 고민].

반면, TT는 ST와 그 목적도, 대상도 다르다[텍스트의 기능, 번역과 관련된 다양한 참여자]. 텍스트의 타깃에 어느 정도 유사성이 있는 ST와는 달리 TT는 누구나 볼 수 있는 홈페이지에 게시될 글이기 때문에 ST에 비해 접근성이 높은 편이다[번역과 관련된 다양한 참여자, 출판과 관련된 사항]. 그렇기 때문에 그 타깃이 사전 지식이 많은 실무자가 될 수도 있고, 아예 아무런 정보도 없는 일반 국민이 될 수도 있다[번역독자와 관련된 고민]. 이들은 ST의 청자에 비해 사전 지식이 부족한 상태이기 때문에 어느 수준에 맞춰서 번역해야 할지에 대해 고민해야 했다[언어역, 맥락, 관용구, 어휘, 전문용어, 번역 관련 참여자]. 타깃을 어느 정도로 맞추느냐에 따라 전문용어의 사용이나 이해를 돕기 위한 추가 정보가 필요한지의 여부가 달라지기 때문이다[어휘 및 용어, 번역과 관련된 다양한 참여자].

이렇게 두 텍스트의 성격이 서로 다르기 때문에 번역을 하면서 ST보다는 TT의 성격에 더 맞게 informative한 부분을 많이 고려했다[텍스트 유형 관습]. 그래서 짧은 시간 내에 핵심 내용을 파악할 수 있도록 ST의 수사적인 표현들은 가능한 생략하고 정보 위주로 번역했다[텍스트 구조 및 내용, 관용구 및 어휘, 텍스트 유형 관습]. 그러나 내용의 이해를 돕기 위해 ST에서 언급된 개도국의 보건부 사례는 살려두었다[결속성, 번역과 관련된 참여자]. 타켓의 설정에 대해서는 여러 생각이 들었으나, OECD의 정책을 홈페이지에 찾아와 읽을 정도의 사람이라면 어느 정도 사전 지식이 있을 것이라 판단하고[번역독자에 대한 고민] 가능한 이해하기 쉬운 문장을 썼으나[문장과 관련된 문제] 전문용어는 G20, facilitation payment와 같이 덜 친숙하거나 우리말 표현이 생소한 경우[어휘차원의 문제, 독자에 관한 고민] 각주를 달아 설명한 것을 제외하고는 굳이 풀어서 설명하지 않았다[텍스트 구조 및 내용].

표현 방법의 변화에 대해서도 주의해야 했다[텍스트 구조 및 내용]. ST와 TT의 목적이 같았다면[텍스트의 기능], TT 역시 연설문의 목적에 맞게 '~습니다', '~입니다'와 같은 정중한 종결어미를 써야 할 것이나[언어역, 스피치 레벨에 관한 문제] 이번 번역에서의 TT는 요약 번역이므로 간결함이 중요하다 생각했고 정보전달이 목적이기 때문에[번역브리프, 텍스트 유형] 굳이 정중한 표현을 사용할 필요는 없을 것 같았다. 그래서 대부분의 문장은 '~함', 혹은 명사로 끝맺었다[언어역, 관용표현, 문장 차원의 문제].

ST에서는 지시대명사가 많았는데[결속성, 어휘] 우리나라는 영어에 비해 지시대명사의 사용이 활발하지 않아 지칭하는 대상이 무엇인지 정확히 알아채기 힘든 경향이 있기 때문에 지시대명사를 번역할 때는 가능한 지시하는 대상을 명시했다[텍스트 구조, 결속성, 어휘, 언어차이, 독자 등에 관한 고민]. 그리고 '기소'나 '뇌물방지협약', '해외 뇌물 수수' 등 반복되는 표현을 사용할 때는 단어 사용이나 띄어쓰기를 똑같이 맞추어 통일성을 유지했다[결속성, 문장 차원의 문제, 어휘 차원의 문제]. '경제협력개발기구'라는 우리말 표현보다는 'OECD'가 더 익숙하기 때문에 OECD를 선택했고, '비즈니스'나 '커뮤니케이션 라인'이라는 말은 이미 이 형태로 많이 사용되기 때문에 당연 발음을 그대로 표기하는 방법을 선택했다[번역관습, 독자에 관한 고민]. '뇌물방지협약'이나 '뇌물방지 권고' 등의 용어는 이미 기존에 쓰이는 대로 번역했으나 'Initiative to Raise Global Awareness of Foreign Bribery'는 이미 사용 중인 우리말 표현을 찾지 못해 임의로 '해외 뇌물 수수에 대한 세계적 인식 제고 계획'이라 번역했다[번역관습, 등가어에 관한 고민]. facilitation payment, ethics and compliance, internal controls, international business transactions, external audits, law enforcement authorities, developing country와 같은 연어는[연어, 문장 차원의 고민] 〈2008 The Coca-Cola Company에서 발행한 비즈니스 윤리강령 – 용어집〉(http://www.thecoca-colacompany.com/ourcompany/pdf/COBC_Korean.pdf)과 영어사전을 참고했다[번역 수행을 위한 자료수집].

중간중간 중복된 표현이 사용되거나(who pay pay the price for foreign bribery) 'and'의 사용이 잘못된(combating small facilitation payments, corporate liability, protecting whistleblowers, improving lines of communication between public officials and law enforcement authorities, and preventing and detecting foreign bribery through external audits and internal controls, (and) ethics and compliance.) 부분이 있었으나 텍스트의 이해를 방해하는 수준

은 아니었기 때문에 크게 고려하지 않았다. 번역을 하다 보니 영국의 사례가 몇 차례 나왔는데, ST가 영국에서 발표된 것이다 보니 종종 선진국의 입장에서 이야기한 것들이 눈에 보였다. 주로 선진국으로서 다른 나라의 본보기가 되기 위해 솔선수범해야 한다거나, OECD와 협약 가입국 내에서 리더로서 행동해야 한다는 것 등의 내용이었는데, TT의 독자는 영국인이 아닌 한국인이기 때문에 이런 내용들은 TT의 독자에게 공감을 얻기 힘들 것 같아 과감히 삭제했다[텍스트 구조 및 이해, 번역 관련 참여자]. 번역에 필요한 자료는 모두 google(www.google.com), naver(www.naver.com), Wikipedia(www.wikipedia.org)를 통해 검색했다[자료수집의 문제].

위의 인용문에서 확인할 수 있듯이, 이 학생은 번역 브리프를 해석하는 과정에서부터 번역문의 단어를 선택하는 과정에 이르기까지 다양한 차원의 판단과정을 자신의 코멘터리에 담아냈다. 이러한 종류의 글은 번역을 가르치는 사람들에게 매우 유용한 정보를 제공한다. 예컨대 코멘터리를 읽어보면 ❶ 해당 학생이 번역 브리프를 어떻게 이해하고 활용하는지, ❷ 번역을 위한 기본 자료는 어디에서, 어떻게 입수하는지, ❸ 어휘 선택과 같은 미시적 판단은 어떻게 하는지, ❹ 특이한 번역현상이 나타났다면 그 원인은 무엇인지 등을 확인할 수 있다. 이러한 점에서 번역 코멘터리는 맞춤식 번역교육도 가능케 한다.

번역 코멘터리는 두 가지 측면에서 학생들에게 유용하다. 첫째, 번역 코멘터리와 가이드라인을 활용하면 번역 과정을 비판적으로 점검하면서 번역을 수행할 수 있다. 특히 자신의 코멘터리와 다른 학생의 코멘터리를 비교할 수 있다면 자신의 번역 과정을 비판적으로 바라볼 수 있을 뿐만 아니라 번역능력이 우수한 학생의 접근방식을 배울 수 있다. 둘째, 코멘터리를 통해 번역교사와 '새로운 만남'을 경험할 수 있다. 즉, 더 이상 번역물만으로 평가받는 것이 아니라 자신의 번역 과정을 교사에게 소개하고 그 내용을 바탕으로 번역에 관한 보다 체계적인 상담을 받을 수 있다.

강수정 (2017) 중국어 학부번역교육에서 번역일지 적용에 관한 연구. 통역과 번역 19(2): 1-32.

김대영 (2013) 프랑스의 번역 수업 방식 및 평가 연구: 파리 통번역 대학원(ESIT)와 파리3대학 수업 관찰을 중심으로. 번역학연구 14(5): 67-93.

김대영 (2015) 과정 중심 문제 해결 보고서(IPDR)와 크로스체킹(cross-checking) 기반 번역 교수법 고찰. 통역과 번역 17(1): 1-38.

김혜림 (2019) 한중, 중한 번역방향에 따른 명시화: 학부번역자의 번역과정 분석. 중국언어연구 83: 133-164.

김혜림 (2019) 학부생과 번역전공 석사생의 중한 번역 명시화: 번역일지를 활용한 번역과정 분석. 중국언어연구 84: 371-405.

김혜영 (2004) 번역 과정 중 문제 해결 전략에 대한 분석: TAP의 대체 방법으로서의 번역일지. 통역과 번역 6(2): 23-38.

신지선 (2008) 통역의 Effort 모델을 적용한 번역과정 분석: 번역시간의 경제적인 운용전략을 중심으로. 번역학연구 9(3): 93-112.

이상빈 (2018) 국내학부 번역전공자의 구글 기계번역 포스트에디팅 과정(process) 및 행위 연구. 번역학연구 19(3): 259-286.

이준호 (2021) 한영 포스트에디팅 노력 예비연구: 트랜스로그 II를 활용한 한영 인간번역과 포스트에디팅의 차이 분석. 번역학연구 22(5): 271-298.

정진 (2021) 성찰 일지를 통해 본 홍콩 한국어 학습자의 중한 번역 전략 분석. 우리말연구 64: 237-262.

조상은 (2005) 번역능력 차이에 따른 일한번역과정 연구 ─ 발화내용에 대한 정성적 분석을 중심으로. 통역과 번역 7(2): 173-194.

조상은 (2007) 번역능력 향상에 따른 번역행위에 대한 고찰: 동일 피험자에 대한 과거와 현재 TAP 실험 결과의 정성적 분석. 통역과 번역 9(2): 241-261.

한미선 (2016) 양방향 소통을 위한 번역일지 활용 사례. 통번역학연구 20(2): 153-175.

Lee, S-B. (2010) Translation commentary as a pedagogical tool for undergraduate translation courses. *Korean Journal of Applied Linguistics* 26(3): 229-264.

8

파라텍스트
(paratext)

앞서 우리는 번역 행위와 과정을 간략히 살펴보았다. 특히 한 학생의 번역 코멘터리를 읽어보면서 번역 과제에 대한 접근법, 번역 브리프 해석방법, 번역문제의 해결 과정 등을 직접 확인하였다. 그러한 내용은 번역 코멘터리가 없었다면 파악이 불가능했을 것이다. 번역 코멘터리와 같은 메타담화(metadiscourse)를 효과적으로 활용하면 번역은 물론이고 그 번역의 행위주체까지도 균형 있게 평가할 수 있다.

그런데 어떤 학생들은 번역 코멘터리를 요구하지 않았는데도 번역과 관련된 자신의 판단과 생각을 번역문 주변에 적는 경우가 있다. 이때 학생의 '메시지'는 다음 사례에서도 엿볼 수 있듯이 번역을 평가하는 필자를 겨냥하는 듯하다.

✔ 번역과 관련된 주변 텍스트

(A) "제 번역을 보시면 별표 친 부분이 있는데 괄호 안의 뜻으로도 해석이 가능할 것 같습니다. 인터넷에서도 두 가지 버전이 모두 나와 일단 둘 다 적어봤습니다."

(B) "Amnesty International"의 한국어 번역은 "국제사면위원회"입니다. 각종 언론에서 그렇게 번역해온 것 같습니다. 하지만 원문 내용이 사면과는 무관하므로 amnesty international을 '국제사면위원회'로 번역하는 것은 문제가 있습니다(기자의 번역을 따르지 않기로 했습니다). Amnesty International 한국지부 인터넷 사이트에서도 '국제앰네스티'로 적혀 있습니다.

위의 두 학생은 뭔가를 해명하는 듯하다. 하지만 두 메모를 읽고 난 느낌은 사뭇 다르다. 학생 (A)는 자신의 결정에 대해 확신하지 못하고 일종의 변명을 늘어놓는 것 같다. 번역 평가자에게 혹시나 있을 실수를 감안해 달라고 호소하는 것 같다. 반면, 학생 (B)의 설명은 불신을 초래하기보다는 믿음을 준다. 평가자의 머릿속에는 '꽤 고민했구나!', '타당한 설명이군!', '나도 고민했겠는걸!' 같은 생각이 떠오른다.

필자도 번역가로 활동할 때 간혹 — 특히 홍보 자료나 발표 자료(ppt)를 번역할 때 — (B)와 같은 방법을 활용하여 고객과 특별한 '대화'를 시도한 적이 있다. 하지만 구체적인 사용방법과 내용은 달랐다. 필자는 먼저 문서 프로그램의 메모 기능을 이용하여 해당 문제에 대해 몇 가지 번역 안(案)을 제시했다(즉, 필자의 번역을 정당화하기 위해 메모를 썼던 것이 아니라 번역의 다양성을 보여주기 위해 사용했다). 그리고는 각 번역이 가능한 이유와 각 번역의 장단점을 소개한 후 고객의 니즈에 따라 다른 선택도 가능함을 알렸다. 또한 고객의 선택에 도움이 되고자 각 번역의 우선순위도 제시했다. 이렇게 했던 이유는 필자가 확신이 없어서가 아니라 번역도 '고객감동 서비스'라고 생각했기 때문이다. 또한 번역을 사용하는 맥락과 환경이 필자의 예측을 벗어날 수 있다고 판단했기 때문이다.

물론 필자의 방식대로 번역을 수행(서비스) 하는 게 쉬운 일은 아니다. 단순히 '그럴 수도 있구나!', '저런 사람도 있구나.' 정도로 받아들여도 좋다. 번역할 때마다 메모를 달았던 것도 아니고 아주 가끔씩 했던 일이다. 하지만 어떤 기관에서 번역을 처음 받아 위와 같은 방식으로 번역을 보내주면 반응이 제법 괜찮았다. 의뢰인이나 업무 담당자는 '실력 없구나!'가 아니라 '신경 썼구나!'로 받아들인다. 번역 과정에서도 소통은 매우 중요하다. 소통은 신뢰를 낳고 신뢰는 더 많은 일거리를 가져온다.

번역서에서도 번역가의 소통 공간을 찾아볼 수 있다. 보통 '옮긴이의 말'로 표현되는 역자 후기(translator's preface/postface)가 그것이다. 역자 후기는 앞서 설명한 메모보다 '공식적인' 공간이다. 인쇄가 되면서 번역과 함께 영원히 생존하기 때문이다. 일반적으로 역자 후기에는 원문이나 번역과 관련된, 번역가의 다양한 경험과 고뇌의 흔적을 담는다. '번역가(출판사)는 왜 이 작가를 선택했는가?', '번역가는 어떠한 삶을 살았는가?', '왜 재번역을 하게 되었는가?', '번역 과정에서 어떠한 난제가 있었는가?' 등이 그 예이다(하지만 번역에 대한 언급이 전혀 없는 역자 후기도 많다).

역자 후기와 같이 번역서에 포함된 번역 관련 텍스트를 "페리텍스트"(peritext)라고 부른다(Genette 1997). 페리텍스트는 번역 자체에 대한 다양한 정보를 제공해줄 뿐만 아니라 번역가, 원저자, 출판사 등을 이해하는 데 큰 도움이 된다. 번역가에게는 자신의 존재를 가시적으로 드러낼 수 있는 공간이며 자신의 번역전략도 소개할 수 있는 기회의 땅이다. 여러분도 나중에 책을 번역하게 되면 역자 후기와 같은 페리텍스트를 적극 활용하여 자신의 번역관과 경험을 공유해보라. 역자 후기야말로 인공지능 번역기와 인간번역가를 구분 짓는 가장 중요한 지표가 아닐까 싶다.

 참고: 파라텍스트(paratext)

'페리텍스트'(peritext)는 '에피텍스트'(epitext)와 함께 '파라텍스트'(paratext)라는 개념을 구성한다(Genette 1997). 번역의 맥락에서 본 파라텍스트의 두 요소는 다음과 같다.

(1) 페리텍스트: 번역텍스트와 동일한 공간(책 내부)에 존재하며, 일반적으로 번역가 또는 출판사가 작성한다. 역자 후기는 물론이고 표지 디자인, 추천사, 시리즈 명, 삽화, 출판 정보, 편집자 주석, 저자명, 제목, 헌사, 서문(후기), 저자 주석 등이 해당된다.

(2) 에피텍스트: 번역텍스트와는 물리적으로 다른 공간에 위치한다. 예를 들면 번역서를 홍보하는 광고나 서평을 비롯하여 번역가가 저자와 주고받은 편지, 번역(가)과 관련된 논문, 대담, 토론 등이 있다.

파라텍스트의 번역과 관련해 자주 언급되는 텍스트가 바로 책표지이다. 표지 속의 시각 기호와 언어 기호는 번역을 통해 잦은 변화를 겪기 때문이다. 책표지는 책의 구입 결정과 수용(受容)에 일차적인 영향을 준다. 어떤 경우에는 표지 이미지의 변화가 특별한 의도나 목적을 반영하기도 한다. 예컨대 페미니즘 도서 『O club da calceta』의 앞표지에는 매끈한 뜨개질바늘 네 개가 그려져 있는데, 이 이미지가 이탈리아 번역서에서는 '미니 스커트를 입고 소파에 누워있는 여성의 다리'로 탈바꿈한다(Castro 2009: 11). 국내 번역서에서도 아래와 같이 흥미로운 표지 번역을 확인할 수 있다.

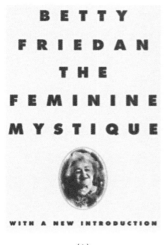

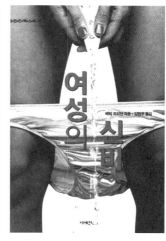

〈A〉 〈B〉 〈C〉

　〈A〉는 베티 프리단(Betty Friedan)의 페미니즘 도서 『The feminine mystique』(개정판, 1997)의 앞표지이고, 〈B〉는 1978년 평민사에서 번역·출간한 『여성의 신비』이다. 〈A〉와 〈B〉를 비교해보면 전체적인 느낌에서 큰 차이는 없어 보인다. (참고로 말하자면, 『The feminine mystique』는 여러 판본으로 수십 년 동안 출간되었으며, 위의 〈A〉는 엄밀히 말해 〈B〉의 원문이 아니다. 하지만 여러 원서의 표지를 비교해보면 〈A〉의 느낌과 크게 다르지 않다. 게다가 평민사가 사용한 출발텍스트가 몇 년도 출판물인지 확인하기 어렵기 때문에 여기에서는 〈A〉의 이미지로 대신한다.) 하지만 이매진 출판사가 2005년에 번역·출간한 〈C〉는 언뜻 봐도 〈A〉, 〈B〉와는 크게 다른 느낌을 준다. 일단 〈C〉의 이미지는 매우 선정적으로 보인다. 하지만 이 이미지는 책의 주제와도 관련 있는 '여성해방'의 메시지를 담고 있다. 이러한 해석은 책날개에 적혀있는 "우리 여성들은 변기가 더럽거나 여럿이 이용하는 공공장소에서 불편을 겪은 적이 있죠? 유럽에서 시판 중인 서서 소변을 볼 수 있는 종이 깔대[때]기"(표지 이미지)라는 내용으로 설명 가능하다. 따라서 〈C〉의 이미지는 이중 효과를 준다. 즉, "여성의 신비"라는 제목과 결합하면서 성적인 메시지를 전하고, 여성해방이라는 핵심 주제를 간접적으로 표현한다.

　한편, 〈C〉의 번역가는 "여성의 신비"라는 제목과 관련하여 "옮긴이의 말"에 자신의 의견을 덧붙였다. 그는 "여성의 신비라는 제목이 '여성다움이라는 이름으로 여성에게 신비하게 덧씌워진 고정된 역할과 이미지'라는 의미를 제대로 담기 어려운 탓에 고민을 했지만, 이미 워낙 많이 알려진 제목이라 그대로 쓰기로 했다"고 말한다(김현우 2005: 677). 다시 말해 책 제목을 달리 번역하고 싶었지만 독자의 기대와 시장의 상황을 고려하여 이전의 제목을 그대로 사용할 수밖에 없었다는 것이다. 번역이 독자의 기대와 출판시장의 압력에 어떠한 영향을 받는지 보여주는 대목이다.

하지만 2018년 7월 갈라파고스가 출간한 번역본은 제목이 "여성성의 신화"이다. 역자(김현우)는 〈옮긴이의 말〉에서 "프리단의 취지를 한국어로 보다 잘 전달할 수 있는 '여성성의 신화'라는 제목을 갖게 되어서 더욱 다행"이라고 말한다(p. 689). 앞표지에 있는 거대한 코르셋 이미지도 의미가 크다. 코르셋은 아름다움 뒤에 숨겨진, 여성에 대한 사회적 억압을 상징하므로 표지 이미지와 제목의 결속성(cohesion)은 매우 탄탄하다고 볼 수 있다.

 참고: 영화 포스터도 파라텍스트?

2016년부터 페미니즘 운동이 확산하면서 여성 관련 텍스트에 대한 대중의 관심도 한층 커졌다. 2019년에는 'On the Basis of Sex'라는 외화의 국내 포스터가 탈여성주의 번역으로 큰 비판을 받기도 했다. 비난의 이유는 포스터 제작자가 여성 주인공(미국 연방대법원 대법관 루스 베이더 긴즈버그 Ruth Bader Ginsburg)의 내면과 관련된 헤드라인을 배우의 외모(패션)를 강조한 헤드라인으로 바꿨기 때문이다. 예를 들면 "Heroic"은 "러블리한 날"로, "leader, lawyer, defender, mother, activist, wife, justice"는 "독보적인 스타일, 진정한 힙스터, 시대의 아이콘, 핵인싸, 데일리룩"으로 각색되었다.

영화 포스터는 영화라는 텍스트의 에피텍스트가 된다. 파라텍스트의 개념은 종이책에서 비롯되었지만, 게임, 영화와 같은 디지털 문화 상품에도 어렵지 않게 적용할 수 있다.

어떤 책 표지는 페미니스트 번역(feminist translation)의 관점으로 해석할 수 있다. 페미니즘 도서 『O club da calceta』의 이탈리아어 표지나 『The feminine mystique』의 한국어 표지는 비판도 가능하고 옹호도 가능하다.

페미니스트 번역은 간단히 말해 여성을 위한 전략적 번역 '글쓰기'를 의미한다. 예컨대 페미니스트 번역가는 "on**e**"이라는 단어를 사용할 때 "e"를 굵게 표시하여 여성성(feminine)을 강조하고, "HuMan Rights"의 경우처럼 남성 중심의 언어 사용을 드러내기 위해 의도적으로 대문자 M을 사용하기도 한다(Simon 1996: 21). 페미니스트 번역가에게 번역이란 다음 인용문이 보여주듯이 여성을 드러내기 위한 과감한 글쓰기 전략이다.

> 내게 번역이란 언어가 여성을 대변할 수 있도록 만드는 정치적 행위이다. 따라서 번역 텍스트에 포함된 나의 흔적(signature)은 다음과 같은 의미를 갖는다. 번역은 모든 번역전략을 총동원하여 언어 속에서 여성성(feminine)이 가시적으로 드러나도록 하는 것이다(de Lotbinière-Harwood 1989: 9, Simon 1996: 15에서 재인용).

페미니스트 번역을 제대로 이해하기 위해서는 보다 폭넓은 학습이 필요하다. 최근에는 퀴어 번역(queer translation)에 대한 논의도 활발해지는 등 젠더 번역(gender translation)의 분야가 보다 확장되고 복잡해지기 시작했다. 하지만 학부 전공생이라면 다음과 같은 사례를 이해하는 정도로도 충분하지 않을까 싶다.

원문(프랑스어): *Ce soir j'entre dans l'histoire sans relever ma jupe.*
번역문: This evening I'm entering history <u>without opening my legs</u> (von Flotow 1991: 69-70). (→ 'without hiking up my skirt'로 직역하지 않고 의도적으로 '다리를 벌리지 않고'로 번역했다.)

원문(프랑스어): *Le ou la coupable doit etre punie.*
번역문: The guilty one must be punished, <u>whether she is a man or a woman</u> (von Flotow 1991: 75). (→ 원문 "puni" 뒤에 'e'가 있는 것으로 보아 원문에서는 낙태의 책임을 여성에게 묻고 있다. 영어에서는 밑줄 친 부분과 같이 젠더 이슈를 부각시켰다.)

권병철 (2021) 「양반전」 영역에서 곁텍스트 전개에 관한 소고. 번역학연구 22(1): 39-53.

김순미 (2013) 곁텍스트를 통한 출판사의 문학번역 전략 홍보: 『위대한 개츠비』 번역방법 논란을 중심으로. 통번역교육연구 11(3): 5-27.

김순영 (2019) 추리소설에서 곁텍스트의 역할: 엘러리 퀸의 『X의 비극』 영한번역본을 중심으로. 인문사회21 10(3): 233-246.

김영신 (2012) 역자후기를 통해 본 번역사의 자기 이미지 연구: 번역사회학적 관점. 번역학연구 13(4): 7-27.

마승혜 (2019) 한국문학 세계화를 위한 주변텍스트 활용 방안 모색 — 번역서 및 비번역서 사례 비교 연구. 통번역교육연구 17(1): 161-183.

박선희 (2015) 번역문의 곁텍스트. 번역학연구 16(1): 7-33.

박선희 (2019) 북한의 프랑스 문학 번역본의 곁텍스트 분석. 프랑스어문교육 65: 95-124.

성승은 (2018) 번역을 통한 사회 참여 — 청소년 성소수자 담론을 중심으로. 인문사회21 9(4): 287-302.

유한내 (2013) 번역사의 사회적 가시성 연구: 정영목 譯 〈로드〉의 후텍스트 분석. 통번역학연구 17(4): 101-119.

윤미선 (2020) 영상 번역의 곁텍스트: 한국 영화 번역본의 오프닝 크레딧 분석. 번역학연구 21(2): 165-192.

이강선 (2016) 그림책의 파라텍스트에 나타난 번역전략. 번역학연구 17(5): 175-200.

이상빈 (2021) 강남역 살인사건 이후 젠더/여성/페미니즘 관련 번역서에 나타난 이데올로기의 변화: 표지 이미지와 책제목을 기반으로. 통역과 번역 23(1): 125-159.

이상빈 (2021) 판소리는 어떻게 풍요롭게 번역할 수 있는가 — 마샬 필의 〈심청가〉 번역을 기반으로. 통번역학연구 25(4): 173-200.

이성엽 (2018) 번역 그림책 수용과 주변텍스트의 관계: 『거짓말 손수건, 포포피포』와 『고양새 즈필로』를 중심으로. 통번역학연구 22(2): 155-177.

이혜승 (2014) 번역문 파라텍스트의 유형과 역할 고찰: 『카라마조프가의 형제들』을 중심으로. 통번역교육연구 12(3): 181-201.

임진 (2021) 나는 왜 번역하는가? 한 중국어 출판번역가의 아비투스를 중심으로. 문화와융합 43(6): 659-679.

최진실 (2018) 곁텍스트 분석을 통한 번역가의 번역원리 연구: 제임스 게일(James Scarth Gale)을 중심으로. 통번역교육연구 16(1): 207-227.

최희경 (2011) 번역서 표지의 변이 양상에 관한 기호학적 고찰. 통번역학연구 15: 441-464.

Sung, S., S. Y. Park, J. U. Hong, Y. Kim and H. Kim (2022) From translation studies to Korean studies through a paratextual analysis of Bandi's *Kobal. Acta Koreana* 25(1): 81-104.

9

고유명사의 번역과 음차

고유명사란 "낱낱의 특정한 사물이나 사람을 다른 것들과 구별하여 부르기 위하여 고유의 기호를 붙인 이름"을 의미한다(국립국어원 표준국어대사전). 고유명사가 번역가에게 제기하는 문제는 크게 세 가지 관점에서 표현할 수 있다. 첫째, 고유명사는 온전하게 번역될 수 있는가? 둘째, 고유명사는 어떻게 번역될 수 있는가? 셋째, 각 번역 방법은 어떠한 효과와 특징을 갖는가? 이러한 문제는 앞으로 살펴보게 될 여러 사례를 통

 원문

If China is to keep growing fast, it must become more innovative. At present Chinese innovation is a mixed bag. There are some outstanding private firms. Frugal engineers at private companies such as Mindray, which makes medical devices, and Huawei, a telecoms giant, are devising technologies that are cheaper and sometimes better than their rich-world equivalents. Manufacturers operating near China's coast, whether home-grown or foreign, are adept at "process innovation" - incrementally improving the way they make things. And China's internet start-ups, such as Tencent (a social-networking service) and Alibaba (an e-commerce company), have had a genius for copying Western business models and adapting them to the Chinese market.

Anonymous (2012. 3. 10.), The Economist

해 상세히 논하도록 하겠다.

고유명사에 관한 본격적인 논의에 앞서 위의 기사를 번역해 보자.

위의 발췌문을 번역할 때 (고유명사를 제외하고) 어떤 부분이 어려웠는가? 필자는 다음 세 가지 사항에 주목하고자 한다. 첫째, 두 번째 문장의 "a mixed bag"은 'an assortment of people or things' 또는 'a group of things that includes both good and bad parts'라는 뜻이다. 〈원문〉에서는 후자의 의미가 단락 전체의 맥락과 부합한다. 둘째, 네 번째 문장의 "frugal engineers"는 '검소한 엔지니어'로 번역하면 안 된다. 설령 그렇게 해석된다 하더라도 '검소한 엔지니어가…… 기술을 고안하고 있다.'는 논리상 어색하다는 점을 깨달아야 한다. 구글에서 'frugal engineers'를 검색하면 "frugal engineering"이라는 용어를 쉽게 찾을 수 있는데, 그 의미는 'to make high-quality products with fewer resources' 정도로 해석된다(한국어 번역어는 직접 찾아보자). 셋째, "process innovation"이라는 용어는 기사 내에서 유일하게 큰따옴표로 처리되었다. 따라서 그 의미를 쉽게 파악할 수 있다 하더라도 적절한 대응어를 고심해야 한다. 이 용어도 인터넷으로 검색해 보면 여러 신문 기사에서 "PI(process innovation, 업무 프로세스 혁신)", "프로세스 혁신(PI)" 등으로 번역되어 왔음을 알 수 있다. 주요 일간지 기사에서 장기간 사용된 번역어라면 '1차적으로' (또는 '상대적으로') 신뢰할만하다. 이제 밑줄 친 부분에 유의하여 아래 번역 사례를 살펴보자.

아래 번역문 네 개는 어휘, 문장구조, 표층결속성 등의 측면에서 문제가 많다. 하지

 번역문 1

중국은 고성장을 지속하고자 한다면 보다 더 혁신적이어야 한다. 현재 중국의 혁신은 중구난방으로 진행되고 있다. 몇몇 뛰어난 사기업들이 있기는 하다. 의료기기 제조업체인 Mindray나 거대 통신사인 Huawei와 같은 기업에서는 건실한 기술자들이 일하고 있으며 선진국의 경쟁사보다 저렴하고 발전된 기술을 개발하고 있다. 중국 연안에 위치한 다국적 제조업체들은 제품의 제조과정을 점진적으로 개선하는 '생산 공정 혁신'에 정통해있다. 또한 SNS 회사인 Tencent, 인터넷 쇼핑몰인 Alibaba와 같은 벤처기업은 서양이 만들어낸 비즈니스 모델을 똑같이 따라 하는데, 그 복제 실력은 가히 혀를 내두를 정도이다.

번역문 2

중국은 빠른 성장을 지속하기 위해 훨씬 더 혁신적이어야만 한다. 현재 중국의 혁신은 온갖 종류의 집합체라 할 수 있는데, 그중엔 뛰어난 기업들도 포함되어 있다. 의료 장비를 제조하는 '마인드레이'와 통신 분야에서 우수한 '화웨이' 같은, 아주 적은 수의 엔지니어들이 있는 회사가 만든 기술들은 저렴하면서 때로는 선진국의 것에 비해 뛰어나다. 중국 해안 지역의 제조업체나 외국인 제조업체들은 제조 능률을 향상시키는 이른바 '프로세스 혁신'에 능하다. 또한 중국의 소셜 네트워크 서비스 사이트 '텐센트'와 전자 상거래 사이트 '알리바바'와 같은 신생 기업들은 서구의 비즈니스 모델을 완벽히 따라 하고 있다.

 번역문 3

중국이 계속해서 성장하려면 조금 더 혁신을 꾀해야 할 것이다. 현재 중국의 혁신은 다양하게 진행되고 있다. 사기업 중 혁신을 꾀하고 있는 회사들도 있는데 의료기기 회사인 민드레이와 전기통신 대기업인 화웨이 등을 들 수 있다. 이 알짜배기 회사들은 세계의 동종 기업들과 비교해 볼 때 저렴하면서도 더 나은 기술을 개발하고 있다. 중국 해안 수출 지역에 있는 중국 기업이나 외국 기업들은 제품을 생산하는 방식을 개선하는 이른바 "프로세스 혁신"에 능하다. 소셜 네트워크 업체인 텐센트와 전자상거래 업체인 알리바바는 서구의 사업 모델을 획기적으로 모방한 신생 기업들이다.

 번역문 4

중국이 고성장을 유지하고자 한다면 지금보다 혁신적이어야 한다. 현재 중국의 혁신은 이것저것 긁어모은 수준에 불과하다. 물론 두각을 보이는 몇몇 사기업들도 있다. 의료기기 생산 업체인 마인드레이(Mindray)나 거대 통신 업체인 화웨이(Huawei)와 같은 사기업의 저임금 기술자들은 보다 저렴하면서, 때로는 선진국보다 뛰어난 기술을 고안하고 있다. 자국기업이든 외국기업이든 간에 중국 연안에서 운영되는 제조업체들은 자신의 제품 생산 방식을 점진적으로 개선하는, 이른바 "생산공정 혁신(process innovation)"에 능숙하다. 또한 소셜 네트워크 서비스를 제공하는 텐센트(Tencent)나 전자상거래 회사인 알리바바(Alibaba)와 같은 인터넷 기반 신규 업체들은 서양의 사업모형을 모방하는 데 탁월한 능력을 보여 왔다.

〈번역문 #〉	대표 사례	번역 방법
〈번역문 1〉	Mindray	무번역(출발어를 그대로 사용)
〈번역문 2〉	'마인드레이'	음차와 작은따옴표를 사용
〈번역문 3〉	민드레이	음차 사용(다만, '민드레이'로 표기)
〈번역문 4〉	마인드레이(Mindray)	음차를 사용하고 괄호에 영어를 병기

만 그러한 문제는 논외로 하고, Mindray, Huawei, Tencent, Alibaba와 같은 고유명사가 어떻게 번역됐는지만 살펴보자. 각 〈번역문〉의 번역 방법을 요약하면 위 표와 같다.

번역 과정에서 종종 그러하듯이 위와 같은 문제는 번역가의 입장이 아닌, 독자의 입장에서 살펴보는 것이 유용하다. 물론 상황과 관계없이 한 가지 방법만을 고수해야 하는 것은 아니다. 하지만 텍스트 유형이나 예상독자(번역된 기사를 읽을 만한 다수의 국내 독자)를 감안해보면 선택이 어렵지만은 않다. 논의 중인 문제와 관련하여 필자의 논문 일부(아래)를 살펴보면 도움이 될 것 같다.

> UN의 번역어인 'UN'(무번역), '유엔', '국제연합' 가운데 어느 것이 더 익숙하고 적절한가? 이 물음에 대한 해답은 용어가 사용되는 시기뿐만 아니라 용어가 등장하는 텍스트의 종류 및 주제, 심지어는 사용자의 주관에 따라 달라질 수 있다. 하지만 다음 두 가지 기본 사항 은 간단한 검색과 경험을 통해 추론이 가능하다. 첫째, '국제연합'이라는 용어는 UN의 의미를 알기 쉽게 풀어쓴 번역어로, 비록 일상생활에서 사용되고는 있지만 'UN', '유엔'보다는 용어의 경제성 측면에서 뒤떨어진다. 그래서 그런지 인터넷에서 '국제연합'의 사용 빈도는 매우 낮은 수치를 보인다. 둘째, 'UN'과 '유엔' 모두 텍스트의 종류와 관계없이 일상 생활에서 자주 사용되고 있다. 두 용어가 혼용되거나 자주 사용되는 이유 가운데 하나는 'UN'과 '유엔' 모두 길이가 짧기 때문이다. 또한 영어에 대한 용인도가 높은 우리나라에서 'UN'과 '유엔'은 (잦은 사용으로 인해) 이미 우리말처럼 인식되고 있기 때문이다('국제연합' 과 더불어 '유엔' 역시 국어사전에 등재되어 있다). (이상빈 2015: 82)

현재 논의 중인 번역 사례는 'UN'과 같은 머리글자(acronym)의 문제는 아니지만 위에서 언급한 이상빈(2015: 82)의 논리를 적용해 볼 수 있다. 첫째, 〈번역문 1〉의 방법은

"Mindray"를 읽어야 할 부담을 번역독자에게 전가함으로써 쉽고 빠르게 '번역'할 수 있는 장점이 있다. 하지만 독자의 입장에서 생각해보면 '민드레이'로 읽어야 할지 아니면 '마인드레이'로 읽어야 할지 확신을 주지 못한다. 이 경우 일부 독자는 읽기를 포기하거나(눈으로만 보고 대충 넘어가거나) 오독을 하게 된다. 〈번역문 1〉과 같은 무번역(zero translation)의 방법은 아래 실례에서도 확인할 수 있듯이 주로 학술서적에서 활용되어 왔는데, 그 이유는 외국 연구자의 한국어 표기가 어렵고 원어 이름이 예상독자들 사이에서 익숙하기 때문이다.

> 예를 들면 국제 언론정보학회지, 커뮤니케이션 연구, 담화와 사회, 유럽 커뮤니케이션, 미디어, 문화와 사회 연구, 이론, 문화와 사회, 신 미디어와 사회, 그리고 <u>Sage, John Libbey/Luton University Press</u> 등에서 나오는 …… 저자가 아는 범위 내에서 <u>K. Reiss</u> (1971, p.34)는 정치연설, 강의, 노래, 오페라 등을 위해 작성된 글인 이른바 "청각 매체" 텍스트에 최초로 주목한 학자였다. 이후 1984년 (<u>H.Vermeer</u>와 공저, p.211), Reiss는 "청각매체"를 "다중매체", 즉 멀티미디어로 바꾸었다. (장민호 2016: 15-17, 밑줄은 필자의 것)

> 언어학 연구의 현대적인 분야인 화용론은 언어 철학에 그 기원을 두고 있다. 그 철학적 뿌리는 1930년대의 철학자 <u>모리스(Charles Morris)</u>, 카르납(Rudolf Carnap), <u>퍼스(Charles Peirce)</u> 등의 작업까지 거슬러 올라갈 수 있다. 예를 들면, 퍼스에게서 영향을 받은 <u>Morris(1938: 6-7)</u>는 기호에 대한 일반 학문인 …… (이해윤 2008: 3, 밑줄은 필자의 것)

"UN"의 경우와 달리 "Mindray", "Tencent" 등은 일반독자가 쉽게 접근할 수 있는 어휘가 아니다. 무번역의 방법을 사용하기 위해서는 충분한 이유가 있어야 한다. 또한 신문 기사의 번역 관례로 볼 때 〈번역문 1〉에서처럼 무번역을 자주 사용하는 것도 생각해볼 문제다.

둘째, 〈번역문 2〉에서는 독자의 입장을 고려하여 고유명사를 한국어로 음차하고 작은따옴표를 사용하였다. 그런데 이 학생은 왜 작은따옴표를 사용했을까? 원문의 대응어에서 작은따옴표나 다른 문장부호가 사용되지 않았음을 고려해 볼 때 이러한 번역은 유표적(marked)이다. 회사 이름을 시각적으로 강조하고 싶었던 것일까? 아니면 작은따옴표를 통해 번역어가 기업명이라는 점을 간접적으로 표현하고 싶었던 걸까? 영어 문장부호의 번역전략을 연구한 김도훈(2011: 98)에 따르면 "한국어의 작은따옴표는 드러냄표 대신 사용할 수 있는 문장부호로 특정 부분을 강조하거나 드러낼 때 사용"할 수 있다. 이러한 점에서 우리는 학생의 '강조 표시'가 어떠한 의미에서 정당화될 수 있는지를 검토해야 한다(하지만 우리는 이 학생의 관점을 확인할 수 없다).

셋째, 〈번역문 3〉의 사례는 〈번역문 2〉와 비슷하다. 하지만 작은따옴표가 사용되지 않았고 '마인드레이'가 아닌 "민드레이"로 표기되었다는 점에서 다르다. 그렇다면 민드레이라는 표기는 옳은 것일까? 아니면 두 철자 모두 가능한 것인가? 인터넷을 검색해보면 마인드레이와 민드레이를 모두 찾을 수 있다. 이러한 상황에서는 신뢰도가 높은 웹페이지(전문가의 블로그, 전자책, 신문 기사 등)를 따르거나 빈도수가 월등히 높은 번역어를 선택하는 것이 안전하다. 또는 공신력 있는 동영상을 확인하고 해당 고유명사가 실제로 어떻게 발음되는지를 확인하는 것도 방법이다. 때로는 영어발음과 한국어 표기법에 차이가 있을 수 있으니 주의해야 한다.

넷째, 〈번역문 4〉에서는 〈번역문 1〉과 〈번역문 3〉의 방법이 혼용되었다. 음차와 영어표기를 함께 사용하는 방법은 해당 부분을 복잡하게 만들고 텍스트 길이를 늘이는 단점이 있지만, 원문의 표기와 정보를 왜곡 없이 전달하면서도 독자의 읽기 부담을 없앤다는 장점이 있다. 즉, 다른 번역 방법에 비해 고유명사의 표현과 발음을 온전히 옮길 수 있다. 이러한 번역 방법은 단점보다는 장점이 훨씬 크기에, 신문 기사, 보고서 등의 정보중심 텍스트(informative text)를 번역할 때 자주 활용된다(하지만 항상 '유효한' 방법은 아니다).

때로는 앞서 살펴본 방법과는 다른, 독특한 사례도 찾아볼 수 있다. 다음 그림에서 확인할 수 있듯이 일부 번역서에서는 음차와 영어병기를 활용하되 다양한 편집형식을 동원한다.

번역가	대표 사례
임우영, 유덕근 (2011: 4-5)	정치에서 번역이 갖는 의미는 멤피스에 소재한 고대 이집트 귀족 하렘합 Haremhab 총독8) 무덤의 "통역사 부조(浮彫)"9)에 잘 드러나 있다. 이 부조는 당시 통역사의 사회적 지위를 보여주고 있는데, 중앙에 위치한 통역사를 청자와 화자의 이중형상으로 묘사하고 있다. 고대 이집트에서 "인간"이라는 칭호는 이집트인들에게만 허용되었다. 이에 반해 이민족은 그리스에서와 마찬가지로 "천한 야만인"일 뿐이었다(쿠르츠 Kurz 1986, 73쪽). 그래서 이 부조는 이들 이민족을 상대적으로

번역가	대표 사례
곽중철 (2010: 13)	본 보고서에서 소개하는 유럽연합(EU)의 **그로티우스**_Grotius_ 프로젝트 98/GR/131은 법률 통번역에 있어 국제적으로 일관된 모범실무 기준과 등가성_equivalencies_의 정립을 목적으로 한다.
임현경 (2015: 17)	사전편찬학과 어휘론에 대한 레이의 값진 기여를 이 서문에서 충분히 설명하기란 어려울 것이다. 그러나 영어권 독자를 위한 책임을 감안하여 레이의 이름이 『Le Petit Robert』(로베르 소사전), 『Le Grand Robert de la langue française』(로베르 대사전, 이하 『Le Grand Robert』), 『Le Dictionaire historique de la langue française』(프랑스어 역사사전) 등 다수의 주요 사전과 불가분의 관계임을 지적해둘 필요가 있을 것이다. 레이는 레이-드보브(J. Rey-Debove), 뒤부아(J. Dubois), 뒤부아(Cl.

임우영과 유덕근(2011)의 번역서에는 폰트의 변화 없이 한국어와 영어를 병기하고 있으나 곽중철(2010)의 번역서에서는 폰트의 종류, 굵기, 기울임 등에 변화를 주었다. 한편, 임현경(2015)의 번역서에는 『Le Petit Robert』와 같은 책 제목을 외국어 그대로 남겨두고 괄호 안에 한국어 번역을 병기하였으며, 괄호 안 병기 부분을 작은 분홍색 폰트로 표현했다. 이와 같은 사례들은 출판 번역에서 자주 확인되며, '번역'보다는 '편집' 또는 '출판(사)'과 관계있는 문제이다(때로는 글쓴이가 제출한 원고를 기준으로, 가장 수고를 덜 하는 방식으로 결정된다). 따라서 출판 번역을 시작하는 경우라면 고유명사의 표기법과 관련된 내용을 사전에 논의하는 것도 좋다.

앞서 잠깐 언급했지만 영어를 병기하려면 그 필요성부터 따져봐야 한다. 굳이 병기를 할 필요가 없는데도 병기하면 텍스트가 불필요하게 길어지고 어색하게 느껴진다. 또한 독자입장에서는 '뭐 이런 것까지 영어로 적었지?'라고 생각할 수 있다. 아래 번역문이 그렇다.

(A) OECD에 따르면, 중국 정부가 국가의 대금을 연구 개발(R&D, Research & Development)에 투자하고 있지만, 많은 돈이 낭비되고 있다고 한다. 즉, 대부분의 돈이 개발에만 투자될 뿐, 연구에는 충분히 투자되지 못하고 있다.

(B) 중국의 지도자들도 이 사실을 알고, 연구 개발(Research & Development: R&D)에 거액의 돈을 쏟아 붓고 있다. 대부분의 돈이 연구성과를 기초로 제품을 상품화하고 상업화하는 개발(Development)에 들어가고, 새로운 과학적, 기술적 지식을 얻기 위한 연구(Research)에는 충분한 돈이 쓰이지 않고 있다. (밑줄은 필자의 것)

'연구 개발' 정도면 일반신문에서도 'R&D' 정도로 축약하여 표기했을 것이다. [알-엔-디]가 국내 독자에게도 익숙하기 때문이다. 하지만 번역문 (A), (B) 모두 "R&D" 뿐만 아니라 "Research & Development"를 추가하였다(다만, 표기의 순서가 다르다). 특히 (B)의 번역가는 '개발'과 '연구'를 한 번 더 병기하였다. 이는 (앞서 R&D를 영어로 병기한 상황에서) 중국이 '개발'에는 돈을 쓰고 '연구'에는 돈을 쓰지 않는 현실을 강조하기 위해서인 것 같다. 그렇다고 해서 영어를 또 한 번 써야 했을까?

이름을 어떻게 번역하느냐는 텍스트의 유형이나 예상독자 또는 그 밖의 상황에 따라 달라질 수 있다. 특히 번역 대상이 정보중심 텍스트가 아닌 경우, 또는 예상 독자가 어린 아이인 경우에는 다른 접근법이 필요할 수도 있다. 예컨대 다음 문장을 번역해보자.

✓ 원문

THIS is a Pussy called Miss Moppet, she thinks she has heard a mouse! ...

(Potter 1915; 그림은 재구성, 김태희 작)

〈원문〉은 베아트릭스 포터(Beatrix Potter)의 저서 『The Story of Miss Moppet』(1906)의 첫 '문장'이다. 이 문장을 번역할 때 문제가 되는 점은 "Miss Moppet"을 어떻게 옮기느냐는 것이다. 학생들이 제출한 번역은 아래와 같이 크게 네 가지 유형으로 구분된다.

〈번역문 1〉 여기에 <u>나비</u>라는 이름을 가진 새끼 고양이가 있어요. <u>나비</u>는 생쥐가 찍찍대는 소리를 들었답니다!

〈번역문 2〉 여기 이 친구가 <u>모펫 양</u>이라고 하는 고양이예요. <u>모펫 양</u>은 쥐 소리를 들었다고 생각해요! (*이 학생은 원문이 강조한 "THIS"를 번역에서도 강조하기 위해 "**여기 이 친구가**"를 굵게 표시했다.)

〈번역문 3〉 새끼 고양이 <u>몹펫</u>은 지금 어디선가 생쥐 소리를 들은 것 같아요.

〈번역문 4〉 여기 보이는 이 새끼 고양이의 이름은 <u>미스 모펫</u>입니다. 그런데 <u>미스 모펫</u>이 생쥐 소리를 들었나 봐요.

〈번역문 1〉에서는 자국화(domestication) 방법을 사용하였다. 즉, 우리나라에서 고양이 이름의 대명사인 "나비"(마치 교과서에나 나올 법한 '철수', '영희' 식의 이름)로 번역했다. 하지만 "나비"로 번역하면 원저자가 추구하는(또는 글의 배경이 되는) 이국적 느낌과 특징을 살릴 수 없다. 또한 동일 주인공이 출발어권과 도착어권 사이에서 달리 불린다는 점도 문제가 될 수 있다. 〈번역문 2〉에서는 "Miss"의 명제적 의미(propositional meaning)를 고려하고, "Moppet"을 음차하여 "모펫 양"으로 번역했다. 하지만 새끼 고양이 이름에 "~ 양"이라는 호칭이 사용된 것은 아무래도 어색하다. 한편, 〈번역문 3〉에서는 "Miss"를 생략하고 "Moppet"을 음차하였다. 다만, 이 번역은 문장 하나로 급박하게 이야기를 시작한다는 단점이 있다. 이러한 전개 방법은 (두 문장을 사용하여) 고양이 이름을 제시한 후 이야기를 본격적으로 시작하는 다른 번역문과는 크게 다르다. 또한 〈원문〉 그림과의 표층결속성(cohesion)을 형성하는, '<u>여기에 있는</u> [이 고양이는] ~', '<u>여기 보이는 이</u> [새끼 고양이는] ~', '<u>이</u> [새끼 고양이의 이름은] ~' 등이 없기 때문에 그림의 기능을 중시하는 아동문학의 성격과도 맞지 않는다.

강경이 (2019) 중국 공예 유물 명칭 중한 번역 양상 및 소통적 측면의 문제점 분석. 통번역학연구 23(3): 1-24.

김순미 (2012) 고유 이름(proper name)의 번역방법: 비문학 출판 텍스트를 중심으로. 통번역학연구 16(4): 75-108.

박미정 (2010) 〈내 이름은 김삼순〉 소설 호칭에 대한 한-일 이국화 번역전략 분석. 통역과 번역 12(2): 71-102.

박윤철 (2012) 불교경전의 자국화 번역사례 고찰: 「반야심경」, 「천수경」의 음역 중심으로. 동서비교문학 저널 26: 47-65.

박현주 (2013) 고구려 고분 명칭 번역 현황 및 중국어식 음역의 지정학적 함의. 번역학연구 14(1): 127-154.

박효진, 박윤희 (2015) 한영 문학 번역에서의 이름 및 지칭어 고찰. 국제어문 64: 193-214.

변상숙 (2019) 근대 일본과 한국의 『레미제라블』에 대한 번역과 번안의 어휘 비교 연구 — 고유명사와 외래어·외국어 표기를 중심으로. 日本語敎育 89: 11-24.

성승은 (2011) 그림책의 고유명사 번역에 관한 고찰. 國際言語文學 24: 143-169.

성승은 (2013) 일한 번역그림책의 이름 번역 추이와 성인의 이데올로기. 번역학연구 14(2): 103-123.

이상빈 (2015) 통번역학 용어의 한국어 번역에 관한 비판적 성찰. 통번역학연구 19(4): 73-92.

이성엽 (2019) 협상 결과물로서의 고유명사 번역: 클로드 퐁티의 『끝없는 나무』를 중심으로. 비교문학 78: 161-195.

이성엽 (2020) 고유명사 불한 번역 분석: 2000년대 번역 출판된 프랑스 그림책을 중심으로. 통번역학 연구 24(2): 97-138.

10

이상한 병기併記,
쓸모없는 병기兵器

앞서 우리는 병기(併記)의 문제를 살펴보았다. 번역할 때 병기가 유용하긴 하지만 지나치게 많이 사용하면 글이 지저분해지고 독자에게 의도하지 않은 메시지를 전달할 수 있다. 그럼에도 불구하고 일부 학생들은 습관적으로, 또는 불안한 마음에, 영어를 무비판적으로 병기한다. 다음 예문에서처럼 말이다.

 원문

The race for fintech, the convergence of technology and finance, is heating up globally, as innovative minds from outside the traditional realm of finance rush to develop new services and products that promise to change the way finance works. Not to be upended by disruptive newcomers, traditional financial giants are trying to embrace technology through partnerships or investments in fintech start-ups.

S.-Y. Lee (2015. 12. 31.)

기술과 금융의 융합, 즉 핀테크(fintech) 분야의 경쟁이 전 세계적으로 치열해지고 있다. 금융계가 아닌 다른 영역에서 일하는 혁신적 (a)<u>인재(minds)</u>들은 금융계의 변화를 예고할 새로운 서비스와 제품을 개발하고 있고, 기존의 거대 금융기업들은 (b)<u>파괴적 혁신 기업(와해성 기술을 보유한 신규 업체)</u>에게 밀리지 않으려고 핀테크 (c)<u>인터넷 업체(start-ups)</u>에 대한 투자와 협력을 통해 새로운 기술을 도입하고 있다.

〈번역문〉은 큰 틀에서 나쁘지 않다. 하지만 밑줄 친 부분만을 살펴보면 과연 괄호 안의 내용이 반드시 필요한지 의문을 제기할 수 있다. 단어 (a)mind는 학생이 번역한 대로 인재("someone who is very intelligent, especially in a particular subject or activity", Longman Dictionary)를 의미하는데, 굳이 보통명사인 mind를 병기한 이유를 모르겠다(설마 人材를 人災로 이해할까봐?). 마찬가지로 "a new small company or business, especially one whose work involves computers or the internet"을 뜻하는 (c)start-up도 "인터넷 업체"로 번역한 후 영어를 병기하였다. 이 단어가 영한사전에서는 '인터넷 업체'와 '신규 업체'로 구분되어 있어 그랬을까?(사실 start-up은 국내 TV뉴스에서도 "스타트업"으로 읽고 쓴다). 또한 이 학생은 (b)disruptive newcomers를 번역하는 과정에서도 'disruptive technology'의 번역어인 '와해성 기술'과 'disruptive innovation'의 번역어인 '파괴적 혁신'을 모두 번역에 포함시켰다(한국어 병기에 해당한다). 단어 disruptive가 어디서 온 것인지 확신할 수 없었던 것일까?

11

수(number)와 접미사 '-들'

수(number)의 문법체계도 번역을 어렵게 만든다. 모나 베이커(Mona Baker)는 수 체계의 차이가 번역에 미칠 수 있는 영향을 다음과 같이 설명한다.

> 오늘날 대부분의 유럽어에서는 쌍수(dual)가 문법적 범주라기보다 어휘적 범주에 해당한다. 쌍수는 숫자(numeral)를 통해서만 표현될 수 있다. 영어는 *house*와 *houses*의 의미를 구분하는 반면, 이뉴잇족의 언어는 *iglu*(one house), *igluk*(two houses), *iglut*(more than two houses)를 구분한다. 일부 언어, 예컨대 피지어에서는 단수(singular), 쌍수(dual), 삼수(trial), 심지어 복수(plural)까지도 구분한다(Robins 1964). 이처럼 [영어보다] 세분화된 수 체계는 번역에 있어 문제를 야기하기도 한다. (Baker 2011: 97, 필자의 번역임)

하지만 위와 같은 문제는 영어와 한국어 사이에서 찾아볼 수 없다. 오히려 영한 번역에서 자주 접하는 수의 문제는 접미사 '-들'과 관련이 있다. '-들'은 "(셀 수 있는 명사나 대명사 뒤에 붙어) 복수의 뜻을 더하는 접미사"이다(국립국어원 인터넷 사이트). 그런데 우리말은 문법적으로 수의 일치를 엄격하게 요구하지 않기 때문에 '-들'의 사용이 선택적인 경우가 많다. 예컨대 '많은 사람'과 '많은 사람들' 모두 문법적으로 옳을 뿐만 아니라 자주 사용되고 있다. 그럼에도 불구하고 접미사 '-들'의 사용은 번역을 포함한 여러 글쓰기에서 문제가 되기도 한다. 먼저 다음 예시를 살펴보자.

... The silicon-based technology inside today's computers, which engineers have constantly made faster and cheaper for five decades, is running out of ways to get better. Quantum computers will herald, well, a quantum leap — like riding a horse one day and getting into a fighter jet the next. These machines will be millions of times more powerful than today's fastest supercomputers, solving problems that now elude solving, like dead-on accurate weather prediction or modeling protein molecules for medical research.

Maney (2015. 5. 4.), Newsweek

 번역문

번역문 1: …… 컴퓨터에 들어가는, 실리콘에 기반한 이 기술[일반 노트북에 들어가는 마이크로 프로세서 기술]은 지난 50년 동안 (A) 엔지니어들이 빠르고 값싸게 만들기 위해 노력한 것으로, 이제는 그 성능을 향상시킬 수 있는 (B) 방법들이 거의 고갈된 상태. (C) 퀀텀 컴퓨터들은 혁신적인 발전을 가져올 것이다. 비유컨대 어제는 말을 타고 다녔다면 내일은 제트기를 타고 가는 것과도 비슷하다. 이러한 (D) 기계들은 오늘날 가장 빠른 슈퍼컴퓨터보다 수백만 배 강력하여 현재 기술로는 풀 수 없는 (E) 문제들을 해결할 수 있다. 예컨대 의료기술을 위한 단백질 (F) 분자들을 모델링하거나 매우 정확한 일기예보를 가능케 한다.

번역문 2: …… 랩톱에 들어가는 이 실리콘 기술은 가격과 성능 면에서 지난 50여 년 동안 많은 발전을 거듭해왔다. 하지만 이제는 예전만큼의 발전을 거둘 수 있는 (b) 방법이 거의 없는 것 같다. (c) 퀀텀 컴퓨터(quantum computers)는 말을 타고 달리다가 제트기를 경험하는 것처럼, 단어 뜻 그대로 '혁신적인'(quantum) 변화를 가져올 것이다. (d) 퀀텀 컴퓨터는 최고 성능의 슈퍼컴퓨터보다 수백만배 빠르고, 현재기술로는 풀 수 없는 (e) 다양한 문제를 해결할 수 있다. 가령, 거의 100% 정확한 일기예보를 해준다거나 의료연구를 위한 단백질 (f) 분자도 만들 수 있다.

〈번역문 1〉과 〈번역문 2〉에서 밑줄 친 알파벳 대응 쌍을 비교해보자. 〈번역문 1〉에서는 〈원문〉의 복수 의미를 접미사 '-들'로 표현했지만, 〈번역문 2〉에서는 그러한 복수 표지를 전혀 사용하지 않았다. 특히 "these machines"에 해당하는 〈번역문 2〉의 (d)에서는 앞 문장의 "퀀텀 컴퓨터"를 반복 사용하였고, (e)의 경우에는 원문에 없던 "다양한"을 포함시켜 복수의 의미를 표현하였다(바로 다음 문장에서 '문제해결의 사례'가 두 가지 언급된다). 한편, 〈번역문 1〉에서는 (B)의 '-들' 때문에 문장 말미가 매우 부자연스럽게 느껴진다. (C)의 '-들'은 최소한 불필요하거나 문장의 의미상 부자연스럽게 느껴진다. 왜냐하면 (기존의 컴퓨터와 대비되는) '퀀텀 컴퓨터'가 새로운 컴퓨터 '종류'로는 처음 언급되었고, 앞부분에서도 '[오늘날의 일반] 컴퓨터들'이 아닌 "컴퓨터"(단수형)로 표현됐기 때문이다. 나머지 (A), (E), (F)의 '-들'은 크게 문제되는 것 같지 않다.

요는 다음과 같다. 접미사 '-들'의 사용은 거의 대부분 선택적 요소이다. 하지만 자주 사용할 경우, 특히 짧은 텍스트 안에서 연속하여 사용할 경우, 문장을 매우 부자연스럽게 만들 수 있다. 번역을 할 때도 '-들'을 지나치게 자주 사용하고 있지는 않은지, 원문의 복수표지를 습관적으로 '-들'로 옮기는 것은 아닌지 고민할 필요가 있다.

'-들'은 법률번역 등에서 매우 중요한 의미표지로 사용되어 주의가 필요하다. 〈한미 FTA 자유무역협정을 위한 번역 가이드라인〉에는 열 가지 번역원칙이 제시되어 있는데, 그 가운데 다섯 번째 원칙은 "영문상 복수로 표현된 경우라도 국문에서는 원칙적으로 단수로 국문화 함(단, 단수로 번역하는 경우 원문의 의미가 불충분한 경우에는 국문에서도 복수로 표현)"이다. 이는 법률번역에서 단복수의 의미 차이가 얼마나 중요한지를 보여준다. 실제로「한미 FTA 협정문」(한글 번역본)에서도 복수의 의미를 명시적으로 드러내야 할 경우 '-들'을 (설령 어색하더라도) 포함시켰다. 법률번역에서는 표현의 자연스러움보다는 의미의 정확성이 훨씬 더 중요하기 때문이다. 아래 〈부속 22-B〉의 문장이 어떻게 번역되었는지를 살펴보자.

원문: The Committee shall identify geographic areas that may be designated outward processing zones.

번역문: 위원회는 역외가공지역들로 지정될 수 있는 지리적 구역들을 결정한다. (Lee 2009b: 315-16)

관련 부처에 따르면 역외가공지역(outward processing zone)에서 생산된 제품은 한국 내에서 생산된 제품과 동일한 관세를 부여받는다. 그런데 FTA 체결 당시 우리정부는 개성공단 외에도 (향후 상황이 좋아지면) 북한 내 다른 지역을 역외가공지역으로 선정할 수 있다고 예측했다. 즉, 역외가공지역이 하나 더 늘어날 경우 특별 관세를 동일하게 부여할 수 있을지는 정부로서 매우 중요한 문제였다. 만일 특별관세가 적용되지 않는다면 그 지역으로 한국기업을 입주시키기가 어렵기 때문이다. 따라서 영어원문에 있는 "geographic areas", "outward processing zones"의 복수개념을 번역문에서도 명시적으로 표현하기 위해 어색함을 감수하고 '-들'을 두 번이나 사용하였다. 「한미 FTA 한글 협정문」은 영어원문과 마찬가지로 법률적 효력을 갖는 정본이다.

　번역에서 수가 문제되는 경우는 또 있다. 학생들의 번역을 검토하다 보면 아래와 같은 경우를 종종 발견한다.

 원문

China and India made up just over a fifth of Hyundai's global sales last year. Hyundai execs want to boost that figure and raise their market share in both countries. The company expects to raise production there by more than 60% this year, and by 2010 it hopes to make 600,000 cars in each country, compared with 327,000 units in India and 232,000 in China last year.

Moon (2008. 1. 31.), Bloomberg

　어렵지 않은 영문이지만 직접 번역해봤을 거라 믿는다. 이제 이 기사의 번역 사례 네 개를 하나씩 살펴보자. 각 번역문에서 숫자정보가 어떻게 표현되었는지에 주목하라.
　〈번역문 1〉은 원문이 신문 기사임을 고려해볼 때 그리 나쁘지 않은 번역이다. 하

 번역문 1

지난해 중국과 인도에서의 현대차 판매량은 전 세계 총판매량의 5분의 1을 조금 넘어섰다. 현대 경영진은 이 수치를 높여 이 두 나라에서의 현대차 시장점유율을 늘릴 계획이다. 현대차는 인도와 중국에서 각각 32만 7천 대, 23만 2천 대를 생산했던 작년 대비 올해 현지생산을 60% 이상 늘릴 전망으로, 2010년까지는 각각 6십만 대 생산이 목표이다.

지만 숫자표현에 있어서는 한 가지 의문을 제기할 수 있다. 〈원문〉 마지막 문장의 "327,000 units"은 "32만 7천대"로 번역된 반면, 같은 문장 내의 다른 숫자 정보, 예컨대 "600,000 cars"는 "6십만 대"로 번역되었다. 이상하지 않은가? 수 단위가 동일함에도 불구하고 후자의 경우 '60만 대'가 아닌 "6십만 대"로 표현되었다.

 번역문 2

지난해 현대자동차의 실적은 중국과 인도에서의 20%에 달했다. 현대 중역들은 실적을 더욱 올리고 시장점유율을 늘리겠다는 포부를 밝혔다. 그래서 올해 현대자동차는 생산량을 60% 이상 증가시켰다[시제 오류]. 또한 작년의 생산량, 즉 327천 대를 생산한 인도와 232천 대를 생산한 중국에 비해 2010년까지는 중국과 인도에서 각각 600천 대를 생산할 계획이라고 했다.

〈번역문 2〉에서는 공문서나 회계 관련 문서에서 종종 볼 수 있는 천 단위로 표기하였다. 원문이 신문기사의 '본문'임을 고려할 때 어색한 번역이다.

 번역문 3

지난해 현대자동차는 세계시장에서 판매한 자동차의 5분의 1을 중국과 인도에서 판매했다. 현대의 중역들은 이 수치를 끌어올려 더 높은 시장 점유율을 달성하기를 원한다. 현대자동차는 올해 이 두 국가에서 60% 이상의 자동차를 더 생산할 것으로 예상하고 있으며, 작년에 인도와 중국에서 각각 327000, 232000대의 자동차를 생산했던 것과는 다르게, 2010년까지 각 국가에서 각각 600000대씩 생산하려고 한다.

〈번역문 3〉은 숫자만 놓고 볼 때 〈원문〉과 크게 다르지 않다. 하지만 단위 쉼표(자릿점)를 사용하지 않아 숫자가 눈에 빨리 들어오질 않는다(다만 어법에 어긋난 것은 아니다). 특히 "600000"에서처럼 쉼표 없이 '0'을 많이 사용하면 읽기는 더욱 어렵다. 참고로, 마지막 문장의 "각 국가에서 각각 600000대씩 생산하려고 한다."는 표현 및 의미상 중복이 심하다.

국립국어원은 수를 적을 때 만(萬) 단위로 적으라고 규정한다(맞춤법 규정 제44항). 따라서 만, 억, 조, 경 등의 단위로 띄어 쓴다. 예컨대 8,765,432,100은 '팔십칠억 육천오백사십삼만 이천백'으로 적거나 '87억 6543만 2100'으로 표기한다. 다만 신문 기사에서는 아래와 같이 단위를 붙여 쓰는 경향이 있다.

(예 1) 수입보다 수출이 많아서 발생하는 상품수지 흑자 규모는 전월(95억5000만 달러)보다 20억8000만 달러 증가한 119억3000만 달러를 기록했다. [출처: 중앙일보] 4월 경상흑자 40억 달러, 1년 만에 최저치
(예 2) 정부는 이번 추경을 통해 공공 일자리 7만1000개와 민간 일자리 1만5000개 등 총 8만6000개의 직접 일자리를 창출할 수 있을 것이라고 밝혔다. [출처: 동아일보] 文정부 첫 추경… 11조2000억원 쏟아부어 일자리 11만 개 만든다

계약서와 같은 중요한 문서에서 금액을 적을 때는 위변조를 방지하기 위해 띄어쓰기를 하지 않고 붙여 쓰는 것을 관례로 한다. 가령 '일금: 팔십칠억육천오백사십삼만이천백'으로 적는다.

종전 규정에는 '100,000원'과 같이 수의 자릿점을 나타낼 때 쉼표를 쓸 수 있다는 규정이 있었다. 그런데 이 용법은 개정안에서 정의한 문장 부호, 즉 문장의 구조를 드러내거나 글쓴이의 의도를 전달하기 위해 사용하는 부호가 아니라서 제외하였다. 그러나 이는 쉼표의 이런 용법이 문장 부호에 해당하지 않아서 규정에서 다루지 않는다는 것이지, 수의 자릿점을 나타내는 부호로 쉼표를 활용하는 것을 막는 것은 아니다. (국립국어원 문장부호 해설 p. 31)

지난해 중국과 인도에서 현대자동차 판매량은 전체 판매량의 20%가 조금 웃돌았다. 현대자동차는 이러한 수치를 더욱 높이고 두 나라에서의 시장점유율을 늘리는 것을 목표로 삼고 있다. 올해는 차 생산량을 60% 이상 증대시키고 2010년까지 인도의 차 생산량을 327,000대, 중국의 차 생산량을 232,000대로 늘려 총 600,000대의 생산량을 기대하고 있다.

〈번역문 4〉에서는 원문에서 사용된 단위 쉼표가 그대로 사용되었다(600,000 vs 600000). 수 단위가 십만 단위이기 때문에 〈원문〉 그대로 표현해도 큰 문제는 없을 것 같다. 하지만 단위가 더 크면 읽기가 부담스럽기 때문에 권할만한 방식은 아니다.

수의 번역과 관련된 다른 예문을 살펴보자.

 원문

He came to believe that, if several units of his Scottish Highlanders could be ferried across the river, secretly and under cover of darkness they might be able to scale the <u>180-foot-tall bluffs</u>.

Mcneese (2002: 73)

밑줄 친 "bluffs"(절벽)는 〈원문〉 바로 앞에서 이미 한 번 언급되었던 명사이다. 학생 세 명이 〈원문〉을 어떻게 번역했는지 밑줄 친 부분을 중심으로 살펴보자.

 번역문

번역문 1: 스코틀랜드 하일랜드(Highland) 지방의 병사들을 밤중에 아무도 모르게 강을 건너게만 할 수 있다면, <u>54m 높이의 절벽</u>도 올라갈 수 있을 거라 믿었다.

번역문 2: 스코틀랜드 하일랜드 부대를 밤중에 몰래 배로 보낼 수 있다면 <u>180피트짜리 절벽</u>도 충분히 오를 수 있을 거라 생각했다.

번역문 3: 스코틀랜드 병사들을 배에 태워 밤중에 몰래 보낼 수만 있다면 <u>50미터가 넘는 그 절벽</u>도 넘어갈 수 있을 거라 생각했다.

〈번역문 1〉의 학생은 '1 foot = 약 30cm'임을 고려하여 〈원문〉의 "180-foot-tall"을 "54m"로 환산했고, 〈번역문 2〉의 학생은 미터로 환산하지 않고 〈원문〉 그대로 피트 단위를 사용했다. 한편, 〈번역문 3〉의 경우에는 미터로 환산했지만 〈번역문 1〉과 달리 대략적인 수치("50미터가 넘는")만을 제시하였다. 수와 단위 부분만을 놓고 볼 때, 어느 번역이 가장 바람직해 보이는가? 필자는 마지막 번역이 가장 좋다고 생각한다. 왜냐하면 '피트'는 일반 독자의 입장에서 '와닿는' 단위가 아니기 때문이다('180피트짜리 절벽'이라는 말을 들었을 때 높이를 직관적으로 이해할 수 있는 독자가 얼마나 될까?). 또한 〈원문〉의 문맥을 확인해보면 (물론 이 책의 독자는 불가능하다) 절벽의 높이를 '정확히' 알아야 할 필요가 없고, 〈원문〉의 화자(話者) 또는 주인공 "He"도 절벽의 높이를 측정해보고 말한 것이 아니기 때문이다. 이처럼 도착어권에서 사용하지 않는 단위가 나올 경우 (독자를 위한답시고) 무조건 환산할 것이 아니라 글의 맥락이나 상황 등을 고려하여 신중하게 번역해야 한다. 아쉽게도 학생 대부분은 〈번역문 1〉이나 〈번역문 2〉의 형태로 과제를 제출했다.

곽은주, 김세경 (2010) 숫자 수량 표현의 영한 번역 문제. 번역학연구 11(2): 7-31.

곽은주, 진실로 (2011) 텍스트 차원에서의 복수표현의 영한번역전략. 번역학연구 12(1): 7-34.

김정우 (2013) 영어 복수 표현의 한국어 번역에 관한 종합적 고찰. 번역학연구 14(4): 61-90.

정경숙 (2011) 영어 복수 명사 번역과 한국어 형태소 '-들'의 의미. 새한영어영문학 53(3): 237-262.

조의연 (2012) 사람명사 복수표현의 영한번역전략에 대한 비판적 소고. 번역학연구 13(1): 267-281.

12

문화특정항목과 인명 人名

문화특정항목이란 간단히 말해 특정 문화와 관련된 개념(요소)을 뜻한다. 영어로는 (학자마다 조금씩 다른) culture-specific items (CSIs), culture-bound terms, culture-bound elements, cultural references, realia, extralinguistic cultural-bound references (ECRs) 등으로 적는다. 일반적으로 이 용어는 다른 문화권에서 동일 개념이나 요소를 찾기 힘든 경우, 즉 등가어를 찾기 어려운 경우에 사용한다. 예컨대 우리나라에는 쌀과 관련된 어휘(미음, 응이, 떡, 밥, 메, 수라 등)나 친척 관계와 관련된 어휘가 많은데, 이러한 어휘를 외국어로 번역하는 것은 쉬운 일이 아니다(정호정 2007: 52-54). 문화특정항목은 협소한 의미의 '문화'에만 국한되지 않고 의복, 인물, 교육, 방송, 경제, 지명 등과 같이 다양한 영역을 아우르는 용어이다. 따라서 한복, 이순신, 입시학원, 무한도전, 재벌, 독도 등이 모두 문화특정항목에 해당한다.

문화특정항목의 번역은 생각보다 쉽지 않다. 이는 번역하고자 하는 문화특정항목을 상대적으로 쉽게 파악할 수 있는 '한영번역'의 맥락에서 실감할 수 있다. 한 가지 예를 들어보자. '제사'라는 문화특정항목은 어떻게 번역할 수 있을까? 이와 관련해 남원준(Nam 2008: 163)은 매우 흥미로운 연구결과를 소개한 바 있다. 그는 국내 번역대학원 학생들에게 (특정 번역 상황에서) '제사'를 번역하도록 만들고 그 결과를 분석하면서 문화특정항목의 번역 방법을 논했다. 특히 그는 영어 원어민에게 학생들의 번역을 읽게 한 후 문화특정항목의 내용과 표현 등을 평가(피드백 제시)하도록 했다. 남원준이 제시한 번역 사례를 소개하면 다음과 같다.

- 학생 1: sharing foods for ancestral rites
- 학생 2: the practice of sharing food for worshipping families' ancestors
- 학생 3: *Jesa*, the sacred rite or memorial service for ancestors
- 학생 4: *Jesa*, a traditional ceremony to honor ancestors (Nam 2008: 163을 재구성)

평가를 했던 영어 원어민에 따르면 〈학생 1〉과 〈학생 2〉의 번역은 내용의 초점이나 정보의 양에 있어 적절치 않은 번역이다. 반면, 〈학생 3〉과 〈학생 4〉의 번역은 '간결하면서도 정보성이 높은 번역'으로 평가받았다. 마지막 두 번역의 경우 아이셀라(Aixelá 1996)가 제시한 "반복"(repetition)과 "본문에 삽입하기"(intratextual gloss) 방법을 사용하여 이국적인 느낌을 전달하면서도 핵심정보를 간결하게 제공하고 있다(Nam 2008: 164).

✔ 참고: 문화특정항목 번역 방법	
번역 방법(영어명칭)	내용 및 예시
(1) Repetition	반복(문화특정항목을 유지) 예) Seattle → Seattle
(2) Orthographic adaptation	음차(독자가 선호하는 알파벳 형식으로 변경) 예) Kemidov(사람 이름) → Kenidof
(3) Linguistic translation	기존 등가어 사용 예) dollars → *dólares*, inch → *pulgada*
(4) Extratextual gloss	각주, 괄호 등에 설명하기 예) Arnold Rothstein → Arnold Rothstein (*Célebre gángster de los años 1920*) [famous gangster of the 1920s] Translator's Note
(5) Intratextual gloss	역주로 쓸법한 내용을 본문에 삽입하기 예) St. Mark → Hotel St. Mark
(6) Synonymy	문체효과를 위한 유의어 사용 예) Spade → Samuel [Spade의 Christian name]
(7) Limited universalization	더 잘 알려진 문화특정항목으로 대체하기 예) five grand → *cinco mil dólares* [= five thousand dollars]
(8) Absolute universalization	알려진 문화특정항목이 없기 때문에 일반어휘를 사용 예) corned beef → *lonchas de jamón* [햄 조각]

번역 방법(영어명칭)	내용 및 예시
(9) Naturalization	도착문화의 문화특정항목으로 대체하기 예) dollar → *duro* [스페인에서 사용 중인 화폐단위]
(10) Deletion	삭제 예) dark Cadillac sedan → Cadillac *oscuro* [dark Cadillac]
(11) Autonomous creation	문화특정항목이 없는 곳에 문화특정항목을 만들어 냄

Aixelá (1996: 61-64)를 재구성

문화특정항목과 관련하여 좀 더 복잡한 상황을 생각해보자. 예를 들어 문화특정항목인지도 파악하기 어려운 상황이 있다면 어떨까? 다음 발췌문은 학생 대다수가 크고 작은 오역을 범했던 투자 관련 서적의 일부이다. 눈으로만 확인하지 말고 직접 번역해보자.

 원문

What is inflation (or purchasing power)? Think of it this way. You know your uncle who has told you countless tales of the value of the nickel in his day. You know how with nothing but one dollar in his pocket he could wine and dine a girl, take in a movie, and fly to Brazil for a wild overnight gambling spree, and still have enough left over to buy himself a breakfast special at a restaurant come Monday morning. Seriously, not. But the value of that dollar in your uncle's day was far greater than it is today. George looks the same, but his purchasing power has been eaten away (just like those missing teeth that keep George from smiling). What reduced the value of the dollar (in terms of its purchasing power)? Inflation. The purchasing power of $1 is reduced by 50% every fifteen years or so. This means that $1 today will be worth almost nothing in thirty years' time thanks to inflation's slow but persistent nibbling. In fact, if you look at the value of $1,000 put in a CD versus putting the cash in a drawer for the time period from March 1984 through February 1996, the results tell the tale: Your $1,000 would be worth over $3,000 in the CD—but worth less than $300 in that drawer.

Lowell (2007: 130)

〈원문〉을 번역하는 과정에서 어려움을 느낄 수 있는 부분은 아마도 "George"와 "CD"일 것이다. 조지(George)는 누구인가? 많은 학생들이 바로 앞 문장 "the value of that dollar in your uncle's day …"를 의식하고, George를 '조지 삼촌'이나 '이웃집 아저씨 조지' 등으로 번역했다. 하지만 '조지 삼촌'으로 번역할 경우 앞뒤 문맥을 이해하기가 어렵다. 여러분이 어떤 책을 번역하고 있는지, 해당 단락의 주제가 무엇인지를 다시 한번 생각해보자. 그렇다! George는 미화 1달러짜리 지폐에 있는 미국의 초대 대통령 '조지 워싱턴'을 지칭한다. 따라서 〈원문〉의 해당 문장은 '1달러 지폐의 모습은 예전이나 지금이나 똑같지만, 그 실질 가치는 크게 줄어들었다.'는 뜻이 된다.

그렇다면 〈원문〉의 "just like those missing teeth that keep George from smiling"은 어떻게 이해하고 번역했는가? 여러분 가운데 일부는 조지 워싱턴이 극심한 치통으로 고생했다는 사실을 알지도 모르겠다. 설령 그렇지 않더라도 인터넷 검색창에 '조지 워싱턴 + 치아' 등을 입력하면, 관련 내용의 웹페이지를 쉽게 찾아볼 수 있다. 조지 워싱턴은 치아 상태가 매우 안 좋아 의치를 사용해야 했고 그 때문에 대인관계가 매우 불편했다고 한다.

"CD"의 경우에는 많은 학생들이 '콤팩트디스크'를 의미하는 '일반적' 의미의 CD로 번역했다. 또는 확신이 서질 않아서인지 그냥 "CD"로 남겨두고 얼렁뚱땅 넘어갔다(수업시간에 물어보니 대답을 못했다). 학생들은 '도대체 어떤 CD인데 1,000달러나 하지?'라는 의문을 제기하지 않았을까? 비판적으로 생각하지 않고 번역하면 언젠가는 이와 같은 엄청난 오역을 범할 수 있다. 일단 정답부터 말하자면 〈원문〉의 CD는 Certificate of Deposit, 즉 '양도성예금증서'를 의미한다. 지금 여러분은 투자와 관련된 경제서적을 번역하고 있다. 그렇다면 이러한 주제맥락에서 한번쯤은 CD와 같은 머리글자를 다시 생각해봐야 했다. 사실 CD는 어려운 금융용어가 아니다. 일반신문의 경제 섹션에도 종종 등장하는 용어이다.

그렇다면 학생들은 위의 발췌문을 실제로 어떻게 번역했을까? 아래 번역문 네 개를 차례대로 살펴보자.

····· 하지만 (a)할머니 세대의 천 원이 지금보다 훨씬 더 높은 가치를 지녔습니다. (b)조지 삼촌은 생긴 것이 여전히 똑같지만, 구매력만 빠져버린 것이라고 볼 수 있지요. 조지의 입을 꾹 다물게 한, 빠져 버린 앞니처럼 그렇습니다. 구매력이라는 관점에서 볼 때 이렇게 천원의 가치가 낮아진 이유는 무엇일까요? 바로 인플레이션입니다. ····· 사실, 같은 백만 원을 통장에 넣었을 때와 1984년 3월부터 1996년 2월까지 서랍 속에 넣어놓았을 때의 가치를 비교해 보면 결과를 쉽게 알 수 있을 겁니다. 같은 기간 동안 (c)통장의 백만원은 삼백만 원의 가치를 지니게 되지만 서랍 속의 백만 원은 30만 원의 가치도 지니고 있지 못합니다.

〈번역문 1〉은 오역이 심한 경우에 해당한다. (a)에서는 '삼촌' 대신 "할머니"로 번역했는데, 이는 세대 차이를 더욱더 극명하게 표현하려는 의도로 보인다. 또한 '1달러'를 "천 원"으로 번역함으로써 원문의 시대 상황적 맥락을 (미국이 아닌) 한국으로 바꿨다. 그 결과, 〈원문〉의 모든 달러 액수는 '1달러 = 1,000원'의 환율(?)로 번역되었다. 여기서 한 가지 질문을 던져보자. 당신이 이 책의 번역가라면 책에 나오는 모든 내용을 한국의 경제맥락으로 전환할 수 있는가? 필자가 과제를 수행했던 학생들에게 미리 안내하였듯이, 이 책에는 미국과 관련된 각종 은유적 표현이 등장하여 번역이 쉽지 않다. 한편, (b)에서는 앞서 언급하였듯이 조지 워싱턴을 조지 삼촌으로 이해하고 번역하였으며, (c)에서는 CD를 은행 통장 정도로 번역하였다.

····· 하지만 삼촌 시절의 (a)천 원의 가치는 오늘날 천 원의 가치보다 매우 높았다. 천 원에 그려져 있는 (b)퇴계 이황의 모습은 예나 지금이나 똑같지만, 구매력은 조금씩 감소되어 왔다 (c)(이게 바로 퇴계 이황이 웃고 있지 않은 이유다). 그렇다면 구매력의 관점에서 볼 때, 천 원의 가치를 낮추는 것은 무엇일까? 바로 인플레이션이다. ····· 실제로 1984년 3월부터 1996년 2월까지의 기간 동안 100만 원을 CD 구매에 사용할지 아니면 서랍장에 현금으로 보관할지에 대해 생각해보면 이 이야기의 결론이 나올 것이다. 그 기간 동안 100만 원을 CD 구매에 사용한다면 300만 원이 넘는 값어치를 하겠지만, 서랍에 보관한다면 30만 원도 채 안 되는 값어치를 할 것이다.

〈번역문 1〉에서와 마찬가지로 이 학생도 달러를 원화로 번역했다. 한 발 더 나아가 '조지 워싱턴의 1달러'를 '퇴계 이황의 천 원'으로 번역하여 문화특정항목의 자국화(domestication)를 시도했다. 일단 '조지'의 의미를 찾았다는 점에서 절반의 성공을 거둔 번역이다. 하지만 조지 워싱턴이 겪었던 치아 문제를 고려해볼 때 (c)의 맥락은 〈원문〉과 크게 다르다. 물론 실제 천 원권의 퇴계 이황은 웃고 있지 않다.

 번역문 3

…… 그렇지만 여러분의 삼촌이 젊었던 시절 일 달러의 가치가 지금보다 훨씬 높은 것은 사실이다. (a)조지 워싱턴 대통령은 늘 같은 모습으로 1달러 지폐에 자리하고 있지만, 그 구매력은 점차 줄어들게 된다. 마치 (b)충치가 갉아먹어 버린 워싱턴 대통령의 치아처럼 말이다. 일 달러의 가치, 즉 구매력이 낮아진 이유는 무엇일까? 바로 인플레이션이다.
…… 예를 들어 1984년 3월 (c)1,000달러를 주고 구매한 CD의 가치와 화폐로 가지고 있는 경우의 가치를 1996년 3월에 비교해 보면 인플레이션이 화폐가치에 미치는 영향을 명확히 알 수 있다. (d)1,000달러를 호가하던 CD의 가치는 3,000달러 이상으로 치솟지만, 서랍 안 1,000달러의 가치는 300달러에도 미치지 못할 것이다.

〈번역문 3〉의 학생은, (a), (b)의 내용을 고려해 볼 때, '조지'의 의미를 정확하게 파악한 것 같다. 하지만 (c), (d)의 내용으로 추정해 보건대 CD의 의미는 정확하게 파악하지 못한 것 같다. 특히 "~를 주고 구매한", "~달러를 호가하던"의 표현으로 볼 때 CD를 '콤팩트디스크'로 이해한 것이 아닌가싶다.

…… 하지만 삼촌이 젊었을 때의 달러 가치는 지금보다 훨씬 높았습니다. (a)조지 워싱턴(1달러 지폐)은 똑같아 보이지만, 조지의 구매력은 훨씬 줄어들었습니다(b)(웃지 못하는 조지의 빠진 이처럼 말이죠). 구매력의 관점에서 무엇이 달러의 가치를 절하시켰을까요? 바로 인플레이션입니다. …… 사실 1,000달러를 1984년 3월부터 1996년 2월까지 (c)CD(양도성 예금증서)에 넣어 놓는 것과 서랍에 보관하는 것을 비교하면 어처구니가 없을 것입니다. CD에 넣어 놓은 1,000달러는 3,000달러 이상의 가치가 있을 것입니다. 반면 서랍에 넣어 놓은 1,000달러는 300달러도 안 되는 가치를 지닐 것입니다.

〈번역문 4〉의 학생은 (a), (b), (c)를 고려해볼 때 '조지'와 'CD'의 의미를 정확히 이해하고 번역한 것 같다. 괄호를 사용해 부가 설명을 전달하면서도 〈원문〉의 형태를 최대한 보전하고 있기 때문이다.

문화특정항목을 번역할 때는 번역독자의 배경지식과 도착문화를 고려하여 과감한 전략을 사용하기도 한다. 퇴계 이황의 번역 사례는 필자로 하여금 모나 베이커(Mona Baker)의 예문을 떠올리게 했다.

A well-known scientist (some say it was Bertrand Russell) once gave a public lecture on astronomy. He described how the earth orbits around the sun and how the sun, in turn, orbits around the center of a vast collection of stars called our galaxy. At the end of the lecture, a little old lady at the back of the room got up and said … (강조는 필자의 것)

그리스어 번역의 영어 역번역(back-translation)

Alice in Wonderland was once giving a lecture about astronomy. She said that the earth is a spherical planet in the solar system which orbits around its centre the sun, and that the sun is a star which in turn orbits around the centre of the star system which we call the Galaxy. At the end of the lecture the Queen looked at her angrily and disapprovingly. (강조는 필자의 것)

Baker (2011: 29-30)

위의 〈영어 원문〉은 스티븐 호킹 박사의 저서에서 발췌한 것이다. 〈원문〉을 그리스어 번역(번역서의 일부)과 비교해보면 〈원문〉의 "A well-known scientist (some say it was Bertrand Russell)"가 '이상한 나라의 앨리스'로 대체되었고, 나아가 "a little old lady"도 '[이상한 나라의 앨리스에 등장하는] 여왕'으로 대체되었음을 알 수 있다. 이러한 번역 방법에 대해 혹자는 '번역이 아니라 창작에 가깝다!'라는 비판을 할 수도 있다. 여기에서는 그러한 논쟁 가능성을 차치하고, '번역가는 왜 『이상한 나라의 앨리스』라는, 완전히 새로운 맥락을 사용했는가'에 주목하고자 한다. 베이커(Baker 2011: 29-30)에 따르면 그리스인들에게 널리 알려진 Alice in Wonderland를 활용하는 것이 낯선 원문을 좀 더 친숙하게 전달하는 데 유용하기 때문이다. 특히 그리스어 번역가는 관용구 "a little old lady at the back of the room"("someone who is endearing but tends to get the wrong end of the stick, that is, to misunderstand what is being said")의 뜻을 제대로 전달하기가 어렵다고 판단했을 것이다.

원문의 낯선 인명(人名)을 번역하기 위해서는 다음과 같이 네 가지 방법을 활용할 수 있다. 첫째, 앞서 살펴본 '이황', '앨리스'의 경우처럼 독자에게 친숙한 인물로 대체하는 것이다. 이러한 방법은 인물에 대한 총체적인 정보를 매우 효과적으로 전달할 수 있다. 하지만 원문의 인명을 새로운 인명으로 대체하면 번역문의 맥락도 달라지기 때문에 신중하게 사용해야 한다. 앞서 보았듯이 미국의 경제 상황과 관련된 맥락에서는 '조지 워싱턴'을 '퇴계 이황'으로 대체할 수 없다.

둘째, 인명을 있는 그대로 번역하는 것이다. 이 경우 번역가는 원문에는 없지만 해당 인물을 이해하는 데 필요한 핵심 정보를 추가로 삽입할 수 있다(물론 추가정보 없이 이름만을 번역할 수도 있겠으나 독자가 번역을 이해하지 못할 수도 있다). 인명에 대한 추가정보를 제공하기 위해서는 다음 예시처럼 각주나 괄호 등을 사용하거나 본문 속에 추가정보를 삽입할 수도 있다.

Why the flashlight all up there like Nancy Drew working against gravity …?
→ 또 왜 중력을 거스르며 걷는 낸시 드류^{1930년 캐롤린 킨이 쓴 아동용 탐정소설 시리즈의 여주인공}처럼 끝까지 손전등을 비춰야 하지? (류숙렬 2009: 119, 텍스트를 이해하는 데 필요한 정보를 본문 내에서 역주 형태로 추가했다.)

You've got plenty of time to practice on these before you lock into a long-term bond that even Houdini couldn't get out of. (Lowell 2007: 155)
→ 이곳에 많은 시간을 소비하게 되고 결국에는 탈출묘기의 대가인 후디니(Houdini)도 어쩔 수 없는 장기채권의 늪에 빠진다. (이 학생은 인물 관련 정보를 본문에 삽입하되, 번역가가 개입하지 않은 것처럼 처리했다.)

셋째, 인명을 삭제하고 번역하는 것이다. 특히 아래의 예시처럼 인명이 단순한 예시로 쓰이거나 맥락상 중요하지 않은 경우 사용할 수 있다.

A liar is a person who willfully deceives others. Lance Armstrong and Bernard Madoff lied to protect themselves, and in the process deeply hurt innocent people.
→ 거짓말쟁이는 악의를 품고 타인을 속이는 사람이다. 거짓말쟁이는 자신을 보호하기 위해 거짓말을 일삼고, 아무 죄 없는 사람들에게 깊은 상처를 남긴다. (뚜르드프랑스의 랜스 암스트롱 등을 삭제하였다.)

하지만 삭제의 방법을 쓰면 독자가 유용한 정보를 얻을 수 없다. 예를 들어 앞서 언급한 "탈출묘기의 대가인 후디니(Houdini)"의 예에서 '마술사 후디니'를 삭제하고 '이 곳에 많은 시간을 소비하게 되면 결국 장기채권의 늪에 빠진다.'로 번역할 경우 텍스트의 정보성과 표현성이 떨어진다(글이 밋밋해진다).

넷째, 인명을 일반화하는 것이다. 즉, 원문에 등장한 인명을 없애고 그 사람이 문맥

속에서 표상하는 내용을 보편적 표현으로 바꾸는 것이다. 다음 예를 살펴보자.

> Like living without a budget or a financial plan, you're the investor equivalent of Casey Jones riding that train. (Lowell 2007: 128)
>
> → ······ 결국 당신은 충돌 사고를 앞두고 기차에 올라타는 비운의 기관사와도 같다. [캐시 존스는 마주 오는 기차와 정면충돌하면서 목숨을 잃은 비운의 기관사로 알려져 있다. 물론 한국 독자들에게는 익숙하지 않은 인물이다.]

위의 예시에서는 캐시 존스를 '기관사'로 일반화했고, "riding that train"의 의미를 보다 명확히 전달하기 위해 "충돌 사고를 앞두고 ··· 비운의"라는 수식어를 추가했다. 엄밀히 말하면 일반화와 명시화를 함께 적용한 사례이다.

강동희 (2019) 한국어 인명의 러시아어 번역·표기의 문제점 고찰. 통번역학연구 23(2): 1-22.

강인혜, 이지민 (2021) 라이선스 뮤지컬 문화소 번역 사례 연구: 〈렌트〉를 중심으로. 번역학연구 22(4): 9-44.

곽순례, 김보영, 김연주 (2021) 한국어 고유명의 아랍어 표기 사례 연구: 한국의 공공기관과 아랍어 뉴스 웹사이트를 중심으로. 중동문제연구 20(2): 237-280.

권병철 (2016) 『양반전』의 문화 특정적 요소 번역기법 소고. 번역학연구 17(5): 33-51.

김동미 (2017) 관광 홍보텍스트 영어 번역 실태에 관한 연구 ─ 한국관광공사의 음식 및 맛집 소개영어 사이트를 중심으로. 번역학연구 18(5): 7-28.

김수진 (2021) 중국소설 문화소 번역 양상 고찰 ─ 『許三觀賣血記』의 국내 번역서 판본 비교를 중심으로. 중국문화연구 53: 91-112.

김순미 (2012) 고유 이름(proper name)의 번역방법 ─ 비문학 출판 텍스트를 중심으로. 통번역학연구 16(4): 75-108.

남향림 (2022) 국립국어원 〈한국어-중국어 학습사전〉의 음식명 번역 방안 연구. 한국사전학 39: 48-83.

박건영, 남희지, 임소연 (2021) 영화 〈기생충〉 자막의 문화소 번역 연구. 통역과 번역 23(1): 27-55.

박현주 (2014) 문화재용어사전의 구축 현황 및 번역보조도구로서의 활용성에 관한 제언. 번역학연구 15(2): 59-94.

신혜인 (2016) 다국어사전 편찬을 위한 문화소 번역에 대한 연구. 통역과 번역 18(3): 213-234.

윤미선 (2021) 한국 영화 영어 더빙본의 호칭어 번역 연구. 국제어문 91: 7-27.

윤미선 (2021) 한국 영화 영어 더빙의 문화특정항목 번역 연구. 번역학연구 22(5): 149-179.

이상빈 (2019) 번역가에 따른 문화 번역의 차이: 한국단편소설의 영어 번역을 기반으로. 영어권문화연구 12(3): 185-213.

이상빈 (2020) 마샬 필의 〈홍길동전〉 경판본 번역 분석. 통번역학연구 24(4): 97-124.

이상빈 (2021) 마샬 필의 단편소설 번역에 나타난 문체적 특징과 한국문학 번역에의 교훈: 다른 번역본과의 비교를 통해. 번역학연구 22(2): 149-184.

이승재 (2012) 문화층위와 문화소: 번역에 대한 문화적 접근. 번역학연구 13(1): 137-166.

이현경 (2014) 아동문학의 문화소 번역연구: 유머아동문학을 중심으로. 통번역학연구 18(4): 193-225.

최은경, 조성은 (2022) 재번역 양상 및 요인 연구 — 해리 포터와 마법사의 돌에 나타난 문화특정 어휘를 중심으로. 통역과 번역 24(1): 331-352.

13

한국 단편소설에서의
문화특정항목과 번역

본 장에서는 한국의 문화특정항목이 영어로 어떻게 번역될 수 있는지를 논한다. 이를 위해 필자는 ASIA가 출간한 '바이링궐 에디션 한국 대표 소설'(110권 세트)과 'K-픽션' 시리즈의 번역 사례를 소개할 것이다. 이 시리즈는 부담스럽지 않은 두께의 한국어 단편과 그 영어 번역본으로 구성되어 있어 여러분 같은 학습자에게 매우 유용한 책이다. 번역 사례는 (1) 음차만 하는 경우, (2) 음차와 해설을 함께 하는 경우, (3) 역주를 활용하는 경우, (4) 음차와 괄호를 사용하는 경우, (5) 문화특정항목을 직접적으로 언급하지 않고 내용 전달에 초점을 맞추는 경우, (6) 축소하거나 삭제하는 경우, (7) 다양한 방식으로 번역하는 경우 등으로 분류하였다.

1. 음차만 하는 경우

〈사례 1〉

원문: 큰 제사 때면 너나 할 것 없이 저마다 흰 <u>두루마기</u>를 내어 입고 (송기원의 '월행',
p. 12)

번역: ... everyone, all wearing their *turumagi*, gathered around ... to perform the
ancestral rites ... (제인 리 역, p. 13)

〈사례 2〉

원문: 가끔 시장에서 파는 <u>충무김밥</u>을 사오기도 했다. (정한아의 '할로윈', p. 70)

번역: Sometimes, she brought *Chungmu kimbap* from the market. (스텔라 김 역, p.
71)

〈사례 3〉

원문: 저녁에 뭘 먹고 싶으냐고 묻자 두 태국인은 수줍어하며 삼-쳡-쌀, 이라고 대답했
다. 그 대답을 재미있어한 이사가 저녁에 태국인들과 <u>삼겹살</u>을 먹을 거라고 사장
에게 말했다. (장강명의 '알바생 자르기', p. 8)

번역: When asked what they'd like to have for dinner, they shyly replied, "Sam-
k'yŏp-ssal." The director was amused by this response and told the president he
was going to take the Thailanders for *samkyŏpsal* at night. (테레사 김 역, p. 9)

〈사례 1〉에서는 '두루마기'를 음차하고 어떤 설명도 주지 않았다. 영어 독자
는 "wear"라는 동사를 통해 두루마기가 '입는 것'임을 짐작할 수 있고, 나아가 제사
("ancestral rites") 때 입는 옷인지도 대강은 파악할 수 있기 때문이다. 〈사례 2〉에서도 '충
무김밥'을 그대로 음차하였다. 〈사례 1〉과 달리 이 문장 내에서 충무김밥이 '먹는 것'인
지는 분명하지 않다(단, 원작의 앞뒤 맥락을 보면 먹는 것임을 짐작할 수 있음). 하지만 kimbap
은 옥스퍼드 사전(OED)에도 등재된 단어이다. 따라서 '충무'라는 고유명사만 음차로 추
가한다면 기능상 무리가 없어 보인다. 〈사례 3〉에서도 부가 설명 없이 음차 방식만 사
용되었다. 이 사례에서 특이한 점은 음식명의 음가가 세 개로 분절되어 나온 후 제대로
표기된 이름이 등장한다는 것이다. 따라서 일반화(generalization)와 같은 방법으로 '삼겹
살'을 번역하는 것은 애초부터 불가능하다. 텍스트에서 *samkyŏpsal*을 '저녁으로 먹는다'

했으니 삼겹살에 대한 부가 설명도 필요 없다. 〈사례 3〉에서는 삼겹살이 발음상 어떻게 표기되느냐가 관건이다. 참고로 말하면, 삼겹살도 옥스퍼드 사전에 "samgyeopsal"로 등재되어 있다.

2. 음차와 해설을 함께 하는 경우

〈사례 1〉
원문: 양 선생은 우는 아내를 달래어 국밥집에 데리고 들어가 설렁탕을 시켰다. 아내는 허연 김이 올라오는 탕국에다 하염없이 눈물을 떨구며 (김하기의 '은행나무 사랑', pp. 12-14)
번역: He tried to comfort her and led her inside a restaurant, where he ordered *sollongtang*. She couldn't stop sobbing over the steaming beef soup and rice … (손석주와 캐서린 로즈 토레스 역, p. 15)

〈사례 2〉
원문: "그래, 잡채밥 하나하고 자장면 하나 시켜라. 난 자장면이 좋다." (전상국의 '아베의 가족', p. 86)
번역: "Okay, order *japchae* rice for you and *jjajangmyeon* for me. I miss having noodles with black sauce." (손석주 역, p. 75)

〈사례 3〉
원문: 우리 같은 삼팔따라지들은 몸만 멀쩡했지 속이야 진작에 멍든 인생이니깐. (이동하의 '문 앞에서', p. 142)
번역: Long, of course, are the life stories of us *sampal ttaraji* who crossed the 38th parallel to come to the South. (전미세리 역, p. 149)

〈사례 4〉
원문: 나는 찜질방에서 지냈다. (윤성희의 '유턴지점에 보물지도를 묻다', p. 32)
번역: I used a *jjimjilbang*—public bathhouse and sauna—as my home base. (이지은 역, pp. 33-35)

〈사례 1〉에서는 앞서 살펴본 바와 같이 '설렁탕'을 음차로만 표기하였다. 하지만 바로 다음 문장에서 sollongtang을 "the ... beef soup and rice"로 풀어썼다. 이 사례에서는 설렁탕을 따로 설명할 필요 없이, 이어지는 문장에서 자연스럽게 해결할 수 있다(정관사 "the"에 주목할 필요가 있음). 〈사례 2〉에서도 비슷한 번역 방법이 활용되었다. 문맥상 독자는 "noodles with black sauce"가 (잡채가 아닌) 자장면임을 쉽게 파악할 수 있다. 참고로 말하면, 자장면(jajangmyeon)과 달리 japchae는 옥스퍼드 사전에 등재되어 있다. 〈사례 3〉에서 역자는 '삼팔따라지'(삼팔선 이북에서 월남한 사람을 속되게 이르는 말)를 음차하고 관계대명사절을 활용하여 그 의미를 설명하였다. 〈사례 4〉에서는 음차를 한 후 엠 대시(em-dash)를 사용하여 문화특정항목을 간략히 설명하였다. 이 경우 역자가 텍스트에 개입한 흔적(가시성)은 역주를 사용할 때보다는 약하지만 앞서 살펴본 사례들보다는 뚜렷하다.

일반화 방식으로 문화특정항목의 의미(개념적 속성)를 '정확하게' 전달하는 데는 한계가 있다. 가령 "beef soup and rice"는 설렁탕일 수도 있고 곰탕일 수도 있다. 또한 '검정 소스가 들어간 면 음식'이 반드시 자장면일 이유도 없다. 소설은 보고서나 백과사전과 같은 글이 아니다. 소설 번역에서도 상세한 의미 전달이 필요할 때가 있지만, 대부분은 앞서 살펴본 사례처럼 간단한 핵심 정보만으로도 번역의 본연적 기능을 충분히 달성할 수 있다.

3. 역주를 활용하는 경우

〈사례 1〉
원문: 선배라고 불러도 되지요? (최민우의 '이베리아의 전갈', p. 22)
번역: May I call you *seonbae*[1]?
각주 1: *Seonbae* is a name for one's old alum, usually at school, but often in other places including one's workplace. (p. 23)

〈사례 2〉
원문: 여자에게 '부대찌개'가 먹고 싶다는 얘기는 하지 않았다. (김애란의 '성탄특선', p. 42)
번역: ... he didn't tell her that he would rather have *budaechigae*.[3] (제이미 챙 역, p. 43)

미주 3: *budaechigae*, spam broth soup. The main ingredients include sausages, spam, and kimchi. (p. 83)

〈사례 3〉

원문: 그의 손길은 어느새 소년의 엉덩이로 해서 고추 쪽을 더듬고 있었다. ... "이 녀석아, 아빠가 아들 고추 만지는 건 흉이 아니야." (윤정모의 '아들', p. 16)

번역: He was already touching his backside and then groping around for his *gochu*.[2] ... "Oh kiddo, there's nothing wrong with a father touching his own son's *gochu*." (쉥크 카리 역, p. 17)

미주 2: Traditionally, it was the custom for adult family members to feel the *gochu* (penis) of a baby or little boy. It was a non-sexual gesture demonstrating one's pride in having male offspring in a culture where boys were preferred. (p. 75)

〈사례 4〉

원문: 한여름에도 마스크를 쓰기도 하고 (임철우의 '직선과 독가스 — 병동에서', p. 64)

번역: I tried wearing a surgical mask in the middle of summer[2] ... (크리스 최 역, p. 61)

미주 2: Koreans associate the wearing of surgical masks in public with cold weather, when some people don them so as not to catch or give a cold. (p. 85)

〈사례 1〉에서 역자는 '선배'라는 호칭을 음차하고 각주로 풀어 썼다. 이러한 번역 방법과 관련해 적어도 두 가지 고민이 필요하다. 첫째, 최근 들어 한국어 호칭은 그대로 음차하는 경향이 있다. 소설 이외의 장르, 가령 K-pop 번역에서도 '오빠', '언니' 등은 음역할 때가 많다(게다가 *oppa, unni, noona*는 옥스퍼드 사전에도 등재되어 있음). 둘째, 이 사례에서처럼 '선배'라는 호칭이 작품 내에서 여러 번 나온다면 호칭이 처음 나올 때 각주 등으로 설명하고 그다음부터는 아무런 설명 없이 음차만 하면 된다.

어떤 문화특정항목이 텍스트 내에서 자주 언급된다면 그 뜻은 역주뿐만 아니라 다른 방법으로도 전달할 수 있다. 가령 다음 사례를 살펴보자.

"그 사실은 완전히 김형의 소유입니다." 우리의 말투는 점점 서로를 존중해 가고 있었다.

That fact is entirely your property alone, Kim *hyŏng*. He called me "older brother" as our speech conveyed our growing familiarity with each other. (Pihl 1993c: 89)

이 발췌문은 김성옥의 「서울, 1964년 겨울」과 마샬 필의 영어 번역이다. 역자는 (소설 본문에서 열 번 넘게 나오는) '형'을 음차하고 그 뜻을 연결어 형태(밑줄 친 부분)로 삽입한 후, 두 번째 '형'부터는 *hyŏng*으로만 음차하였다(Lee 2019). 이러한 방법의 장점은 문화특정항목의 뜻을 전달하면서도 역자의 개입을 시각적으로 최소화할 수 있다는 점이다. 하지만 이 사례에서처럼 '본문 내 해설 삽입'이 항상 가능한 것은 아니다.

〈사례 2〉는 '부대찌개'를 음차하고 미주로 소개한 경우다. 문화특정항목을 각주로 설명하느냐 미주로 설명하느냐는 출판사가 결정할 수 있고 역자 개인이 선택할 수도 있다. 〈사례 3〉에서는 남아의 '고추'를 그대로 음차하고 미주로 설명하였다. 사실 '고추'는 일차적 의미만 따져보면 문화특정항목이라고 보기 어렵다. 하지만 문맥상 '고추'의 의미는 미주에서 확인할 수 있듯이 한국의 문화적 속성을 내포한 것이다. 만일 gochu 라는 음차를 사용하지 않고 penis와 같은 어휘로만 번역하면 어떨까? 독자가 문맥을 제대로 이해하지 못할 수 있고, 문화적 편견도 생길 수 있다(*Groping for his penis?!*). 〈사례 4〉에서는 본문에 숨어있는 문화특정항목을 미주로 해설하였다. '마스크'는 한국의 문화특정항목이 아니다. 하지만 마스크 착용 관습은 역주에서도 확인할 수 있듯이 상당히 한국적이다(우리는 코로나 사태로 이 사실을 몸소 깨달았다!).

4. 음차와 괄호를 사용하는 경우

〈사례 1〉
원문: 고시원에서 쫓겨났다더니 (이경의 '먼지별', p. 8)
번역: He'd gotten kicked out of the *goshiwon* (cheap box-room lodging house) ... (전미세리 역, p. 9)

〈사례 2〉
원문: 한 백 리 남짓 되지만 ... 나무관세음보살. (김동리의 '등신불', p. 18)
번역: It's about one hundred *ri* (40 kilometers) ... *Namugwanseŭmbosal* (a Buddhist invocation). (설순봉 역, p. 19)

<사례 3>

원문: 더덕밭으로 가는 길엔 이슬에 젖은 여뀌들로 무성했다. (구효서의 '명두', p. 48)

번역: On the way to the patch of prized *deodeok* (bonnet bellflower roots) there was a field of overgrown water peppers wet with dew. (미셸 주은 김 역, p. 49)

위 사례에서 문화특정항목은 음차와 괄호로 처리되었다. 〈사례 1〉에서 '고시원'의 핵심 의미는 네 단어만으로 간결하게 표현되었다. 〈사례 2〉에서는 거리 단위 '리'와 불교 용어 '나무 관세음보살'(나무: 부처나 보살 이름 앞에 붙임)이 각각 자국화와 일반화로 풀이되었다. 〈사례 3〉에서도 '음차 + 괄호 해설' 방식이 쓰였다. 여기서 '더덕'이 음차로 처리된 이유는 이 단어가 후속 문장에서 네 번 더 나오기 때문이다. 세 사례에서 확인할 수 있듯이 괄호 해설은 번역자의 개입을 가시적으로 드러낸다.

5. 문화특정항목을 직접적으로 언급하지 않고 내용 전달에 초점을 맞추는 경우

<사례 1>

원문: 지난번 '전국노래자랑' 부천 대회에서 예선에도 못 들고 떨어졌다니 (양귀자의 '원미동 시인', p. 12)

번역: ... he didn't even make the preliminary round in the last Puch'ŏn contest, let alone the national one ... (전미세리 역, pp. 13-15)

<사례 2>

원문: 누런 보리밭이 뿜어내는 냄새에서 누룽지를 왕창 집어넣고 푹 끓여낸 숭늉 냄새를 맡았다. (이대환의 '슬로우 불릿', p. 12)

번역: The barley field was giving off the intense aroma of water boiled with lots of burnt rice. (전승희 역, p. 15)

<사례 3>

원문: 학과 주점에서 파전과 제육볶음을 팔았다. (우다영의 '창모', p. 60)

번역: We sold drinks with scallion pancakes and spicy pork stir fry. (스텔라 김 역, p. 61)

〈사례 1〉에서 '전국노래자랑'은 "the national one[contest]"으로 번역되었다. 이 문화특정항목은 문맥으로 판단할 때 고유명사 형태로 번역하지 않아도 무방하다("부천 대회"에 주목할 것). 〈사례 2〉에서는 상호관련성이 높은 '누룽지'와 '숭늉'을 확인할 수 있다. 여기서도 문장의 핵심 의미(숭늉 = 보리밭이 뿜어내는 냄새)를 전달하는 것이 가장 중요하므로 음차 등의 방식이 사용되지 않았다. 〈사례 3〉에서는 '파전'과 '제육볶음'이 술안주 정도로만 언급된다. 역시 대강의 의미만 전달하면 그만이다.

6. 축소하거나 삭제하는 경우

> 원문: 그는 보매보다 반죽이 무름하고 너울가지가 좋아 붙임성이 있었고, 싸움 난 집에서 누룽지를 얻어먹을 만큼이나 두름성이 있었으며, 하다못해 엿장수를 상대로 엿치기를 해도 따먹은 엿토막이 앞에 수북할 정도로 눈썰미와 손속이 뛰어난 터수였다. (이문구의 '유자소전', p. 24)
>
> 번역: He was as pliant and adaptable as cookie dough and twice as sweet. He had the wits to get snacks out of a hostile neighbor and possessed the hawk eyes and golden touch to beat a con man at his own game. (제이미 챙 역, p. 23)

「유자소전」은 번역하기가 상당히 까다로운 소설이다. 위에서 제시한 문장은 맛보기에 불과하다. 원문의 '누룽지', '엿장수', '엿(토막)' 등은 문화특정항목에 속하지만, 영어 텍스트에서는 직접적인 번역어를 찾을 수가 없다. 이 사례에서 문화특정항목은 일차적 의미로 사용됐다기보다는 인물의 성격을 묘사하기 위한 비유적 표현으로 사용되었다. 따라서 직역과 같은 방식으로는 영어권 독자를 이해시키기가 쉽지 않다. 역자는 원문의 핵심 내용을 전달하기 위해 문화특정항목을 과감히 버리고 문장의 핵심 의미만을 간단명료하게 표현하였다.

7. 다양한 방식으로 번역하는 경우

> 원문: 갓 담근 김치와 잘 익은 깍두기, 간장에 자박자박 담근 게장과 조리기만 하면 되는 양념갈비와 불고기, 낙지볶음 같은 것을 깡통에 담았다. 식혜를, 김치찌개를, 아욱된장국을, 볶은 멸치를 밀봉했다. (편혜영의 '통조림 공장', pp. 14-16)
>
> 번역: Freshly-made *kimchi*, well-fermented *kkakdugi* (cubed radish), raw crabs stacked in soy sauce brine, ready-to-cook marinated *galbi* ribs and *bulgogi*. He canned spicy stir-fried octopus. He sealed *sikhye* (sweet rice drink), *kimchi* stew, soup made with soy-bean paste and curled mallow, and seasoned anchovies. (미셀 주은 김 역, p. 17)

이 사례처럼 한 단락 내에서도 두 개 이상의 번역 방법이 함께 쓰일 때가 있다. '김치'와 '불고기'는 각각 *kimchi*, *bulgogi*로 음역되었고, 여기에 다른 설명은 추가되지 않았다. '김치'에 비해 상대적으로 덜 알려진 '깍두기'는 '음차 + 괄호 설명' 방식으로 표현되었다. 이러한 번역 방법은 "*sikhye* (sweet rice drink)"에서도 확인된다. 한편, '게장'(원문에 해설이 포함되어 있음), '낙지볶음', '(아욱)된장국', '멸치볶음'은 고유명사로 표기되지 않고 해설(일반화) 방식으로 번역되었다. '김치찌개'는 앞서 제시된 *kimchi*를 활용하여 *kimchi* stew로 간단하게 처리되었다. 참고로, kimchi, bulgogi, galbi는 옥스퍼드 사전에 등재된 단어이다.

참고: 문화특정항목 번역 연구 사례

한국외국어대학교 문화번역연구사업팀(책임자: 조성은 교수)은 한국 소설에 나타난 문화특정항목이 영어로 어떻게 번역되었는지를 확인하고 대표 사례들을 데이터베이스로 구축한 바 있다. 그들이 수집한 사례 중 간단한 몇 가지를 소개하면 다음과 같다.

① 우리는 설렁탕집에 들어가 수육을 시켜 놓고 → For lunch we had meat ...
　*'설렁탕'이라는 문화특정항목을 삭제하였다.

② 설렁탕을 사다 놓았는데 → "I've bought you some *sŏllŏngt'ang* ...
　*문화특정항목을 부가 설명 없이 매큔-라이샤워(McCune-Reischauer) 로마자로 표기하였다.

③ 설렁탕집 굴뚝 모퉁이에서 → ... by the chimney at the restaurant that sold beef soup and rice.
　*설렁탕을 "beef soup and rice"로 일반화하였다.

④ 설렁탕이야 사드리겠어요? → I wouldn't offer you a cheap bowl of beef broth.
　*설렁탕을 간결하게 a bowl of beef broth로 번역했다. 앞서 소개한 "beef soup and rice"와 다른 해석이다. 문화특정항목을 번역할 때는 그 의미를 최소화하여 번역하는 것이 중요하다.

⑤ 소주잔을 들어서 쭉 들이켠다. → He lifted his glass of ale and quickly consumed it.
　*소주를 맥주의 일종인 에일(ale)로 번안했다.

⑥ 소주를 사온 모양이었다. → He ... bought a bottle of *soju*.
　*소주를 soju로 음차했다. (그래도 soju는 잘 알려진 용어에 속한다.)

⑦ 소주 한 잔을 나누자고 공손하게 제안해 왔다. → ⋯ had politely asked me to have a drink.
　*문맥상 소주를 구체화할 필요가 없고 '술' 정도면 충분하다고 판단했다.

※ 연구팀이 수집한 각종 사례는 다음 링크(DB)에서 확인할 수 있다.
　http://ffr.krm.or.kr/base/td054/index.html

14

명시화
(explicitation)

　명시화(explicitation)란 원문에서 간접적으로 도출할 수 있는 정보를 추가함으로써 원문 메시지를 좀 더 명시적으로 드러내는 번역 방법이다(Palumbo 2009: 47, 오미형 2014: 92). 하지만 블룸-컬카(Blum-Kulka) 등과 같은 학자들은 명시화를 번역 방법이 아닌, 번역 '경향(tendency)' 또는 '현상(phenomenon)'으로 해석한다. 명시화를 보다 구체적으로 논의하기 위해 다음 예시를 살펴보자.

✓ **원문**

Even though emerging markets like China and Russia offer international investors the chance to make money, they are by nature like a roller-coaster ride. Because they are emerging, rarely will you be able to time their periods of stability well. And failing to do so can deal a disastrous blow to you. Not surprisingly, when it comes to investing, most of us would be better off listening to Dorothy. She was basically right, there is no place like home.

Lowell (2007: 110)

지면이 제한되어 있으니 마지막 두 문장만을 검토해보자. 일단 문장의 의미는 '투자에 관한한 우리 대부분은 도로시(Dorothy)의 말을 듣는 게 좋다. 기본적으로 도로시의 말이 맞다. 이 세상에 집처럼 좋은 곳은 없다.' 정도로 이해된다. 그렇다면 도로시는 누구인가? 원문 전체를 다시 확인해봐도 도로시에 대한 정보는 찾을 수 없다. 하지만 여러분 중에 일부는 이미 상호텍스트적(intertextual) 지식을 통해 『오즈의 마법사』(The Wizard of Oz)를 떠올렸을 것이다. 주인공 도로시는 다사다난했던 여행을 마치고 마침내 집으로 돌아와 "There's no place like home"이라고 말하지 않던가? 이러한 맥락에서 〈원문〉의 마지막 문장은 '국내 시장만큼 투자하기 좋은 곳은 없다.'로 해석된다. 그렇다면 갑작스레 나타난 도로시를 어떻게 번역할 것인가? 학생들이 제출한 번역을 살펴보면 다음과 같다.

 번역문 1

······ 투자에 있어서는 우리 모두가 도로시(Dorothy)의 말을 듣는 게 좋다. 도로시의 말이 맞다! 집처럼 좋은 곳은 없다.

이 학생은 원문의 형태와 내용을 거의 그대로 유지하면서 '경제적인' 번역을 했다. 이 경우 독자는 문맥과 배경지식을 동원하여 "도로시", "집처럼 좋은 곳은 없다" 등의 의미를 스스로 유추해야 한다.

 번역문 2

······ 투자에 관한 한 (a)『오즈의 마법사』에 나오는 도로시의 말을 되새겨야 한다. 즉, 이 세상에 집처럼 좋은 곳은 없듯이, 특별한 상황이 아니라면 (b)국내(미국) 투자의 가치를 다시 생각해 봐야 한다.

이 학생은 (a), (b)에서 확인할 수 있듯이 원문의 숨은 의미를 파악하고 그 내용을 번역에 과감히 투영하였다. 특히 (a)에서는 Dorothy가 누구인지를 명시화함으로써 (원문의 정보를 잉여적으로 표현하고는 있지만) 원문의 내용을 독자 친화적인 방법으로 전달하고 있다. (b)의 경우에는 한 발 더 나아가 『오즈의 마법사』에서 유래한 관용표현 "There's no place like home"의 의미를 '해석적으로' 번역했다. 〈번역문 2〉에서 "특별한 상황이 아니라면"은 "She's basically right(항상 옳지는 않지만 그래도 일반적으로는 옳다)"의 의미를 옮긴 것으로 추정된다.

명시화라는 용어는 다양한 맥락에서, 조금은 다른 의미로도 사용된다. 심지어 접속 구문의 번역과 관련해서도 명시화 논의를 확인할 수 있다. 접속어의 명시화는 번역학 내에서 많이 다루어지지는 않았지만 일부 연구자는 실제 출판 번역의 사례를 활용하여 접속어의 명시화 현상을 구체적으로 보여준 바 있다. 가령 조의연(2011)은 샐린저의 『호밀밭의 파수꾼』(The Catcher in the Rye)과 한국어 번역본 두 개를 비교 검토하면서, 상호 사건 관계 접속어 'and'의 명시화를 구체적으로 설명하였다. 그가 제시한 예시 가운데 두 가지를 소개하면 다음과 같다.

〈예시 1〉
ST: I wear a crew cut quite frequently and I never have to comb it much.
TT1: 나는 머리를 곧잘 스포츠형으로 짧게 깎았기 때문에 별로 빗질할 필요가 없다.
TT2: 보통 스포츠 형 머리를 자주 하는 편이라 빗질할 필요가 별로 없거든요. (p. 197)

〈예시 2〉
ST: Anyway, it was December and all, and it was cold as a witch's teat ...
TT1: 하였든 12월이었다. 날씨는 마녀의 젖꼭지처럼 매섭게 추웠다……
TT2: 어쨌든 때는 12월이라 계모의 눈살만큼이나 날씨가 매우 싸늘했습니다. (p. 201)

〈예시 1〉의 원문은 'and'를 기준으로 앞의 사건과 뒤의 사건이 원인과 결과로 해석된다. 이처럼 비대칭 관계에 있는 접속어 'and'는 『The Catcher in the Rye』에서 총 20회 등장하는데, TT1과 TT2의 역자는 각 15회(75%), 14회(70%)에 걸쳐 'and'의 의미를 명시화하였다. 한편, 〈예시 2〉의 TT2는 원인 또는 이유의 의미를 명시화한 반면, TT1

은 그 의미를 드러내지 않고 원문처럼 암시적으로 남겨두었다. 정리하자면 번역가의 선택에 따라 명시화가 사용될 수도 있고 그렇지 않을 수도 있으며, 그 결과는 〈예시 2〉의 경우처럼 독자의 읽기 경험에 영향을 줄 수도 있다.

명시화를 보여주는 한영번역 사례도 있다(Lee 2021: 40-41). 다음 문장을 밑줄 친 부분에 유의하여 영어로 번역해 보자.

부인의 하늘 같은 은혜와 착하신 말씀은 지부*로 돌아가 <u>결초보은</u>** 하오리다.

*   지부(地府): 저승
**   결초보은(結草報恩): 죽은 뒤에라도 은혜를 잊지 않고 갚음을 이르는 말. 중국 춘추 시대에, 진나라의 위과(魏顆)가 아버지가 세상을 떠난 후에 서모를 개가시켜 순사(殉死)하지 않게 하였더니, 그 뒤 싸움터에서 그 서모 아버지의 혼이 적군의 앞길에 풀을 묶어 적을 넘어뜨려 위과가 공을 세울 수 있도록 하였다는 고사에서 유래한다. (국립국어원 표준국어대사전)

이 사례는 판소리 「심청가」에서 심청이 장승상 부인에게 감사를 표하는 부분이다. 일반적으로 창자(唱者)는 '창'(노래)과 '아니리'(말)를 번갈아 가며 판소리를 이끌어 가는데, 위 예시는 느린 장단에 따라 진행되는 창 부분이다.

마샬 필의 「심청가」 완역본 「The Song of Shim Chŏng」에는 위 사례가 다음과 같이 번역되어 있다(Pihl 1994: 168).

I shall repay the favor of
Your kind words and great benevolence
After going to the netherworld,
<u>As the old man repaid Wei K'o</u> [Wei Ke, 진나라 위과(魏顆)]
By binding <u>his enemy's</u> legs.

엄밀히 말해 밑줄 친 부분은 원문의 표층 구조에서 직접적으로 도출할 수 없는

내용이다. "결초보은"이라는 한자 네 자만으로는 binding(結), grass(草), repaying(報), favor(恩) 정도만을 파악할 수 있기 때문이다. 그런데 역자는 밑줄 친 부분이 보여주듯이 원문 독자(판소리 텍스트를 읽을 만한 사람)가 알고 있을 법한 결초보은의 본뜻을 상세하게 기술하였다. 즉, 결초보은에 내재한 세부 의미를 명시적으로 드러낸 것이다.

위 번역은 명시화뿐만 아니라 다른 측면에서도 훌륭하다. 좀 더 자세히 들여다보면 영어 번역은 산문 형태의 원문과 달리, 마치 시처럼 운율에 맞게 분절되어 있음을 알 수 있다. 특히 각 줄의 음절 수(8-9-9-8-8)는 매우 일관된 상태이다. 즉, 번역가는 명시화 전략을 사용하면서도 판소리의 가화성(창의 음악적 특성)을 놓치지 않았다.

끝으로, 명시화 여부 및 정도(程度)에 대한 논의로 본 장을 마무리하겠다. 명시화와 관련해 가장 먼저 살펴본 '오즈의 마법사에 나오는 도로시'는 한국어 독자뿐만 아니라 영어 독자가 봐도 명시화 현상이 뚜렷한 사례이다. 반면, "repay the favor … as the old man repaid Wei K'o by binding his enemy's legs"는 명시화라기보다는 메시지를 논리적으로 표현하기 위한 번역 방법으로도 해석된다. 이처럼 명시화는 어떤 관점에서 누가 보느냐에 따라 그 여부와 정도가 달라지기도 한다.

김자경 (2021) 그래픽 노블 번역에 나타난 명시화 전략 고찰: 『풀』 영역본을 중심으로. 통번역학연구 25(3): 1-23.

김정우 (2009) 한국어 번역문의 구조적 명시화: 특정 보어 구문의 열세적 분포와 관련하여. 번역학연구 10(3): 77-97.

김혜림 (2018) 학생 번역자의 한중 번역에 나타난 명시화와 암시화. 중국언어연구 78: 305-332.

김혜림 (2019) 한중, 중한 번역 방향에 따른 명시화: 학부 번역자의 번역과정 분석. 중국언어연구 83: 133-164.

김홍균 (2021) 영한 게임 번역에서의 명시화에 관한 고찰 — 게임 '리그 오브 레전드'를 중심으로. 한국게임학회 논문지 21(3): 117-132.

박에이미, 조의연 (2018) 영상번역에서의 대명사 번역전략 고찰. 철학·사상·문화 28: 235-257.

안미영 (2018) *The Vegetarian*에서의 명시화 번역전략 연구. 영어영문학 23(1): 225-248.

이상빈 (2015) 광고이론에 기초한 국내 외화포스터의 명시화 유형 분석. 번역학연구 16(3): 173-196.

전현주 (2009) 역자의 가시성: 『먼나라 이웃나라: 우리나라 편』을 중심으로. 동화와 번역 18: 235-268.

한정은 (2020) 『빛의 제국』 중국어 번역본의 명시화 유형 분석. 통번역학연구 24(1): 201-219.

황지연 (2020) 코퍼스기반 통역 연구에서의 보편소 현상. 통번역학연구 24(1): 221-242.

Lee, P. (2014) Reconceptualizing explicitation as informativity control. *The Journal of Translation Studies* 15(4): 179-221.

15

요약 번역과
텍스트 유형의 변경

요약 번역(gist/summary translation)을 해야 하는 경우가 과연 얼마나 있을까? 여러분 중에는 이런 의문을 제기하는 사람도 있을지 모르겠다. 물론 요약 번역은 전체 번역(full translation)에 비해 빈도가 매우 낮다. 하지만 필자의 경우만 하더라도 다음과 같은 경험이 있다.

❶ 대기업 재직 당시 해외에서 들어온 업무 관련 이메일을 요약식으로 번역하여 회사 간부에게 보고함(이메일의 수도 많은 데다 각 메일에는 업무 이외의 내용도 많기 때문에 핵심만을 파악하여 번역해야 함). 심지어 요약 번역을 결재 문서 형식으로 작성하여 확인도 받음

❷ 법률텍스트, 비즈니스 계약서와 같이 복잡하고 전문적인 텍스트를 요약 번역함
(개인고객이 계약서의 개략적인 내용을 파악하고 싶을 때 요청)

❸ 정부 부처 및 그 밖의 공공 기관 등이 관련 분야의 해외 동향을 파악하기 위해 정기적으로 관련 뉴스 및 보고서의 (일부) 내용을 요약 번역하도록 지시(→ 해당 기관의 담당 실무자가 업무에 활용)

❹ 해외 정책 동향을 요약 번역하여 정부 기관 홈페이지에 업로드(→ 홈페이지 방문자에게 정보제공)

필자의 경험에 따르면 학생 대부분은 요약 번역에 관한 경험이 없고 그 필요성과 방법도 충분히 인지하지 못하고 있다. 이 때문에 필자는 간혹 요약 번역과 관련된 복잡한 번역 과제를 부여한다. 예컨대 몇 년 전에는 위에서 언급한 ❸과 ❹의 상황을 가정하고, 정보성이 높은 의회 증언문 하나를 제시했다. 그리고 다음과 같은 번역 브리프와 함께 요약 번역을 지시했다(Lee 2012).

여러분은 북한 문제와 관련된 정부 부처에서 인하우스 번역가(staff translator)로 근무하고 있습니다. 오늘 여러분은 중국의 탈북자 송환과 관련하여 미국의 고위 관리가 증언한 내용(첨부 파일)을 번역해야 합니다. 번역을 할 때 다음 사항에 유의하시길 바랍니다.

(1) 이 번역의 목적은 탈북자 송환 문제와 관련된 미국 정부(로버타 코헨이라는 관료로 대변)의 반응과 입장을 소개하는 것이다.
(2) 번역문은 부처 직원의 정책자료로 활용될 예정이다.
(3) 번역문은 탈북자 송환 문제, 대북 문제 등에 관심 있는 사람이면 누구나 확인할 수 있도록 부처 홈페이지 '해외 동향' 메뉴에 게시될 예정이다.
(4) 아래 인터넷 주소에서 영어 원문을 직접 확인할 수 있다.
   원문 주소: http://www.brookings.edu/testimony/2012/0305 ...

위의 번역 과제에 대해 많은 학생들이 '일반적인' 방식을 따랐다. 즉, 긴 증언문에서 일부 내용을 발췌하고 발췌된 부분을 거의 그대로 번역한 것이다. 그러다 보니 요약 번역이라 할지라도 기본적으로 분량이 많았고, 가치가 떨어지는 정보(예: 인사말)도 포함되어 있었다. 또한 요약 부분도 지나치게 자의적으로 선택하여, 학생 간 번역분량의 편차도 매우 컸다. 번역에 쓰인 단어 수가 학생에 따라 최소 359단어에서 최대 1,253단어에 이르렀다(Lee 2012: 91).

하지만 학생 일부는 통일부, 외교부 등의 홈페이지에서 비교 가능한 텍스트(comparable text)를 찾아본 후, 아래와 같은 요약 번역을 제시하였다.

중국의 탈북 난민 강제 송환에 대한 증언 요약(국문)
<u>본 요약본은 브루킹스연구소 선임연구원인 로버타 코헨이 미 의회 산하 의회·행정부 중국위원회에서 탈북자 강제 송환에 대해 증언(2012. 3. 5)한 내용임.</u>

• 중점 내용
  - 중국은 탈북 난민 강제 송환을 중단해야 하며, 탈북자들의 인권을 존중해야 함. 북한으로 강제 송환된 인원들은 무차별한 폭력, 고문, 강제 노동, 성폭력 등에 노출되며 심한 경우 사형에 처할 수 있음.
  - 중국은 …… [이하 생략]

• 중국의 입장
  - 현재 중국은 탈북자들이 경제적인 이유로 불법 체류하고 있다고 판단하고 있음. 따라서 탈북자를 난민으로 분류하지 않고, 강제 송환의 대상으로 정당화하는 입장임.
  - 중국은 …… [이하 생략]

원문 앞부분에서 로버타 코헨은 (번역독자들이 잘 알고 있는) 한국의 정치상황을 간략히 소개하는데, 이 학생은 그러한 정보를 '불필요한' 것으로 간주하고 밑줄 친 부분처럼 "본 요약본은 브루킹스연구소 선임연구원인 로버타 코헨이 미 의회 산하 의회·행정부 중국위원회에서 탈북자 강제 송환에 대해 증언(2012. 3. 5)한 내용임"으로 요약하였다. 이는 번역문 전체에 대한 배경을 제시하고 서두의 핵심 내용을 축약한 것이어서 내용이나 길이 면에서 매우 효과적인 것으로 판단된다. 좋은 요약이란 단순히 분량을 줄이는 것이 아니라 독자의 배경지식과 글의 맥락을 고려하여 핵심 내용을 선택하고 그러한 내용을 유기적으로 통합·연결하는 것이다.

중국의 탈북자 강제 송환 문제

1. 인사의 말

o 북한의 인권위원회를 대신해서 탈북자 관련 긴급 현안 제시
 - 탈북자들이 자국을 탈출해서 해외로 망명할 수 있도록 탈북자 인권을 긴급하게 보호할 필요가 있다고 논의
o 크리스토퍼 스미스 하원의원과 쉐로드 브라운 상원의원에 대한 감사

※ 로버타 코헨(review)
 · 브루킹스 연구소 연구원. 인권, 난민, 북한 문제 전문가.

2. 탈북자 문제의 현황 및 연구 동향

o 한국 및 국제 사회의 관심

〈번역문 2〉는 형식적인 측면에서 두 가지 특징을 보인다. 첫째, 이 학생은 비교 가능한 텍스트, 즉 다른 부처에서 정책홍보용으로 작성한 요약식 보고문을 찾아 그 파일에 자신의 요약 번역을 덮어 썼다. 둘째, 일부 부처의 홈페이지에서처럼 보다 상세한 내용을 알고 싶어 하는 독자를 위해 원문의 출처를 번역 하단에 제시했다(그림에서는 확인 불가). 이처럼 번역에 앞서 형식적인 측면을 조사하는 것은 번역가에게 반드시 필요한 일이다.

다음으로는, 좀 더 복잡한, 다른 차원의 요약 번역을 살펴보자. 아래 글은 필자가 2013년 1학기 학부 번역전공자를 대상으로 출제한 기말고사의 일부이다.

아래 글은 유엔아동권리협약(Convention on the Rights of the Child)의 일부입니다. 이 협약에 따르면 모든 당사국은 협약에 제시된 권리 내용을 홍보하기 위해 협약 내용을 다양한 교육자료로 제작·배포해야 합니다. 이에 협약 당사국인 우리나라도 협약의 내용을 요약

번역하여 초등학생들에게 자신이 누려야 할 인권을 알려주고자 합니다. 이러한 번역방침에 준하여 아래 두 조항(Article 7, Article 31)을 요약 번역하시길 바랍니다.

여러분도 위의 번역브리프를 고려하여 다음 글을 요약 번역해보자.

 원문

Article 7
1. The child shall be registered immediately after birth and shall have the right from birth to a name, the right to acquire a nationality and. as far as possible, the right to know and be cared for by his or her parents.
2. States Parties* shall ensure the implementation of these rights in accordance with their national law and their obligations under the relevant international instruments in this field, in particular where the child would otherwise be stateless. *States Parties: 당사국 (본 협약에 서명, 비준한 국가를 지칭)

Article 31
1. States Parties recognize the right of the child to rest and leisure, to engage in play and recreational activities appropriate to the age of the child and to participate freely in cultural life and the arts.
2. States Parties shall respect and promote the right of the child to participate fully in cultural and artistic life and shall encourage the provision of appropriate and equal opportunities for cultural, artistic, recreational and leisure activity.

위의 두 조항을 브리프에 따라 번역하기 위해서는 적어도 다음 세 가지 사항을 고려해야 한다.

❶ 텍스트 유형: 법률 문서를 교육·홍보 자료로 바꿔야 한다.
❷ 예상 독자: 초등학생도 읽을 수 있는 텍스트로 변경해야 하므로 어휘 선택부터 유의해야 한다.
❸ 요약의 정도: 텍스트 유형과 예상 독자를 고려하여 요약의 정도와 범위를 결정

해야 한다.

학생들은 이 문제를 어려워했다. 일반적으로 접하는 텍스트 유형이 아닌데다 경험이 전혀 없는 요약 번역이었기 때문이다. 필자는 대학생 시절 번역사 자격증 시험을 본 적이 있는데, 당시 시험 문제가 '다음 텍스트를 어린 학생도 읽을 수 있도록 번역하라'는 식이었다. 필자도 그때 조금 당황했었다. 아무튼 학생 대부분은 제대로 요약하지 못했다. 대개는 법률문서의 내용과 형식에서 벗어나질 못했다.

다음 〈번역문〉은 유니세프 한국위원회가 어린이들을 위해 제작한 유엔아동권리협약의 요약 번역이다(책 앞부분에서도 소개한 바 있다).

유니세프 한국위원회(2006), 그림으로 보는 아동권리협약

위의 번역은 다양한 특징을 보인다(Lee 2013). 첫째, 조항의 내용을 전달하는 주체와 전달받는 주체가 "우리"(아동)로 통합되었고 아동의 화법이 사용되었다. 둘째, 예상 독자와 직접적으로 관련된 내용만이 선별·요약되었다. 정부의 책임과 관련된 제31조 2항의 내용도 "정부는 우리가 ~ 할 수 있도록 해 주어야 하며 우리 모두가 이런 권리를 누릴 수 있도록 ~ 기회를 주어야 합니다."로 표현되었다(번역 방법 가운데 변조[modulation]에 해당). 셋째, "우리"의 모습이 그림으로도 표현되면서 독자 친화적인 자료가 되었다. 넷

째, 조항에 제목을 추가하여 조약의 내용을 또 다시 요약하였다.

김련희 (2013) 통역번역과 요약하기. 통역과 번역 15(2): 1-37.

김희진 (2012) 문학작품의 요약번역에 대한 연구: 알렉상드르 뒤마의 〈삼총사〉를 중심으로. 통번역학 연구 16(1): 65-85.

주진국 (2019) 북한의 호전적 수사(修辭)에 대한 외신 보도에 나타난 번역적 특징. 통번역교육연구 17(2): 179-199.

Lee, S-B. (2010) Translation commentary as a pedagogical tool for undergraduate translation courses. *Korean Journal of Applied Linguistics* 26(3): 229-264.

Lee, S-B. (2012) Old habits die hard? A case study of students' summary translations. *The Journal of Translation Studies* 13(3): 83-111.

Lee, S-B. (2013) A tale of two translations: A comparative register analysis of UNCRC summary translations. *Interpreting and Translation Studies* 17(1): 135-157.

16

생략도 번역 방법이다!

아래 〈원문〉은 다양한 영어 발음을 가르치는 인도의 콜센터 교육 현장을 묘사하고 있다. 밑줄 친 부분에 주목하여 (A)와 (B) 단락을 번역해보자.

> **✓ 원문**
>
> (A) The next step for those applicants who are hired at a call center is the training program, which they are paid to attend. It combines learning how to handle the specific processes for the company whose calls they will be taking or making, and attending something called "accent neutralization class." These are daylong sessions with a language teacher who prepares the new Indian hires to disguise their pronounced Indian accents when speaking English and replace them with American, Canadian, or British ones—depending on which part of the world they will be speaking with. It's pretty bizarre to watch. The class I sat in on was being trained to speak in a neutral middle-American accent. The students were asked to read over and over a single phonetic paragraph designed to teach them how to soften their t's and to roll their r's.
>
> (B) Their teacher, a charming eight-months-pregnant young woman dressed in a traditional Indian sari, moved seamlessly among British, American, and Canadian accents

as she demonstrated reading a paragraph designed to highlight phonetics … 'Thirty little turtles in a bottle of bottled water. A bottle of bottled water held thirty little turtles. It didn't matter that each turtle had to rattle a metal ladle in order to get a little bit of noodles.' … So I read the following paragraph: "A bottle of bottled water held thirty little turtles. It didn't matter that each turtle had to rattle a metal ladle in order to get a little bit of noodles, a total turtle delicacy … The problem was that there were many turtles battles for less than oodles of noodles. Every time they thought about grappling with the haggler turtles their little turtle minds boggled and they only caught a little bit of noodles."

(C) The class responded enthusiastically … you have to taste just how hungry these kids are to escape the lower end of the middle class and move up. If a little accent modification is the price they have to pay to jump a rung of the ladder, then so be it— they say.
"This is a high-stress environment," said Nilekani, the CEO of Infosys, which also runs a big call center.

Friedman (2006: 26-28)

〈원문〉의 밑줄 친 부분은 '잰말놀이(tongue twister)'에 해당한다. 우리말에서는 "내가 그린 기린 그림은 목이 긴 기린 그림인가 목이 안 긴 기린 그림인가?", "경찰청 철창살은 외철창살이냐 쌍철창살이냐", "간장 공장 공장장은 장 공장장이고 된장 공장 공장장은 강 공장장이다" 등이 잘 알려져 있다. 여러분은 〈원문〉의 잰말놀이를 어떻게 옮겼는가? 필자의 학생 가운데 상당수는 앞서 제시한 우리말 잰말놀이를 활용하여 밑줄 친 부분을 번역했다. 하지만 그러한 번역은 잰말놀이에 집착한 나머지, 번역 전체를 망친 경우이다. 왜냐하면 인도의 콜센터 교육생들이 영어 발음을 연습하는 과정에서 한국어 잰말놀이를 하는 건 말이 안 되기 때문이다.

필자는 『The World Is Flat』을 처음 읽었을 때 〈원문〉의 잰말놀이가 번역서에서는 어떻게 표현됐을지 궁금했다. 그래서 번역서를 구해 해당 부분의 번역을 찾아봤다. 하지만 아무리 찾아봐도 잰말놀이는 보이지 않았다. 순간 필자는 깨달았다. '여기선 생략-삭제가 답이겠구나!' 잰말놀이를 그대로 번역하여 논리를 망치느니, 차라리 잰말놀이를 삭제하고 앞뒤를 논리적으로 연결하는 것이 출판 번역에서는 더욱 효율적이었을 것이다. 이뿐만 아니라 『The World Is Flat』은 542쪽이나 되는 두꺼운 책이고, 문제가 되는 잰말놀이는 스토리의 흐름상 그다지 중요하지 않기 때문이다. 물론 잰말놀이를 음차하고 주를 다는 방법도 있다. 하지만 필자가 살펴본 번역서는 전체적으로 주를 사용하지 않았다. 또한 〈원문〉처럼 경쾌하게 흐르는 이야기 속에서 주석으로 흐름을 끊는 것도 좋지 않을 수 있다.

아래 〈번역문〉을 〈원문〉과 대조하면서 읽고, 생략에 대한 생각을 정리해보자.

 번역문

합격한 지원자는 교육을 받는데 그동안에도 급료를 지급한다. 교육에서 상담 전화를 받는 요령을 배우고 발음 교정 훈련을 한다. 강사는 하루 종일 이들에게 미국식, 영국식, 캐나다식 영어 발음을 가르친다. 나는 미국 중서부 발음을 가르치는 수업을 참관했다. 피교육자들은 특히 't'와 'r' 발음을 집중적으로 교정 받았다. 한 시간 반 정도 참관하는 동안 나는 학생들이 얼마나 중산층의 삶을 갈망하는지 알 수 있었다. 학생들은 단어 하나를 읽고 또 읽었다. 그저 발음만 조금 고쳐서 중산층으로 갈 수 있다면 그 정도야 못할까 하는 분위기였다.
대형 콜센터를 운영하는 인포시스의 최고경영자 닐레카니는 이렇게 말했다.
"콜센터는 스트레스가 많은 곳이지요 ……"

김상철 외(2006: 44-45)

생략은 단어 차원뿐만 아니라 위에서 살펴본 것처럼 여러 단락에 걸쳐 이루어질 수 있다. 베이커(Baker 2011)가 자신의 번역입문서에서 제시한 생략의 사례는 주로 단어, 숙어, 구(phrase) 차원의 것이다. 예컨대 그는 "Professor Smith had doubled his own salary ... and added a pre-dated bonus for good measure."(p. 85)의 아랍어 번역에서 밑줄 친 숙어가 의도적으로 삭제되었다고 말하면서, 등가관계에 있는 숙어가 존재하지 않거나 문체 등에 있어 문제가 될 경우 숙어 전체를 삭제할 수 있다고 말한다.

생략도 전략이다. 일반적으로 학생들은 복잡한 원문을 간결하게 만들기 위해, 또는 오역을 피하기 위해(원문을 이해하지 못해서) 원문의 일부를 의도적으로 누락시킨다. 하지만 전문 번역가는 충분한 논리적 근거를 바탕으로 생략을 사용한다. 생략에는 번역가의 위상, 텍스트 장르, 원저자나 출판사 등의 허락도 중요한 요소로 작용한다. 만일 해당 분야에서 매우 유명한 번역가라면 생략이 용인될 가능성이 상대적으로 높아진다. 또한 보고서나 계약서 등의 텍스트를 번역하는 경우라면 상황과 관계없이 생략 자체가 위험한 선택이 될 수도 있다.

 참고: "Betty bought a bit of better butter."

『세계는 평평하다』에서 생략된 잰말놀이 중에는 "Betty bought a bit of better butter."(p. 27)도 있다. 이 잰말놀이는 영화 '그린 북(Green Book)'에도 등장하는데, 그 자막은 다음과 같다.

Don Sherley: Betty bought a bit of better butter to make the bitter butter better.
Tony Lip: Betty bought ... B-Bought ... Betty bought butta-er, butta ... Who says that? Butta-er.
[돈 설리가 정확하게 발음한다] 내가 그린 기린 그림은 // 그냥 그린 기린 그림이고 / [여기서부터 토니가 따라 한다] 내가 기린 그림 기림... // 이런 말을 할 일이 있긴 해요? (번역 PIC, 왓차)

잰말놀이가 난해하다고 해서 영화 장면을 삭제할 수는 없다(책 번역의 경우보다는 삭제가 어렵다). 영화에서 잰말놀이를 그냥 넘어갈 수 없는 이유는 원어를 모르는 사람이라도 잰말놀이 상황을 쉽게 인지할 수 있기 때문이다.

김경희 (2019) 문학번역에서의 '삭제'의 문제. 통번역교육연구 17(3): 5-32.

김정아, 임은선 (2020) 『엄마를 부탁해』 아랍어 번역본 텍스트 사례분석. 아랍어와 아랍문학 24(1): 59-93.

남윤지 (2019) 이청준 소설 『흰옷』의 프랑스어 번역 *L'Harmonium*에 나타난 삭제 양상이 작품 미학에 미치는 영향. 번역학연구 20(1): 77-104.

박명수 (2018) 자막번역의 비속어 번역전략 분석: *The Wolf of Wall Street*를 중심으로. 번역학연구 19(3): 81-112.

박옥수 (2013) 한영문학 번역의 대화체에서 드러난 생략어의 번역. 동화와 번역 25: 171-192.

박윤철 (2008) 자막번역의 생략과 삭제. 번역학연구 9(4): 171-194.

박윤철 (2018) 영화의 영한 자막번역에 나타난 생략과 삭제의 구분에 관한 연구. 예술인문사회 융합 멀티미디어 논문지 8(8): 739-748.

정구웅 (2014) 영화번역에서 '생략자막'의 가능성: 프랑스영화 『르아브르』의 사례를 중심으로. 통번역학연구 18(1): 143-160.

정나영 (2013) TV 뉴스 번역에서의 삭제 양상 분석. 번역학연구 14(1): 301-329.

최경인 (2013) 라디오 방송 텍스트의 번역 양상 분석: KBS 월드 라디오 독일어 방송을 중심으로. 통번역학연구 17(4): 217-242.

17

말장난
(wordplay)

말장난(언어유희)이란 동음이철어, 동철이음어, 동원어 등을 활용한 재미있는 언어 사용을 의미한다. 번역학에서 논의해 왔던 말장난의 개념은 아래 표에서 확인할 수 있듯이 총 여덟 가지(4×2) 유형으로 나뉜다. 발음과 철자에 따라 네 가지로 구분되고, 말장난의 구성요소들이 텍스트 내에 존재하는지의 여부에 따라 두 가지로 구분

Homonymy	Homophony	Homography	Paronymy
Horizontal We must be neat—not neat but cleanly, captain. And yet in the steer, the heifer, and the calf are all called neat.	Horizontal Indeed, I am in the waist two yards about — but I am now about no waste ...	Horizontal 〈How the US put us to shame〉	Horizontal You made her serve your uses both in purse and person.
Vertical In the old age black was not counted fair.	Vertical O, carve not with thy hours my love's fair brow ... with thine antique [antic] pen	Vertical 〈The-rapist〉	Vertical Come ... with thy sharp teeth this knot intrinsicate [intricate, intrinsic] of life at once untie.

Delabastita (1996: 81)

된다. 먼저, 발음과 철자를 기준으로 살펴보면, "동철동음어(homonym)", "동음이철어(homophone)", "동철이음어(homograph)", "동원어(paronym)"의 네 가지로 구분된다. 동철동음어는 철자와 발음이 모두 같고, 동음이철어는 발음은 같으나 철자가 다른 경우이다. 동철이음어는 철자는 같으나 발음이 다르고, 동원어는 발음과 철자 모두 조금씩 다른 경우이다. 한편, 말장난을 표현 쌍의 공존 여부를 기준으로 "수평형 말장난(horizontal wordplay)"과 "수직형 말장난(vertical wordplay)"으로 구분할 수 있다. 전자의 경우 말장난을 구성하는 단어 쌍이 해당 텍스트에 공존하지만(예: How the US put us to shame), 후자의 경우에는 말장난의 구성요소를 하나만 찾을 수 있다(예: antique [말장난을 구성하는 'antic'이라는 단어가 텍스트 내에 없음]).

말장난을 번역하는 방법은 다음과 같이 여덟 가지로 나눌 수 있다(Delabastita 1996: 134).

번호	코드	번역 방법
❶	Pun → Pun	말장난은 말장난으로 번역한다. (단, 말장난의 종류는 다를 수 있다.)
❷	Pun → Non-pun	말장난을 살리지 않고 번역한다.
❸	Pun → Related rhetorical device	원문의 말장난을 다른 수사기법(아이러니, 두운, 각운 등)으로 대체한다.
❹	Pun → Zero	말장난을 포함한 관련 부분을 삭제한다.
❺	Pun ST → Pun TT	원문의 말장난과 그 주변 맥락을 재구성한다.
❻	Non-pun → Pun	말장난이 없는 부분에 새로운 말장난을 만든다.
❼	Zero → Pun	말장난이 들어간 새로운 텍스트를 작성한다.
❽	Editorial techniques	말장난의 의미를 설명하기 위해 각주, 해설 등을 추가한다.

아래 그림은 더이코노미스트(The Economist, 2013년 4월 6일)에서 발췌한 KAL's cartoon이다. KAL's cartoon은 말장난을 통해 국제문제를 날카롭게 비판하는 카툰으로 유명하다. KAL's cartoon은 번역하기가 쉽지 않은데, 그 이유는 말장난을 구성하는 시각기호와 문자기호가 강한 결속성을 맺기 때문이다.

우리나라에서는 일본 신문의 카툰을 번역·연재한 사례가 있다. 필자도 이러한 상황을 가정하여 KAL's cartoon을 협업번역(group translation) 하도록 지시했다.

이 카툰은 2013년 당시 시리아 내전을 '번역한' 것이다. 수많은 인명을 앗아간 내전 상황이 강대국과 주변국의 이해관계가 얽히면서 진정 국면을 보이지 않는다는 내용이다. 카툰의 우측 하단에는 목각 인형 하나가 "I was hoping for a peaceful solution with no strings attached."라고 말하고 있는데, 여기서 숙어 "with no strings attached"는 '아무런 조건 없이'라는 뜻을 갖는다. 따라서 이 대사는 '아무런 조건 없이 평화적으로 해결됐으면 좋겠어.'라는 의미를 전하면서도 '(목각 인형을 조종하는) 주변국의 실[strings]이 없다면 사태가 평화적으로 해결될 수 있겠네.'라는 뜻으로도 해석된다. 즉, strings의 "관용적 의미"(idiomatic meaning)와 "축자적 의미"(literal meaning)가 동시에 구현되면서 번

Kevin KAL Kallaugher, The Economist, Kaltoons.com

역에 어려움이 따르는 상황이다(Baker 2011: 77).

위의 카툰에 대해 학생들은 4~5명으로 조를 구성하여 10분간 토론을 하고 번역을 수행했다. 대부분의 조는 카툰의 문장을 직역하면서 말장난을 살리지 못했다. 하지만 일부 조는 아래에서 확인할 수 있듯이 ❶ Pun → Pun(출발어의 말장난을 도착어의 말장난으로 번역)의 방법을 활용하여 멋진 번역을 이끌어냈다.

 카툰 원문

Welcome to Syria.
I was hoping for a peaceful solution with no strings attached.

✓ **번역문**

번역문 1: 시리아 내전극. 이젠 실마리를 찾아야 할 텐데.
번역문 2: 웰컴 투 시리아. 실없는 전쟁은 이제 그만했으면 …
번역문 3: 시리아 내전극. 실-익(實益)이 없는 전쟁은 이제 그만.

〈번역문 1〉에서는 "실마리"(감겨 있거나 헝클어진 실의 첫머리)라는 단어를 활용함으로써 "strings"의 표층적 의미를 전하는 동시에 '사건(시리아 내전)을 풀어 나갈 수 있는 첫머리(clue)'라는 심층적 의미를 표현하였다. 〈번역문 2〉와 〈번역문 3〉에서도 "실"이라는 단어를 사용하면서 〈원문〉의 말장난 효과를 구현하였다(〈번역문 3〉에서는 "실"을 보다 강조하기 위해 '실익'이 아닌, "실-익"으로 표현함). 세 번역 모두 훌륭하다.

다른 예를 살펴보자. 더이코노미스트는 "Pardon me"라는 제목의 기사(2008년 8월 14일자)를 통해 "법 위에 군림하는 듯한(acted as if they were above the law)" 한국의 재벌과 그러한 재벌에게 사면권을 남발하는 대통령을 비판한 바 있다. 여기서 헤드라인 "Pardon me"는 1차적 의미에서 '사면시켜 달라.'라는 뜻으로 해석된다. 그런데 관용표현으로서의 "Pardon me"('[가벼운 실수를 했을 때] 죄송합니다', '뭐라고?')를 생각해보면, 냉소적 의미인 '사면을 시켜줬다고?', '사면시켜줘서 죄송합니다.' 등으로도 해석할 수 있다.

그렇다면 학생들은 이 기사 제목을 어떻게 번역했을까? 필자는 번역과 더불어 번역의 근거를 제시하라고 주문했다. 번역 가운데 일부를 제시하면 다음과 같다.

 번역문 1

사면공화국
(이유: '부패공화국'과 같은 표현에서 힌트를 얻었다.)

→ '~ 공화국'이라는 표현은 '~라는 요소가 만연해 있는, 매우 불만족스러운 상황'을 암시한다. 이러한 표현은 일반 독자에게 잘 알려져 있고, 확장하여 사용하기에도 용이하다. 〈원문〉이 '경제비리', '대통령 사면' 등의 무거운 주제를 다루고 있다는 점에서 나쁘지 않은 선택이다.

 번역문 2

돈으로 사면되지, 뭐.
(이유: 사면하다[pardon]와 사다[buy]를 이용하여 새로운 말장난을 만들었다. 이러한 제목은 원문의 내용도 충실하게 반영한다.)

→ 매우 우수한 번역이다. 더 이상의 설명이 필요 없다.

 번역문 3

무거운 죄, 가벼운 벌
(이유: 원문은 기업인 광복절 특사에 대한 내용이다. 따라서 "Pardon me"를 '용서하다'로 해석했다. 하지만 무거운 죄를 짓고 광복절 특사라는 명분하에 상상 초월의 가벼운 형을 받고 나오는 기업인들을 생각해 보니 "Pardon me"가 '실례하겠습니다만 먼저 [감옥을] 나가 보겠습니다.'라는 의미로 해석이 가능하다.)

→ "무거운 죄" vs "가벼운 벌"이 대구를 이루면서 리듬감이 형성되고 있다. 하지만 말장난의 '의미'나 '의도'가 제대로 반영되어 있는지 의문이다. 말장난을 번역할 때는 그 표현의 의미(언표적 행위, locutionary act)와 그 의미가 추구하는 의도(언표 내적 행위, illocutionary act)를 정확히 파악해야 한다(Lee 2009a).

 번역문 4

사면이라고요?
Pardon me?(뭐라고요?)의 원래 뜻처럼 재차 질문하는 문장 형태를 사용해서 기업인들을 중심으로 특별사면을 한 대통령의 조치에 대해 의문스러운 시선을 담아봤다.

→ '사면하다'와 '뭐라고요'의 의미가 모두 반영되어 있다는 점에서 칭찬할만하다. 하지만 〈원문〉의 말장난만큼 큰 효과를 주지는 않는다.

 번역문 5

누구를 위하여 사면하는가
(이유: I could feel sarcasm in this article. The writer thinks the president's power of pardon is being misused. I had an idea from Hemingway's '누구를 위하여 종은 울리나')

→ 이 학생은 〈원문〉에 포함된 냉소적 분위기를 파악하고 기존 번역서의 제목을 이용하여 새로운 말장난을 만들었다.

 번역문 6

재벌, 용서해 주세요.
(이유: Pardon me에는 '다시 한번 말씀해 주시겠습니까?'라는 뜻과 '용서하다'의 두 가지 뜻이 있어 이를 함께 사용하였다. 또한 '재벌'과 '제발'의 발음이 비슷한 점도 이용했다.)

→ 〈번역문 6〉은 '제발 용서해 주세요.'의 말장난이다. 수직형 동원어(vertical paronymy)를 활용한 흥미로운 시도이다. 하지만 독자가 이러한 의도를 파악하지 못할 수도 있다.

이어 문학 번역에서의 말장난을 살펴보자. 아쉽게도 필자의 번역 수업에서는 문학 번역에서의 말장난을 다루지 못했다. 따라서 여기에서는 전문 문학 번역가가 말장난을 어떻게 해결했는지를 살펴보는 것으로 만족해야 하겠다. 국내 번역학계에서 말장난과 관련해 가장 많이 연구된 소설은 아마도 『이상한 나라의 앨리스』일 것이다. 김순미(2010)는 서로 다른 번역본 여덟 개(2001~2008년 사이의 번역)를 비교하면서 원문의 말장난이 번역가에 따라 어떻게 달라질 수 있는지를 소개한 바 있다. 김순미에 따르면 여덟 명 가운데 세 명은 새로운 말장난을 만들었고(델라바스티타의 번역 방법 ❶), 다른 세 명은 괄호를 활용하여 말장난을 풀어썼으며(번역 방법 ❽), 나머지는 주석을 활용하여 말장난의 의미를 설명하였다(번역 방법 ❽). 김순미가 소개한 사례 가운데 몇 가지를 소개하면 다음과 같다.

 원문

"The master was an old Turtle--we used to call him Tortoise--"
"Why did you call him Tortoise, if he wasn't one?" Alice asked.
"We called him tortoise because he taught us," said the Mock Turtle angrily.
"Really you are very dull." (p. 84)

 번역문 1

"우리는 선생님을 '남생이'라고 부르곤 했는데……"
"**남생이**가 아닌데 왜 남생이라고 불렀어요?" 앨리스가 묻자 가짜 거북이 화가 나서 대답했다.
"**남자 선생**이니까 남생이라고 불렀지. 넌 어떻게 그것도 몰라!" (김경미 2005: 149)

"선생님은 늙은 거북이었는데, 우리는 그분을 **갈치**라고 불렀어."
"갈치가 아닌데 왜 갈치라고 불렀어요?" 앨리스가 물었다.
"그야 선생님이 우리를 **갈쳤으니까** 그렇게 불렀지. 넌 정말 멍청하구나!" 가짜 거북이 답답하다
는 듯 화를 냈다. (김양미 2008: 178)

"선생님은 늙은 바다거북이었는데, 우린 '땅 거북'이라고 불렀어."
"**땅 거북**도 아닌데 왜 그렇게 불렀지요?" 앨리스가 물었다.
"**땅 꼬마**만 했으니까 그렇지. 넌 진짜 멍청하구나!" 가짜 거북이 성을 냈다. (공경희 2009: 102)

"선생님은 늙은 거북이었는데, 우리는 그분을 '육지 거북'이라고 불렀지."
"육지 거북도 아닌데 왜 육지 거북이라고 불렀어요?" 앨리스가 물었다.
"우리를 가르쳤으니까 그렇게 불렀지." (**육지 거북을 뜻하는 tortoise는 '우리를 가르쳤다'는 뜻
의 'taught us'와 발음이 비슷하다: 옮긴이**)
"너 정말 멍청하구나!" 가짜 거북이 성난 목소리로 말했다. (김석희 2007: 157)

위의 〈번역문 1〉, 〈번역문 2〉, 〈번역문 3〉에서는 각각 '남생이—남자선생', '갈치—
가르치다', '땅 거북—땅꼬마'라는 말장난을 만들어 번역했다. 반면 〈번역문 4〉는 단어
를 그대로 번역한 후 괄호 속에 말장난의 의미를 설명하였다. 따라서 〈번역문 4〉에서
는 번역가의 개입이 가시적으로 드러난다.

어떤 번역가는 말장난을 설명한다거나 새로운 말장난을 만들지 않고 영어병기를
통해 말장난 효과를 암시하기도 한다. 예를 들어 『내 무덤에서 춤을 추어라』(Dance on

My Grave)의 역자 고정아(2007)는 원문의 묘비문구를 "여기 애니 맨Annie Mann의 몸이 누워 있다. 늙은 여인old woman으로 살다가 죽은 맨old Mann이 되었다. 해마다 맥주 beer를 마시다가 결국 관bier에 실려 갔구나."(pp.147-48)로 번역했다.

마지막으로 영화에서 말장난이 어떻게 번역될 수 있는지를 간략히 살펴보자. 아카데미 작품상 수상작인 '그린 북(Green Book)'에는 다음과 같은 장면이 있다.

토니 립이 아내 돌로레스에게 편지를 쓴다. 편지를 보니 철자는 엉망이고 내용도 형편없다. 돈 셜리가 립이 쓴 편지를 읽으며 말한다.

Don Shirley: "Deer Dolores." D-E-A-R. [편지 속 deer라는 단어를 가리키며] This is an animal. [편지를 계속 읽는다] … (중략)
[보다 못한 돈 셜리가 받아쓰라고 한다.]
Don Shirley: D-E-A-R Dolores. When I think of you, I'm reminded of the beautiful plains of Iowa.
Tony Lip: [받아적다가] What planes? [의도한 말장난은 아니다.]
Don Shirley: The plains. P-L-A-I-N-S. Those big fields we saw.

이 장면에서 자막을 만들 때 밑줄 친 부분에 유의해야 한다. 왓차에서 볼 수 있는 자막(번역: PIC)은 다음과 같다.

"치내하는 돌로레스…" ∥ 처음부터 틀렸군 / "친애하는"이오 (중략)
친애하는 돌로레스… / 처음부터? ∥ 치에 ㄴ 받침, / 친-애-하-는 ∥ 당신을 생각하면 ∥ 아이오와의 / 아름다운 평원이 떠올라 ∥ 무슨 병원? [토니의 말] ∥ 평-원 우리가 봤던 너른 들판이요

글자 수도 중요한 자막번역에서 위와 같은 번역은 무난해 보인다. 핵심적인 두 부분(친애 vs 치내, 평원 vs 병원)이 2음절로 대응되고, 그로 인한 유머 효과도 무리 없이 전달되기 때문이다. 다만, 편지 수신자가 아내인 점을 고려하면 "친애하는"이라는 호칭은 어색하게 느껴진다. 참고로 말하면, OCN 자막에서는 동음이철어(homophony) "plainplane"이 동원어(paronymy) 관계인 "평원-평온"으로 나온다.

영화나 드라마에서의 말장난은 소위 '취약한 번역(vulnerable translation)'으로 이어질 수 있다. 번역이 취약하다는 것은 시청자가 원문과 번역을 자연스레 비교할 수 있어서 등가와 관련된 문제가 쉽게 노출된다는 뜻이다. 예를 하나 들어보겠다. 2022년 방영된 '이상한 변호사 우영우'에는 "[똑바로 읽어도, 거꾸로 읽어도 우영우] 기러기, 토마토, 스위스, 인도인, 별똥별, 우영우"라는 단골 말장난이 등장하는데, 이 부분의 넷플릭스 자막은 "kayak, deed, rotator, noon, racecar, Woo Young-woo"로 확인된다. 원문에는 일부 외국인도 알아들을 수 있는 '토마토'가 있는데 자막에는 tomato가 없다. 이유야 당연하다!

말장난 번역에서는 말장난의 상황과 발음의 유사성이 재현될 수 있다. '이상한 변호사 우영우'에도 등장하는 아래 말장난은 여러분에게도 꽤 익숙할 것이다. 두 부분이 어떻게 번역되었는지 살펴보며 본 장을 마무리하자.

(우영우가 김초밥을 먹는 상황에서 '변호사 농담'을 한다.)

김밥과 참기름이 싸우다가 / 김밥이 경찰에 잡혀갔어

The thread and the needle were fighting and the police arrested the thread.

왜인 줄 알아? Do you know why?

음, 몰라 No.

참기름이 Because the needle

고소해서 sewed the thread. (sew: "고소"를 뜻하는 sue와 발음이 비슷하다.)

이 김밥을 말 때는요 Eight vowels, eleven consonants, an exclamation mark,

김이 안 터지게 조심하셔야 돼요 and a comma appeared in court today.

안 그러면 Because…

김을 파손죄로 잡혀갑니다 they are due to be sentenced next week.

(sentence: 형을 선고하다)

말장난은 비디오 게임 번역에서도 중요한 문제로 다루어져 왔다. 특히 블리자드 엔터테인먼트 (Blizzard Entertainment)와 같은 기업은 게임을 현지화(localization)하는 과정에서 캐릭터의 말장난을 로컬 시장의 언어·문화적 맥락을 고려하여 매우 신중하게 번역한 것으로 유명하다. 비디오 게임에서의 말장난은 자막뿐만 아니라 더빙의 형식으로도 번역되기 때문에 생각보다 복잡한 양상을 띨 수 있다. 『스타크래프트 2』의 한국어 더빙 사례를 소개하면 다음과 같다(이상빈 2013c: 190).

ST: You can't get it cheaper, you called the <u>reaper</u>. (유닛 명 Reaper의 대사)
TT: 싸게 <u>사신</u>다구요? 사신을 부르세요.
→ 한국어 게임에서 이 유닛의 이름은 '사신'(죽음의 신)이다.

ST: Darn. I appear to have 'Turrets Syndrome.' (유닛 명 Raven의 대사)
TT: 사실 저는 까막눈입니다. (유닛 명 밤까마귀의 대사)
→ 밑줄 친 "Turrets"은 비행선 Raven을 격추할 수 있는 미사일 발사대의 이름이다. 밑줄 친 부분은 Tourette-Syndrom(투렛 증후군, 틱장애)의 말장난이다. 한국어 게임에서는 "사실 저는 까막눈입니다."라는 새로운 말장난으로 대체되었다.

ST: Baby, if I could rearrange the alphabet, I'd put U and I together... (유닛 명 Marauder의 대사)
TT: 자기, 내가 글자를 다시 만든다면, 가,나..너.. 다라마바사로 쓸 텐데.
→ '나와 너'가 되도록 "너"를 삽입했다. 이 대사는 느끼한 목소리로 전달되면서 유머 효과가 배가 된다.

김순영 (2007) 『이상한 나라의 엘리스』를 통해 본 언어유희(pun)의 번역. 번역학연구 8(2): 31-53.

김희진 (2010) 문학번역의 충실성 개념 재고: 이상한 나라의 앨리스에 나타난 음성적 언어유희의 한국어와 프랑스어 번역을 중심으로. 통번역학연구 13(2): 81-99.

서지영 (2021) 인지 관련성 이론에 근거한 한국인 성인 학습자의 영화 언어유희 번역 양상. 언어학 29(2): 21-45.

윤소영 (2013) 『어니스트 놀이』에 나타난 언어유희의 수사학. 수사학 19: 183-207.

이상빈 (2013) 비디오 게임에서의 유머 번역과 수용. 번역학연구 14(1): 183-210.

이성엽 (2019) 협상 결과물로서의 고유명사 번역: 클로드 퐁티의 『끝없는 나무』를 중심으로. 비교문학 78: 161-195.

이창수 (2008) 매직스쿨 버스의 매직 번역을 찾아서: 언어유희 번역 전략 연구. 언어와 언어학 41: 205-225.

장인봉, 이성엽 (2019) 그림책 번역의 다시쓰기 전략 연구 — 고유명사 불한 번역 사례를 중심으로. 이화어문논집 47: 139-175.

Lee, S-B. (2009) Wordplay translation and speech acts: An investigation into students' translation of newspaper headlines. *Korean Journal of Applied Linguistics* 25(1): 227-258.

Yoon, S-Y. (2007) A study on translation strategies for wordplay: Comparing two Korean translations of *Alice*. *The Journal of Translation Studies* 8(2): 259-280.

Yoon, S-Y. (2017) Translational difficulties for linguistic features in *Through the Looking-Glass*. *The Journal of English Cultural Studies* 10(2): 121-144.

18

법률번역에 관한 조언

법률번역(legal translation)은 "제약이 매우 큰"(most restricted) 번역에 속한다(Lee 2009b: 304). 법률번역에는 번역의 기본 문제인 언어와 문화의 간극을 비롯해 법체계의 차이에서 파생되는 법리의 문제, 나아가 번역의 관습까지도 작용하기 때문이다. 예컨대 영미법(판례 위주)에서의 특정 용어가 대륙법(성문법 위주)에는 존재하지 않거나 두 법체계에서 사용되는 용어가 개념상 완전히 일치하지 않을 수도 있다. 영어 법률문서에서는 서법조동사 'shall'을 사용하지 않는 추세임에도 불구하고 우리나라에서는 여전히 영문번역을 할 때 거의 일괄적으로 'shall'을 사용하기도 한다(유정주 2015: 71-72).

하지만 법률번역은 초보 번역가나 학생들에게도 피하기 어려운 영역이기도 하다. 필자도 법에 대한 지식이 없고 법률번역에 대한 전문교육도 받지 않았으나 대학원 시절부터 적지 않은 법률텍스트를 다뤄야만 했다(비전문가가 법률번역을 한다는 게 바람직한 건 아니지만 현실세계에서는 종종 발생하는 일이다). 따라서 여러분도 법률번역에 대해 조금이나마 대비해둔다면 적지 않은 도움이 되리라 생각한다. 필자가 아는 학부생도 얼마 전 계약서를 번역했다.

법률문서(legal text)의 범위는 생각보다 광범위하다. 법률문서는 (1) 국제조약, 국내법 등의 법적 효력을 갖는 텍스트, (2) 재판과정 등에서 법조인이 작성한 각종 문서, (3) 법학전문가의 학술논문, (4) 유서, 계약서 등의 민간법률문서 등을 포괄하는 개념이다(Cao 2007: 7-12). 즉, 법의 내용이 적용되면 모두 법률 문서로 볼 수 있다.

법률번역은 직접 해봐야 그 어려움을 깨달을 수 있다. 이러한 의미에서 한미 FTA 협정문에서 발췌한 아래 텍스트를 직접 번역한 후 법률번역의 특징을 논해보자.

CHAPTER FOUR
TEXTILES AND APPAREL

1. If, as a result of the reduction or elimination of a duty under this Agreement, a textile or apparel good benefiting from preferential tariff treatment under this Agreement is being imported into the territory of a Party in such increased quantities, in absolute terms or relative to the domestic market for that good, and under such conditions as to cause serious damage, or actual threat thereof, to a domestic industry producing a like or directly competitive good, the importing Party may, to the extent and for such time as may be necessary to prevent or remedy such damage and to facilitate adjustment by the domestic industry:

   (a) suspend the further reduction of any rate of customs duty on the good provided for under this Agreement; or

   (b) increase the rate of customs duty on the good to a level not to exceed the lesser of

   (i) the most-favored-nation (MFN) applied rate of duty on the good in effect at the time the action is taken; and

   (ii) the MFN applied rate of duty on the good in effect on the date this Agreement enters into force.

2. In determining serious damage, or actual threat thereof, the importing Party:

   (a) shall examine the effect of increased imports of the good from the exporting Party on the particular industry, as reflected in changes in such relevant economic variables as output, productivity, utilization of capacity, inventories, market share, exports, wages, employment, domestic prices, profits, and investment, none of which is necessarily decisive; and

   (b) shall not consider changes in technology or consumer preference as factors supporting a determination of serious damage or actual threat thereof.

한미 FTA 협정문 국문 제4장(http://www.fta.go.kr/us)

위 발췌문은 한미 FTA 협정문 제4장(섬유 및 의류), 4.1조(양자 긴급조치), 1~2항이다. 각 항은 한 문장으로 구성되어 있고, 제1항의 길이는 무려 200단어에 가깝다. 따라서 각 항을 한 문장으로 만들고자 한다면 번역의 어려움은 더욱더 커진다(사실, 특별한 조건이 없는 한, 한 문장으로 번역해야 한다). 다른 학생은 〈원문〉을 어떻게 번역했는지 다음 〈번역문〉에서 확인해보자.

 학생의 번역문

1. 본 협정에 의해 특례관세의 적용대상이 되는 직물 및 의류 제품의 수출입시, (A)본 협정의 감세 및 면세 정책으로 인해 수출입량이 절대적으로 증가하거나 해당 제품의 내수시장에 비해 상대적으로 증가할 경우, 혹은 동일제품이나 직접적인 경쟁제품을 생산하는 내수산업에 심각한 피해 및 실질적 위협을 초래하는 경우,
(B)수입국은 이러한 피해의 방지 및 대책, 혹은 내수산업의 조정이 필요한 시기에 이하와 같이 할 수 있다.
가. 본 협정에 의해 제공되는 해당 제품의 추후 감세를 중지할 수 있다.
나. 다음을 초과하지 않는 수준에서 해당 제품의 세율을 높일 수 있다.
   ㄱ. 조치가 취해질 당시 유효한 해당 제품의 관세를 적용한 최혜국(MFN)
   ㄴ. 본 협정이 실효를 발휘하기 시작한 날짜에 유효한 해당 제품의 관세를 적용한 최혜국(MFN)
2. (C)수입국은 심각한 피해 및 실질적 위협을 판정하는 데 있어서 이하와 같이 해야만 한다.
가. 해당 산업 제품의 수입량 증가가 생산량, 생산성, 최대생산능력의 발휘, 재고 목록, 시장점유율, 수출, 임금, 고용, 내수가격, 수익, 투자와 같은 (D)[이상 반드시 결정적인 것은 아님] 관련 있는 경제적 변수의 변화에 반영된 영향을 조사해야만 한다.
나. 기술이나 소비자 선호도의 변화를 심각한 피해 및 실질적 위협을 판정하는 요소로써 고려할 수 없다. (모든 강조는 필자의 것)

이 번역에 대해 어떤 평가를 내릴 수 있을까? 여러분의 번역과 비교해 보자. 번역의 품질은 어떠한가? 위의 번역을 비판적으로 검토한 후 아래 〈정부의 공식 번역문〉을 살펴보자.

✓ 정부의 공식 번역문

1. (a)이 협정상의 관세 인하 <u>또는</u> 철폐의 결과로서, 이 협정상의 특혜관세대우로 혜택을 받는 섬유 또는 의류 상품이 동종 또는 직접적으로 경쟁적인 상품을 생산하는 국내 산업에 심각한 피해 또는 그에 대한 실제적 우려를 야기할 정도로 절대적 또는 그 상품의 국내 시장에 비하여 상대적으로 증가된 물량과 조건 하에 당사국의 영역으로 수입되고 있는 경우, 수입 당사국은 그러한 피해를 방지하거나 구제하고 그 국내 산업에 의한 구조조정을 원활히 하기 위하여 필요한 한도 및 기간 동안 다음을 할 수 있다.

   가. 이 협정에 규정된 그 상품에 대한 관세율의 추가 인하를 정지하는 것, (b)<u>또는</u>
   나. 다음 중 낮은 것을 초과하지 아니하는 수준까지 그 상품에 대한 관세율을 인상하는 것
      1) 그 조치가 취하여지는 시점에서 발효중인 그 상품에 대한 최혜국 실행관세율, (b)<u>그리고</u>
      2) 이 협정의 발효일에 발효중인 그 상품에 대한 최혜국 실행관세율

2. 심각한 피해 또는 그에 대한 실제적 우려를 결정함에 있어, (c)<u>수입 당사국은</u>
   가. 수출 당사국으로부터 그 상품의 증가된 수입이 특정 산업에 미치는 영향을 생산량·생산성·설비가동률·재고·시장점유율·수출·임금·고용·국내가격·이윤 및 투자와 같은 관련 경제적 변수의 변화에 반영된 대로 심사한다. (d)<u>이 변수 중 어떠한 것도 반드시 결정적인 것은 아니다. 그리고</u>
   나. 기술 또는 소비자 기호의 변화는 심각한 피해 또는 그에 대한 실제적 우려의 결정을 뒷받침하는 요소로서 고려하지 아니한다. (모든 강조는 필자의 것)

   한미 FTA 협정문 국문 제4장(http://www.fta.go.kr/us)

용어선택, 정확성 등의 문제는 차치하고, 문장과 텍스트 전체의 구조적 측면에만 초점을 맞춰 두 번역을 세 가지 관점에서 비교해보자. 첫째, 〈정부의 번역문〉에서는 원문의 어순, 단어의 위치 등이 고려되었다. 예를 들어 두 번역의 (A)-(a), (C)-(c) 쌍을 비교해보면 〈정부의 번역문〉에서는 〈학생의 번역문〉과 달리 "as a result of the reduction or elimination of a duty under this Agreement", "the importing Party" 등의 위치를 그

대로 유지했다. 〈학생의 번역문〉에서는 (B)에서 확인할 수 있듯이 원문의 if절과 나머지 절을 구분하기 위해 의도적으로 줄바꾸기를 했다.

둘째, 〈정부의 번역문〉에서는 (b)에서 확인할 수 있듯이 한국어 문법을 고려하지 않고 "또는"(or)과 "그리고"(and)의 위치를 영어의 체계와 동일하게 유지했다. 반면, 〈학생의 번역〉에서는 "or"와 "and"가 제대로 반영되지 않았다.

셋째, 〈정부의 번역문〉에서는 문장부호까지도 원문을 흉내 내고 있다. 다만, "and"와 "or" 앞에 위치한 세미콜론은 그대로 번역하지 않고 반점(,)으로 변경하였다. 쌍반점(;)은 우리말에서 잘 사용되지 않기 때문에 다른 문장부호, 특히 기능적 측면에서 유사한 반점을 사용하였다. 한편, 제2항 2조의 "none of which is necessarily decisive"는 한국어와 영어의 구조적 차이로 인해 문장의 외형을 유지하지 못하고 잘라서 번역하였다 (Cao 2007: 94 참고). 구체적으로 설명하면 (d)에서 확인할 수 있듯이 독립된 문장("이 변수 중 어떠한 것도 반드시 결정적인 것은 아니다.")으로 번역한 후 〈원문〉에서처럼 "그리고"로 마무리하였다. 그 결과, 전체 문장에서 "none of which is necessarily decisive"가 차지하는 위치는 〈원문〉과 똑같아졌다. 하지만 〈학생의 번역문〉에서는 (D)에서 볼 수 있듯이 대괄호를 통해 부가정보를 제공하는 형식으로 번역되었으며, 그 위치 또한 〈원문〉과는 다르다. 결국 〈정부의 번역문〉은 법률번역에서 중시하는 시각적 등가(visual equivalence)를 구현한 셈이다.

 참고: 시각적 등가(visual equivalence)

EU와 같은 국제기구에서는 '눈으로 언뜻 봤을 때도 동일한' 번역을 선호한다. 시각적 등가는 문장부호의 위치와 개수, 전문용어의 외형적 모습 등이 원문과 동일해야 한다는 뜻으로, 법률번역에서는 이독성(readability)보다 중요한 것으로 간주된다. 시각적 등가에 관한 보다 상세한 논의는 자르체비치(Šarčević 1997/2000: 117), 코스키넨(Koskinen 2000: 55-6), 마르틴 루아노 (Martín Ruano 2015: 146) 등을 참고하라.

한미 FTA 협정문을 원문과 비교해보면 법률번역의 특징과 제약을 어렵지 않게 파악할 수 있다. 특히 「한미 FTA 협정문 번역 가이드라인」을 읽어보면 법률번역에서 중시하는 번역방향을 쉽게 이해할 수 있다. 「한미 FTA 협정문 번역 가이드라인」의 내용 가운데 번역 전공자에게 도움이 될 만한 원칙을 정리하면 다음과 같다.

▶ 국문본과 영문본 사이의 해석상 오해를 방지하기 위해, 다소의 어색함을 감수하더라도 영어에 상응하는 한국어를 모두 기입하도록 노력(능동태와 수동태의 차이도 가급적 살리고, 단어나 문구가 중복되는 경우에도 국문 해석상 문제가 없으면 모두 표현되도록 노력)

▶ 국문본도 정본임을 감안하여 우리말 문법에 맞지 않거나 관용상 이해하기 어려운 경우 및 문맥상 오해의 소지가 있는 부분은 상황에 맞게 국문화(이 경우에도, 영문본상 없는 의미를 추가하는 등의 의역은 가급적 지양)

▶ 일관성 유지를 위하여, 하나의 장(chapter)에서 동일한 영어 문장 및 단어는 가급적 동일하게 국문화(단, 하나의 영어 표현이라 할지라도, 국문이 어색하거나 하나의 문장으로는 너무 긴 경우, 내용을 분리하여 번역할 수 있음)

▶ 전문용어의 경우, 특별한 경우를 제외하고는 종전에 사용하여 오던 용어를 계속 사용하였으며 아울러 관련 부처의 유권적 해석을 우선적으로 반영

▶ 영문상 복수로 표현된 경우라도 국문에서는 원칙적으로 단수로 국문화 함(단, 단수로 번역하는 경우 원문의 의미가 불충분한 경우에는 국문에서도 복수로 표현)

▶ 관사 및 정관사 등은 일반적으로 국문화하지 않음

▶ 의무 관련된 조동사의 경우 아래와 같이 국문화(예: must는 "하여야 한다", shall은 "한다", may는 "할 수 있다")

▶ 하단의 호나 목과 연결되는 경우, '다음 각호', '각목' 등으로 하는 대신 "다음"으로 통일시키고 호나 목간의 관계를 "그리고", "또는"으로 명확히 기술함

이상빈(2012a: 271-72에서 재인용)

위의 가이드라인에서 확인할 수 있듯이 법률번역에서는 의역을 금지하고 단어 차원의 번역에도 상당한 주의를 기울인다. 또한 한국어 문법이나 표현 등에 있어 자연스럽지 않다 하더라도 원문과 번역문의 해석상 불일치를 막기 위해 영어에 상응하는 모든 한국어를 그대로 기입한다. 한국어에서 선호하지 않는 수동태도 가급적 그대로 반영하고, 관사, 조동사 등과 같은 부분도 세심하게 번역할 것을 주문한다. 법률번역을 해야 하는 상황이 오면 위의 가이드라인을 떠올려보길 바란다(자세한 내용은 Lee 2009b, 이

상빈 2012a 등을 확인할 것).

 참고: 법률번역에서 일관성은 생명!

법률번역에서는 해석의 불일치를 막기 위해 아주 간단한 어휘도 통일하여 사용한다. 특히 협업으로 법률번역을 할 때는 용어 통일에 각별히 신경 써야 한다. 정부는 한미 FTA를 번역할 때 아래와 같은 어휘도 통일하여 쓸 것을 주문했다.

▶ limiting clauses and phrases (예: *provided that, subject to*)

▶ adverbial clauses and phrases (예: *in accordance with, pursuant to*)

▶ demonstratives (예: *this, that*)

▶ determiners (예: *any, such*)

▶ prepositions (예: *for, through, concerning, under*)

김진아 (2021) 한·중 중·한 법령 번역에서 법률용어 선택 전략. 통번역학연구 25(2): 1-27.

김혜림 (2021) 중한 법령 기계번역 포스트에디팅 교육을 위한 예비 연구. 번역학연구 22(3): 65-99.

박지영 (2017) 저작권법의 관점에서 본 번역의 창작성. 통번역학연구 21(4): 1-28.

박지영 (2018) 창작물에 의한 번역 표절과 저작권 보호: 신경숙 作 '전설'의 미시마 유키오 譯 '우국' 표절 논란을 중심으로. 통번역학연구 22(2): 77-100.

신지선 (2012) 법률번역 교육의 필요성 및 교육방안 고찰 — 법률전문대학원과의 협력학습 제안. 통번역학연구 16(3): 121-133.

유정주 (2013) 법률 번역에서 DIY 코퍼스 활용사례. 번역학연구 14(2): 149-186.

유정주 (2015) 한국 법령 번역에서 'shall'의 사용에 대한 고찰: 비교 코퍼스 분석 결과를 중심으로. T&I REVIEW 5: 71-92.

유정주 (2018) FTA 시간 표현의 번역문제 — 'before'와 'after'를 중심으로. 번역학연구 19(3): 195-225.

유정주 (2019) 정본번역의 용어일관성 사례연구 — 투자보장협정의 법인 관련 용어를 중심으로. 통번역학연구 23(4): 169-201.

유정주 (2020) 법률번역에서 등가의 의미와 비교법적 분석사례 — '특수관계인'의 번역을 중심으로. 통번역학연구 24(4): 63-95.

유정주 (2022) 한국 법령 상호텍스트 장치의 영어 번역에 대한 고찰 — 영미법계 국가들의 최신 법제지침 분석결과를 중심으로. 통번역학연구 26(1): 75-106.

이지은, 최효은 (2020) 코퍼스 연구를 통해 살펴본 법령 번역 텍스트의 언어적 특성: 수동태 구문을 중심으로. 번역학연구 21(2): 251-284.

이지은, 최효은 (2020) 한영 법령 번역에서 이중주어 구문 번역 양상. 통번역학연구 24(3): 97-135.

이지은, 최효은 (2022) 한영 법령 번역 품질 제고를 위한 번역 방식에 관한 소고 — 직역 문제를 중심으로. 통역과 번역 24(1): 243-276.

이지은, 최효은, 박혜진 (2021) 한영 법령번역 스타일에 대한 제언: 한국법제연구원 법령번역센터의 법령번역 지침 개발 사례를 중심으로. 통번역학연구 25(1): 177-216.

전현주 (2018) 저작권(authorship)과 역자권(translatorship): 저작권(copyright)을 중심으로. 통번역교육

연구 16(3): 171-193.

주진국 (2009) 언어 형태와 번역의 기능성: 법률 서식 한영번역의 예. 번역학연구 10(2): 247-273.

최효은 (2018) 디지털시대 번역자를 위한 저작권법의 이해: 번역의 법적 지위를 중심으로. 번역학연구 19(1): 277-304.

Lee, S-B. (2009) An investigation into the legal translation guideline: With special reference to the Korea-US FTA. *The Journal of Translation Studies* 10(2): 303-331.

19

인칭대명사,
번역할 것인가?

이 글의 저자는 미국의 9/11을 소재로, 자국민의 "a failure of imagination"이 어떠한 결과를 초래했는지 설명한다.

✓ 원문

Why is it important to test your assumptions about the crises your organization could face? Because our assumptions become an intellectual straightjacket that prevents us from focusing on what could threaten us. Few in the government, for example, believed that 19 suicidal terrorists could turn four jetliners into guided missiles. It was more than a failure of intelligence, states *Newsweek*. "It was a failure of imagination."

Veninga (2002), Health Progress

당신의 조직이 직면할 수 있는 위기와 관련하여, 당신의 가정을 시험하는 것이 왜 중요할까? 가정과 추측은 우리를 위협할 수 있는 것에 우리가 집중하는 것을 막는 지적인 속박이 될 수 있기 때문이다. 예컨대 정부 당국에서 19명의 자살 테러범들이 4대의 제트여객기로 국가 상징물을 향해 돌진할 수 있다고 믿었던 사람은 소수에 불과했다. 이는 단순한 정보 부족의 차원을 넘어선다. 뉴스위크지에서는 이를 두고 "상상력의 실패"라고 평했다.

〈번역문 1〉의 첫 두 문장을 살펴보면 〈원문〉의 "your", "our", "us"가 기계적으로 번역되었음을 알 수 있다("당신의 조직이 직면할 수 있는 위기에 대한 당신의 가정을 시험하는 것이 왜 중요할까? 왜냐하면 가정이란 우리를 위협할 수 있는 것에 우리가 집중하는 것을 막는……"). 이러한 번역은 문장을 이해하는 데 지장을 주지는 않지만 대명사 사용에 있어서는 매우 부자연스러워 보인다. 혹자는 〈번역문 1〉을 두고 극단적인 사례라고 주장할지 모른다. 하지만 필자의 경험에 따르면 적지 않은 학생들이 〈번역문 1〉의 경우처럼 인칭대명사를 무비판적으로 수용하고 번역한다. 인칭대명사를 어떻게 처리(번역)해야 할까? 아래 〈번역문 2〉를 읽어본 후 〈번역문 1〉과 어떠한 차이가 있는지 생각해보자.

조직이 맞닥뜨릴 수 있는 위기 상황을 추측하고 그러한 추측을 테스트하는 것이 왜 중요한 문제일까? 단순한 추측은 위험 요소를 간과하도록 만드는 일종의 지적 구속복(intellectual straight-jacket)과도 같기 때문이다. 예컨대 자살 테러범 19명이 제트기 4대를 몰고 국가 상징물에 돌진할 수 있을 거라고 추측한 정부 관리는 거의 없었다. 뉴스위크(Newsweek)에 따르면 미국이 경험한 테러는 단순히 첩보가 부족해서가 아니라 "상상력의 실패"에서 비롯된 것이다.

〈번역문 2〉는 "your"(당신의), "our"(우리의), "us"(우리를)에 해당하는 한국어를 사용하지 않으면서도 〈원문〉의 의미를 비교적 충실하게 전달하고 있으며 〈번역문 1〉보다 훨씬 더 자연스럽게 읽힌다. 〈원문〉의 필자 및 독자가 미국인이고 글의 주제도 미국 (9/11 테러)과 관련 있기 때문에 '당신'과 '우리'의 의미는 글의 맥락상 분명하다. 여러분이 기억해야 할 사실은 한국어의 1, 2인칭 대명사는 영어에서와 달리 반드시 포함해야 할 문법적 요소가 아니라는 점이다.

다른 논의를 위해 다음 예문을 살펴보자.

 원문

After her father's assassination, Park retreated from the spotlight, living in relative seclusion. Eventually she returned to political life. In 1998 she became a legislator, being re-elected four times. While she was on the campaign trail in 2006, an ex-convict lunged from the crowd and slashed her with a box cutter. Television footage showed Park calmly trying to stanch the bleeding from the 10-cm gash to her right cheek. A recent TV spot turns her still visible scar into a metaphor for sacrifice and national healing. "The wound inflicted that day … changed me completely," she narrates. "Since then I have decided to dedicate the rest of my life tending to your wounds." (밑줄은 필자의 것)

Rauhala (2012. 12. 17.), Time

〈원문〉의 밑줄 친 부분은 박근혜 전 대통령(당시는 대통령 후보)의 성("Park")과 박 전 대통령을 지칭하는 3인칭 대명사 she/her이다(이러한 인칭표현은 문장마다 최소 1회 등장한다). 여러분은 인칭대명사를 어떻게 번역하였는가? 아래 두 학생의 번역을 비교해보자.

 번역문 1

박 후보는 아버지가 암살된 후 비교적 단절된 생활을 하면서 대중의 관심에서 멀어졌다. 하지만 그녀는 정치인으로 돌아왔다. 1998년 국회의원이 됐고 4번이나 재선됐다. 2006년 선거유세를 할 때는 군중 속에 있던 전과자 한 명이 튀어나와 커터 칼로 그녀를 그었다. 텔레비전 화면에는 그녀가 조용히 오른쪽 뺨의 10cm 상처에서 흘러나오는 피를 지혈하는 모습이 드러났다. 최근 텔레비전 광고에 나타난 그녀의 흉터는 국가 치유와 희생의 메타포로 변했다. "그날 입은 상처는 … 저를 완전히 바꿔놓았습니다"라고 그녀는 말한다. "평생 국민들의 상처를 보듬으며 살아가겠다고 결심했습니다." (밑줄은 필자의 것)

박근혜 후보는 아버지가 암살된 후 세간의 관심으로부터 멀어졌으나 결국에는 정치인으로 돌아왔다. <u>박 후보</u>는 지난 1998년 국회의원에 당선되면서 정계에 입문했고 그 후 네 번이나 재선되었다. 2006년 선거 유세를 하고 있을 당시에는 전과자 한 명이 군중 속에서 튀어나와 <u>박 후보</u>에게 커터 칼을 휘둘렀다. 사건 당시의 TV 영상을 보면, <u>박 후보</u>가 오른쪽 뺨에 난 10cm 상처에서 나오는 피를 침착하게 지혈하고 있다. 최근의 TV 광고는 <u>그녀</u>의 흉터를 희생과 국가적 치유로 비유한다. <u>박 후보</u>는 "그날 가해진 상처는 … 저를 완전히 바꾸어 놓았습니다. 앞으로 국민의 상처를 보듬으며 살겠습니다."라고 말한다. (밑줄은 필자의 것)

밑줄 친 부분에서 확인할 수 있듯이 〈번역문 2〉는 〈번역문 1〉과 달리 "그녀"라는 3인칭 대명사를 거의 포함하지 않았다. 〈번역문 2〉의 경우 "<u>그녀</u>의 흉터"라는 부분을 빼고는 모두 "박[근혜] 후보"로 표현하고 있다(글의 첫 부분에서만 "박근혜 후보"로 표기). 반면, 〈번역문 1〉에서는 첫 문장에서만 "박 후보"를 사용할 뿐 나머지 부분에서는 "그녀"로 번역했다. 심지어는 "Television footage showed Park calmly trying to …"에 등장하는 "Park"도 "그녀"로 바꿨다. 〈번역문 1〉의 경우처럼 3인칭 대명사 '그', '그녀' 등을 과도하게 사용하면 글 전체가 어색하게 느껴진다.

인칭대명사와 관련하여 이희재(2009: 53-67), 이상원(2012) 등은 "그(녀)"와 같은 3인칭 대명사의 사용이 글(번역)을 부자연스럽게 만들 수 있다고 주장하면서, 3인칭 대명사를 의식적으로 수정하여 번역할 것을 주문한다. 이러한 주장에 대해 필자 역시 공감하는 바가 크다. 앞서 언급하였듯이 영한번역에서는 인칭대명사를 직접적으로 표현하지 않아도 자연스러울 때가 많고, 인칭대명사를 지나치게 많이 사용하면 글을 이해하기도 어려워지기 때문이다. 특히 3인칭을 표현해야 할 때는 영어에서처럼 대명사를 반복 사용하는 것이 아니라 명사구와 같은 어휘적 요소(lexical items)를 반복 사용함으로써 표층 결속성을 이끌어내야 한다. 그렇기 때문에 '박근혜 후보'를 '그녀'로 계속 지칭할 것이 아니라 '박후보'로 반복 표현하는 것이 보다 자연스럽다. 기억해두자! 우리말에서는 대개의 경우 어휘 요소를 반복 사용함으로써 인칭 개념을 표현한다.

필자는 3인칭 대명사 she와 관련하여 초등학생과 대학생 집단 내에서 대명사 '그녀'('she'의 번역어)가 얼마나 자연스럽게 수용(受容)되고 있는지를 비교한 바 있다(이상빈

2013a). 이 연구에 따르면 두 집단 모두 '그녀'를 자연스럽게 받아들이고 있었으며 초등학생 집단이 대학생 집단보다 '그녀'를 훨씬 더 적극적으로 사용하고 있었다.

따라서 학부번역전공자가 "그녀"를 자주 사용하는 것은 애초에 '그녀'를 적극적으로 받아들인 결과일지도 모른다. 즉, 필자와 학생 간에 세대 차이가 있다는 뜻이다. 게다가 언어라는 것이 사회발전, 문화교류, 외국어 수용 등에 따라 끊임없이 변하기 때문에 어쩌면 수십 년 뒤에는 '그녀'라는 대명사가 지금보다 훨씬 더 자연스럽게 사용되고 있을지도 모른다. 하지만 이 책을 읽는 독자라면 '그녀'나 '그'와 같은 인칭대명사가 적어도 현 시점에서는 제한적으로 사용되고 있음을 기억해야 한다. 다시 한번 강조하지만 원문의 대명사를 맹목적으로 번역해서는 안 된다.

일부 페미니스트는 '그남(그男)'이라는 인칭대명사를 사용한다. 그남은 삼인칭 대명사 사용 관습 (남자를 지칭할 때 기본형 '그'를 사용하고 여자를 지칭할 때는 "그녀(그女)"를 사용하는 관습)에 저항하기 위해 만든 단어이다. 페미니즘이 강력한 사회 이데올로기로 부상하면서 일부 번역서에 서도 '그남'을 확인할 수 있다.

원문:

One walk down the street by a male transvestite, five minutes of his being hassled (which *he* may enjoy), and then he dares, he *dares* to think he understands our pain? No, in our mothers' names and in our own, we must not call him sister. (Morgan 1978: 180, Jeffreys 2014: 37에서 인용, 강조는 원저자의 것임)

번역문:

길거리를 한 번 걸어보다 고작 5분 치근덕거림을 당한 여장 남자가, 어떻게, 어떻게 **감히** 우리 고통을 이해한다고 할 수 있죠? (**그남**은 그 치근덕거림을 즐겼을지도 모르는 일입니다.) 안 됩니다. 우리 어머니의 이름과 우리 자신의 이름을 걸고서 우리는 그남을 자매라고 불러서는 안 됩니다. (유혜담 2019: 110, 강조는 역자의 것임)

이 번역서에서 삼인칭 여성대명사 '그녀'는 사용되지 않았다. 역자는 여성을 지칭할 때만 "그"를 사용하였으며, 삼인칭 남성을 지칭하고자 할 때는 이름(고유명사)을 반복해 쓰거나 대명사 사용 을 의도적으로 피했다.

문법적으로 '그'는 여성도 지칭할 수 있다(이상빈 2013a; 이상원 2012). 하지만 주로 남자를 가리킬 때 쓰기 때문에 '그남'과 관련된 페미니스트 담론이 논리적으로 이상한 것은 아니다. 《표준 국어대사전》은 대명사 "그"를 다음과 같이 정의한다.

말하는 이와 듣는 이가 아닌 사람을 가리키는 삼인칭 대명사. 앞에서 이미 이야기하였거나 듣 는 이가 생각하고 있는 사람을 가리킨다. 주로 남자를 가리킬 때 쓴다.

김경희 (2020) 주격 인칭대명사의 생략과 번역 —『프라자 호텔』의 프랑스어 번역을 중심으로. 통번역
    교육연구 18(4): 97-118.

김세정, 진실로 (2015) 2인칭 대명사 you와 호칭어 번역에 나타난 변환 현상. 통번역교육연구 13(1):
    1-30.

김영신 (2006) 영어연구논문의 인칭대명사 번역: 텍스트 언어학적 관점. 번역학연구 7(2): 53-67.

김한식, 강동희, 남슬기, 서승희, 석주희, 송신애, 최지수, 홍승빈 (2019) 인칭대명사 생략 문장의 A-B
    번역 양상: 소설 〈프라자호텔〉을 중심으로. 통역과 번역 21(3): 31-54.

박미정 (2018) 소설 속 '그녀'의 번역 가능성 고찰: 한강『채식주의자』의「나무 불꽃」한영 번역본을 중
    심으로. 번역학연구 19(3): 113-133.

박에이미, 조의연 (2018) 영상번역에서의 대명사 번역전략 고찰. 철학·사상·문화 28: 235-257.

우메무라 마유미 (2020) 히가시노 게이고(東野圭吾)『変身』번역에 나타난 인칭 직시 표현: Gutt의 접
    근법을 중심으로. 번역학연구 21(3): 93-122.

원은하, 김세정, 진실로 (2018) 공손성을 고려한 인칭대명사의 영한 번역 — '당신'을 중심으로. 통번역
    교육연구 16(1): 173-205.

이상빈 (2013) 대명사 '그녀'의 수용에 관한 독자반응 연구: 대학생과 초등학생 간의 비교 관점에서. 통
    번역학연구 17(4): 121-137.

이상원 (2012) 나는 왜 '그녀'를 꺼리는가. 통역과 번역 14(1): 193-211.

조신 (2022) 정치연설에 나타난 중국어 일·이인칭 대명사의 한국어 번역 연구. 언어와언어학 96: 55-
    74.

20

반복

글을 쓰다 보면 수사적 효과를 달성하기 위해 단어나 문장패턴을 반복하는 경우가 있다. 하지만 특별한 이유 없이, 단어나 문장패턴을 반복하면 글이 쉽게 지루해진다. 번역에서도 마찬가지다. 원문의 형태적 요소를 지나치게 반복하면 설령 오역이 없다 하더라도 글 전체를 해치기 쉽다. 아래 〈번역문〉은 지나친 반복으로 인해 좋은 평가를 받지 못했던 사례이다.

✓ **원문**

Another potential problem: Lee's relative lack of political experience. His only stint as a national policymaker—unless you count his four years as Seoul's mayor—was a single term as a junior member of Parliament back in the 1990s. Critics warn that as president, Lee will find it much harder to exercise the kind of CEO leadership he practiced at Hyundai and in city hall. "There's a big difference between governing a city and governing a country," argues Hahm, who says that Lee's distaste for the grubby give-and-take of day-to-day politics could prove crippling if he tries to rule by command.

Lee (2008. 2. 23.), Newsweek

또 다른 잠재적 문제점은 이 대통령의 상대적으로 부족한 정치 <u>경험</u>이다. 서울시장으로서 4년간 재임한 것을 제외하면, 국가 정책입안자로서 <u>경험</u>은 1990년대 소장 국회의원으로서 4년간의 제한적 <u>경험</u>이 전부다. 비판자들은 현대나 서울시에서 보여줬던 CEO의 지도력을 대통령이 되어서도 적용하는 것은 더 어렵다는 것을 알게 될 것이라고 경고한다. "한 도시를 통치하는 것과 한 국가를 통치하는 것에는 큰 차이가 있다"라고 <u>함 교수는 말한다</u>. 이 대통령은 정치에서 일상화된 비열한 주고받기를 혐오한다고 <u>함 교수는 말한다</u>. 또한 그러한 혐오 때문에 명령에 의존해 국가를 통치하려 한다면 심각한 장애에 봉착할 것이라고 <u>그는 말한다</u>.

위의 〈번역문〉은 한 가지 큰 문제점을 안고 있다. 밑줄 친 부분만을 보면 동일한 단어나 패턴이 같은 문장 내에서, 또는 연속된 문장 속에서, 반복적으로 사용되었음을 알 수 있다. 첫 번째 문장 말미에 있는 "경험"은 두 번째 문장 내에서도 두 번이나 사용되고 있다(이것만 생각하면 큰 문제는 아니다). 또한 문장의 마무리 표현 '~고 함 교수는 말한다' 역시 연속된 세 문장에서 거의 그대로 반복되고 있다. 그래서 이 〈번역문〉은 문장이 단조롭고 기계적으로 느껴진다.

원문의 어휘 반복(lexical repetition)을 번역에서도 재현해야 하는 때가 있다. 아래 사례는 판소리 「심청가」와 마샬 필(Pihl 1994)의 번역에서 발췌한 것이다.

어서 어서 자라거라
And grow, grow quickly

만세 만세 무량 하옵소서
Live a long, long, healthy life

부디 부디 신전 하여라
Please, please be my messenger!

무변낙목소소하[無邊落木蕭蕭下] 부진장강곤곤래[不盡長江滾滾來]

Leaves drop boundlessly—falling, falling;

River runs endlessly—flowing, flowing

각 사례에서 역자가 같은 단어를 두 번 사용한 이유는 의미를 명확하게 전달하기 위해서가 아니라 어휘 반복을 통해 리듬감을 만들기 위함이다. 만일 원문과 완전히 똑같은 의미를 만들어야 했다면 "어서 어서 자라거라"의 번역은 Grow, grow quickly가 아닌, Grow quickly, quickly여야 했다.

본연적으로 판소리는 읽기 위한 텍스트가 아니라 부르기 위한 텍스트이다. 노래에서 반복되는 요소는 이국화(foreignization) 전략을 통해 그대로 번역할 때가 많다. 번역학 도서『Translating for Singing』을 보면 다음과 같은 언급이 있다.

[R]epetitions in the translation should exactly reproduce repetitions in the original. The reasoning behind this is that, just as musical repetitions are part of the music, so are verbal repetitions. However, exact repetition may be impossible. (Apter and Herman 2016: 44)

요즘 노래도 마찬가지다. BTS의 '대취타'를 생각해보자. 팬 번역을 보면 어휘 요소의 반복이 어떻게 재현됐는지를 확인할 수 있다.

(1) 꺾인 적이 없는 매출출출출출출출
- 번역 1(doolset lyrics): The revenue, nue, nue, nue, nue, nue, nue, that has never gone down ("출"과 "nue"가 6회 사용됨)
- 번역 2(Denise): They've never gone down, the sales - ales - ales - ales - ales - ales - ales
- 번역 3(Marypop): Revenues keep going up-up-up-up-up-up and up

(2) 우리 방시혁 피디는 매일 춤춤춤춤춤춤춤
- 번역 1: Our Bang Sihyuk PD dance, ce, ce, ce, ce, ce, ce, every day ("춤"과 "ce" 6회

사용됨)

- 번역 2: Our Bang Shi Hyuk PD, everyday, dance – dance – dance – dance – dance – dance - dance

- 번역 3: Everyday, Bang PD keeps dancing on-on-on-on-on-on and on

21

문장부호(1)

번역을 평가할 때 자주 대두하는 문제 가운데 하나가 바로 문장부호이다. 그 이유는 문장부호가 번역학이나 번역교육 내에서 차지하는 위상이 낮고 영어와 한국어의 문장부호가 용법, 종류, 기능 등의 측면에서 적지 않은 차이가 있기 때문이다. 최근 들어서는 영어의 문장부호가 무비판적으로 수용되면서 우리말 문장부호의 용법이 흔들리고 있다. 문장부호의 번역 방법을 논하기 위해서는 영어의 문장부호와 한국어 문장부호를 하나하나 살펴봐야 하겠지만 여기에서는 몇 가지 번역 사례를 통해 학생들이 자주 범하는 문장부호의 오류만을 간략히 살펴보겠다. 먼저 아래 〈원문〉을 번역해보자.

✓ 원문

It's a chilly November evening in the South Korean city of Kwangju, and a mostly middle-aged group — the men in baseball caps, the women with perms — are at the train station awaiting their idol: 60-year-old presidential contender Park Geun-hye. Suddenly, the unmistakable riff of "Gangnam Style" throbs through the twilight.

Rauhala (2012. 12. 17.), Time

〈원문〉에서 우리가 중점적으로 살펴볼 부분은 대시, 콜론, 큰따옴표이다. 먼저 대시 부분을 살펴보면, 대시 사이의 "the men in baseball caps, the women with perms"가 "a mostly middle-aged group"을 보다 구체적으로 묘사하고 있음을 알 수 있다. 여기서 대시는 저자의 인지적 흐름에 갑작스런 변화가 있음을 드러내면서 문장(문법) 구조의 급격한 변화를 이끌어낸다. 한편, 콜론은 "their idol"의 동격에 해당하는 "60-year-old presidential contender Park Geun-hye" 부분을 예측 가능하도록 만들고, "idol"이라는 특정 단어를 구체화하고 있다. 마지막으로, "Gangnam Style"에 사용된 큰따옴표는 노래 제목을 그대로 인용하고 있음을 표시한다.

그렇다면 학생들은 〈원문〉의 문장부호를 어떻게 처리했을까? 아래 예문 세 개를 통해 살펴보자.

✓ 번역문

번역문 1: 추운 11월의 어느 저녁 광주에서 대부분 중년층인 야구 모자를 쓴 남성들과 파마를 한 여성들이 기차역에서 자신의 우상(idol)을 기다리고 있었다: 60살 대통령 도전자 박근혜. 갑자기 "강남스타일"이 황혼을 뚫고 울려 퍼졌다.

번역문 2: 추운 11월의 밤, 대한민국의 도시 중 하나인 광주의 기차역에서, 대부분이 중년층인 ─ 남자들은 야구모자를 썼고, 여자들은 파마를 했다 ─ 사람들이 그들의 아이돌인 60세의 대통령 후보 박근혜를 기다리고 있었다. 갑자기, 이제는 너무나 익숙해진 "강남스타일"이 땅거미가 지는 가운데 울려 퍼졌다.

번역문 3: 11월의 어느 쌀쌀한 저녁, 광주의 기차역에는 중년의 사람들이 모여 자신이 지지하는 박근혜 후보(60)를 기다리고 있다. 이때 갑자기 '강남 스타일'의 후렴구가 어둑해지는 사방에 울려 퍼진다.

위의 세 번역문은 문장부호를 사용함에 있어 각기 다른 특징을 보인다. 먼저 〈번역문 1〉을 살펴보면 콜론(쌍점)의 사용이 매우 어색함을 알 수 있다. 마치 한국어 문법 체계를 모르는 번역 기계가 〈원문〉의 구조를 그대로 옮긴 것 같다. 〈번역문 1〉은 〈원문〉의 대시를 삭제하고 대시의 동격을 문장부호 없이 표현했다. 〈번역문 2〉의 경우 〈번역

문 1〉과는 반대로 대시(줄표)를 영어 그대로 사용한 반면, 쌍점 없이 동격의 의미를 풀어썼다. 하지만 〈번역문 2〉의 대시를 자세히 관찰하면 두 줄의 길이가 다름을 확인할 수 있는데, 이는 워드 프로그램을 사용하면서 발생한 부주의의 결과로 판단된다(영어의 하이픈[hyphen], 엠 대시[em-dash], 엔 대시[en-dash]의 용법 차이를 구분하고 있는지 자문해보자). 마지막으로 〈번역문 3〉에서는 대시와 쌍점을 모두 삭제하고 문장을 압축하여 번역했다. 이는 대시 안의 정보 "the men in baseball caps, the women with perms"를 불필요한 것으로 판단한 결과 같다(실제 번역 상황에서도 편집자가 삭제할 수 있는 부분이다). 콜론을 사용하여 동격을 표현한 부분은 "자신이 지지하는 박근혜 후보(60)"로 번역하였다. 한편, 원문의 "Gangnam Style"에 사용된 큰따옴표는 작은따옴표로 바꿔 처리했다. 그림이나 노래와 같은 예술 작품의 제목은 한국어 문법상 작은따옴표로 처리할 수 있다.

 참고: 대시와 하이픈

- 엠 대시(em-dash): 흐름에서 잠시 이탈할 때나 언급한 내용을 확장해 설명할 때 사용한다. 엠 대시 앞과 뒤에서는 일반적으로 띄어 쓰지 않는다. (예: He explained the strategy—a strategy that could bring peace to the region.) 다만, 영국 용법에서는 엠 대시보다 엔 대시(단, 앞뒤로 한 칸씩 띄어쓰기)를 선호한다고 한다.
- 엔 대시(en-dash): 하이픈보다 길고 엠 대시보다 짧다. "Seoul-London flight", "pp. 56-58"에서처럼 동등한 위계를 갖는 두 단어(특히 숫자) 사이에 주로 쓰인다.
- 하이픈(hyphen): 합성어(compound word) 등에서 두 개 이상의 단어, 접사 등을 하나로 묶어준다. (예: on a step-by-step basis)

문장부호와 관련된 또 다른 번역 사례를 살펴보자.

A behemoth dragon-shaped shopping mall in the desert near Dubai has become a symbol of the deepening links between East Asia and the Middle East. Dragon Mart — 3,950 wholesale and retail shops, stretching 1.2 km, or about three-quarters of a mile, in a sinuous strip alongside a desert highway — is China's trade outpost in the Gulf, selling everything from marble tiles and artificial hair extensions to dried fish and Mickey Mouse telephones.

Fuchs (2011), Reuters

〈원문〉은 두 문장으로 구성되어 있다. 여기서 대시가 제공하는 정보, 즉 "3,950 wholesale and retail shops ... alongside a desert highway"는 Dragon Mart와 동격이면서 Dragon Mart에 관한 구체적인 부가 정보를 제공하고 있다. 전체 문장이 길기 때문에 대시 사이의 정보를 문장 내에서 어떻게 처리할지가 관건이다. 여러분은 어떻게 번역하였는가? 아래 번역문 세 개를 살펴보자.

두바이 근처 사막에 거대한 드래곤 형상을 한 쇼핑몰이 동아시아와 중앙아시아 사이에 강한 연결고리의 상징이 되고 있다. <u>드래곤 마트(3,950개의 도매업소와 소매업소를 갖고 있으며, 1.2km 크기, 혹은 약 4분의 3마일의 크기라고 할 수 있으며, 구불구불하고 좁고 긴 땅에 사막 고속도로와 나란히 위치해있다.)</u>는 걸프에 있는 중국의 교환 전진 기지이며, 대리석 타일과 가발부터 시작해서 말린 생선과 미키마우스 전화기까지 모든 것을 판매한다.

〈번역문 1〉에서는 문장부호의 기능적 등가를 달성하기 위해 대시 부분을 괄호로 변경하여 처리했다. 기능적 등가라는 측면에서만 보면 나쁘지 않은 선택이다. 하지만 이렇게 번역할 때는 괄호 안의 글이 표현 및 형태 측면에서 자연스러운지, 나아가 괄호 안의 글이 주변 텍스트와 제대로 결속되고 있는지도 따져봐야 한다.

 번역문 2

두바이 근처에 위치한 거대한 용 모양의 쇼핑몰은 동아시아와 중동의 깊어진 관계를 보여주는 상징이다. '드래곤 마트'는 3,950개의 도·소매점이 입점해있고, 두바이 사막 고속도로 옆으로 1.2km(약 75마일)가량 뻗어있다. '드래곤 마트'는 페르시아만에 있는 중국의 무역 전초기지로, 대리석, 인공 붙임머리, 건어물, '미키마우스' 캐릭터 전화까지 없는 게 없다.

〈번역문 2〉는 문장부호와 관련된 또 다른 교훈을 준다. 이 학생은 작은따옴표를 사용하여 Dragon Mart가 고유명사임을 나타냈다. 문제는 두 번째 드래곤 마트에서도 작은따옴표를 반복 사용했다는 점이다. 고유명사 미키마우스에서도 작은따옴표를 사용하는 것으로 보아, 이 학생은 따옴표에 대한 의식이 부족하거나 지나친 것 같다.

 번역문 3

두바이에서 멀지 않은 사막에는 용 모양을 한 거대한 쇼핑몰이 자리 잡고 있다. 동아시아와 중동의 상징으로 그 입지를 다져가고 있는 드래곤 마트(Dragon Mart)가 바로 그것이다. 3,950여 개의 도매상과 소매상이 모여 있으며 그 길이만 해도 1.2km에 달하는 드래곤 마트는 사막의 고속도로를 따라 구불구불하게 뻗어있다. 중국의 전초기지나 다름없는 이 거대한 시장은 대리석 타일과 가발에서부터 말린 생선과 미키 마우스 전화기까지 다양한 상품으로 가득하다.

〈번역문 3〉은 〈원문〉의 형태와 논리적 구조를 변경하면서 기사의 스토리를 새로운 방식으로 전달하고 있다. 특히 대시가 담고 있는 정보를 독립 문장("3,950여 개의 도매상과 소매상이…… 뻗어있다")으로 표현했고, 그러한 정보를 마지막 문장에서 "이 거대한 시장"으로 요약함으로써 문장 간의 결속성을 높였다. 여러분은 〈번역문 3〉을 어떻게 평가했는가? 완벽하다고 볼 수는 없겠지만 결속성 측면에서 우수한 번역에 해당한다.

마지막으로 예시 하나만 더 살펴보자. 아래 〈원문〉은 OECD 뇌물방지작업반

(OECD Working Group on Bribery)에서 발행한 연차 보고서의 첫 부분이다.

 원문

The OECD Convention on Combating Bribery of Foreign Public Officials in International Business Transactions is the keystone of the Organisation's anti-corruption efforts. It is (A)a legally binding international agreement; countries which join the Convention agree to establish a criminal offence of bribing a foreign public official in their national laws, and to implement effective policies to prevent, detect, investigate and sanction foreign bribery. The OECD Anti-Bribery Convention is the first international anti-corruption instrument focused on (B)the "supply side" of the bribery transaction — the person or entity who offers, promises or gives a bribe.

OECD Working Group on Bribery (2008)

(A)의 세미콜론은 보충 또는 부연 설명을 제공하고 있다. 즉, 세미콜론 앞부분에서는 'OECD 반부패협약은 법적구속력을 갖는 국제조약이다'라는 일반적 내용을 기술했고, 세미콜론 후부터는 (A)의 내용을 구체적으로 설명하고 있다. 김도훈(2011)에 따르면 위의 세미콜론은 "긴밀성의 표시"에 가깝다. 즉, "대등하고 긴밀하며 연관성을 맺고 있는 복수의 절이나 구를 단순히 연결할 때"(p. 109) 사용되는 용법이다. 한편, (B)의 큰따옴표는 OECD 등에서 "supply side"라는 용어가 그대로 사용되고 있음을 암시한다. 실제로 〈원문〉을 담고 있는 전체 보고서도 뇌물과 부패를 경제적 개념으로 규정하면서 "supply side"를 자주 언급하고 있다. 따라서 〈원문〉이 보고서의 첫 부분임을 감안하면 "supply side"를 제대로 번역해야 한다. 한편 (B)의 대시는 "supply side"의 동격(the person or entity who offers, promises or gives a bribe)을 이끌고 있으며, 동시에 "supply side"의 내용을 보충 설명하고 있다.

번역문

국제상거래상외국공무원뇌물제공방지협정은 OECD가 추진하는 반부패 노력의 핵심이다. 이 협정은 법적 구속력이 있는 (a)국제협약으로, 여기에 참여하는 국가는 외국 공무원 뇌물 제공에 대해 형사 범죄를 인정하는 국내법 확립과 외국 뇌물 문제 방지, 적발, 수사, 처벌 등과 관련된, 효력 있는 정책 시행에 동의해야 한다. OECD 뇌물방지협약은 뇌물 거래의 (b)"공급자 측면"(supply side), 즉 뇌물을 제공하거나 약속한 사람 또는 그러한 단체에 초점을 맞춘 세계 최초의 반부패 국제협약이다.

이 학생의 〈번역문〉은 〈원문〉의 문장부호에 얽매이지 않고 문장부호의 '의미'를 파악한 뒤 문장부호를 한국어 용법에 맞게 번역했다. (a)에서는 세미콜론 대신 반점을 사용하여 문장의 두 부분을 연결했고, (b)에서는 인용임을 보여주기 위해 큰따옴표를 그대로 사용한 후 영어를 병기했다. 또한 대시를 사용하지 않고 "[반점+] 즉"이라는 연결어를 만들어 동격의 의미를 구현했다.

문장부호를 번역할 때 다음 원칙을 기억하면 유용하다.

❶ 문장부호를 번역하기 전에 해당 문맥에서 문장부호의 기능(의미)을 파악하라.
❷ 문장부호의 종류나 문법구조를 맹목적으로 따르지 말라.
  - 번역과정에서 문장부호의 종류가 달라질 수 있다. 가령, 대시를 괄호로 처리하거나 이탤릭체를 겹낫표로 표현할 수 있다.
  - 문장부호를 문장부호로 번역할 필요는 없다. 예컨대 "즉, ~"과 같은 어휘·문법구조를 사용하여 문장부호를 번역할 수 있다.
  - 원문의 문장부호를 단순히 삭제할 수도 있다.
❸ 원문에 없던 문장부호를 새로 만들 수 있다.
❹ 텍스트 유형에 따라 문장부호의 선호도나 중요도가 달라진다. 예를 들어 법률 번역에서는 시각적 등가를 위해 다소의 어색함을 감수하더라도 원문의 문장부호를 그대로 쓸 수 있다.

위에서 살펴본 것처럼 문장부호를 번역할 때는 신중을 기해야 한다. 문장부호의 번역 방법을 좀 더 구체적으로 공부하고 싶은 독자는 김도훈(2011, 참고문헌)을 참고하라.

 참고: 한국어의 줄표(―)와 붙임표(-)

• 줄표: 일반적으로 부제의 앞뒤에 쓴다.
  예) 「케빈 오록의 시조 번역의 구조적 특징 ― 윤선도의 <어부사시사>를 기반으로 ―」 (단, 「케빈 오록의 시조 번역의 구조적 특징 ― 윤선도의 <어부사시사>를 기반으로」처럼 뒤의 줄표는 생략할 수 있다.)
  ※ 홑낫표(「 」), 홑화살괄호(< >), 작은따옴표는 소제목, (예술) 작품의 제목 등에 쓰인다. 이 책에서는 의도적으로 혼용했다.
  예) 「판소리는 어떻게 번역할 수 있는가―마샬 필의 <심청가> 번역을 기반으로」 (편집상의 이유로 줄표의 앞뒤를 붙여 쓸 수 있다.)

• 붙임표: 이어지는 내용을 하나로 묶어 제시할 때 각 어구 사이에 사용한다. 엔 대시처럼 두 개 이상의 관련 어구를 묶을 때 사용한다.
  예) 그의 번역 스타일은 초기-중기-후기로 구분할 수 있다. (초기·중기·후기 또는 초기, 중기, 후기로도 적을 수 있다.)
  예) 원-달러 환율이 떨어지면서 일부 기업은 울상이다.

김도훈 (2011) 문장부호의 번역학: 영어 한국어 문장부호 비교와 영어 문장부호의 번역 전략. 서울: 한국문화사.

박미정 (2019) 한국의 쌍따옴표 저널리즘과 헤드라인 번역: 연합뉴스 연성화와 한일번역 분석을 중심으로. 번역학연구 20(3): 37-65.

이상빈 (2021) 마샬 필의 단편소설 번역에 나타난 문체적 특징과 한국문학 번역에의 교훈: 다른 번역본과의 비교를 통해. 번역학연구 22(2): 149-184.

이주은 (2019) 자막 양태로서의 문장부호 기능 — "수상한 그녀" 자막번역 사례를 중심으로. 통번역학연구 23(3): 149-170.

최경희 (2019) 직접인용부호 번역 교육 — 북미정상회담 뉴스 기사를 중심으로. 번역학연구 20(5): 217-244.

탁진영, 곽은주, 김동미 (2019) 인공지능의 문장 부호번역 패턴에 따른 번역 전략연구. 인문사회21 10(5): 1035-1048.

한현희 (2017) 한노 번역문에 나타난 학생들의 문장 부호 오류 유형 및 교육적 개선 방향. 통번역학연구 21(4): 201-238.

한현희 (2018) 한노 기계번역의 문장 부호 처리 양상 및 오류 개선을 위한 실용적 함의: 프리에디팅 규칙 수립과 효용성의 관점에서. 통번역학연구 22(3): 227-260.

22

문장부호(2)

본 장에서는 엠 대시, 이탤릭체, 작은따옴표를 심도 있게 살펴본다. 지금부터 소개할 사례는 전문 번역가의 실제 번역이며 주로 한국문학의 영어 번역과 관련 있다.

1. 엠 대시(em dash)

우리나라 영어 학습자들이 어려워하는 문장부호 중 하나다. 필자도 처음엔 어려워했지만, 일단 몇 가지 용법을 터득하고 나니 지금은 능동적으로 쓸 수 있을 만큼 편안해졌다. 여러분도 이번 기회에 핵심 용법만이라도 숙지한다면 글을 쓸 때나 번역할 때 큰 도움이 될 것이다. 아래 영어 문장들은 『Land of Exile: Contemporary Korean Fiction』에서 발췌한 마샬 필(Marshall Pihl) 교수의 번역이다(이상빈 2021a). 사례 (A)~(C)를 읽고 엠 대시의 용법을 설명해보자.

(A)
그래서 감골 학내 죽촌 마을의 그 어떤 사람이든 황서방 내외를 아끼고 감쌌다. (소설 '유형의 땅'에서)
Everyone in any of the surrounding villages—Kamgol, Hangnae, Chukch'on—all felt warmly protective of Old Hwang and his wife. (Pihl 1993d: 237)

(B)

시멘트 바닥에 무릎을 꿇고 앉은 그는 입술이 파랗게 질려 있었다. 하반신이 저려 오고 옆구리가 쑤신다. (소설 '꺼삐딴 리'에서)

He knelt on the concrete floor—lips blue, legs numb, sides aching. (Pihl 1993b: 73)

(C)

즈이 아버지는 웬일인지 반 억지 비슷하게 거저 곧장 나만 믿겠다고 (소설 '역마'에서)

"You know, her father said—almost forcefully, I thought—that I was the only one he trusted [...]" (Pihl 1993a: 21)

각 사례에서 엠 대시 용법을 간략하게 설명하면 다음과 같다.

(A) 앞의 내용을 확장하여 설명할 때(괄호의 용법과 비슷함): 여기서 엠 대시는 동격 관계(surrounding villages = Kamgol, Hangnae, Chukch'on)를 보여준다. 이 소설에서 마을 이름은 자주 나오지 않고 그렇게 중요하지도 않다. 따라서 역자는 이해하기 쉬운 정보를 내세우고 덜 중요한 정보를 엠 대시 쌍 사이에 넣었다.

(B) 핵심 내용을 확장하여 설명할 때: 엠 대시를 사용해 인물 "He"의 상태를 신체 부위별로 구체화하였다. 사례 (A)에서와 달리 엠 대시 이후의 내용을 생략하면 의미 누락이 상당히 커진다. 엠 대시를 괄호로 대신할 수도 없다.

(C) 생각의 단절 등을 표현할 때: 엠 대시 쌍 사이에 "almost forcefully, I thought"을 삽입하여 의미를 섬세하게 전달하였다.

엠 대시 용법 중에 좀 더 고급 용법을 살펴보자. 아래에서 확인할 수 있듯이 엠 대시는 발화가 강제로 중단된 상황을 묘사할 때도 사용된다.

원문('서울, 1964년 겨울')
나는…… 하고 우리는 동시에 말을 시작하기도 했다. 그럴 때는 번갈아서 서로 양보했다. 나는…… 이번에는 그가 말할 차례였다.

번역(Pihl 1993c: 89)
"I—" We both began to speak at the same time. And then each yielded to the other. "I, ah ..." This time it was his turn.

이 사례에서 첫 번째 "나는……"은 주인공 "나"와 대화 상대 "그"가 동시에 말한 부분이다. 여기서 줄임표는 '두 인물의 발화가 상대방에 의해 중단되었음'을 뜻한다. 따라서 이 경우 영어 번역에서는 엠 대시로 표현하는 것이 맞다. 반면, 원문의 두 번째 "나는……"은 (다른 사람의 방해나 간섭 없이) "그"만이 발화한 것이므로 엠 대시가 아닌 일립시스(ellipsis)로 번역해야 한다. 번역문에서 일립시스는 그의 머뭇거림을 보여주는데, 역자는 이러한 머뭇거림을 더욱 명확히 드러내기 위해 "ah"를 추가하였다. 매우 섬세한 번역이라고 평가할 수 있다.

끝으로, 큰따옴표 기능의 엠 대시를 살펴보자.

원문('오발탄')
— 송 선생은 안 나가세요? 이제 청소를 해야 할 테니 그만 나가 달라는 투의 사환애의 말에 ...

번역문(Pihl 1967: 16)
— Aren't you going, sir? The tone in the office boy's voice was saying.
How about leaving now so I can clean up.

「오발탄」은 1959년 발표된 이범선의 단편소설이다. 원문에서 볼 수 있듯이 예전에는 대화 등을 표시할 때도 큰따옴표 대신 줄표를 사용했다. 이 사례에서 특이한 점은 번역문에서도 줄표에 해당하는 엠 대시가 사용됐다는 것이다. 그래서 어떤 학생들은 역자가 원문을 맹목적으로 따라 했을 것으로 생각할 수 있다. 하지만 엠 대시에는 열린 큰따옴표와 마찬가지로 발화(대화)의 시작 시점을 표시하는 용법이 있다. 다만, 이러한 용법은 요즘 들어 자주 쓰이지 않는다. 실제로 마샬 필은 위 번역을 수정하여 1973년에 재출판했는데, 그 교정본에서는 엠 대시 대신 큰따옴표를 사용하였다.

2. 이탤릭체

엠 대시와 마찬가지로 이탤릭체도 원문에서 직접 도출할 수 있는 '기호'가 아니다. 하지만 엠 대시와 비교해보면 언제 사용해야 할지 좀 더 명확하다. 게다가 어렵지도 않아서 한 번만 기억해두면 언제든지 쉽게 적용할 수 있다. 아래 사례를 살펴보자.

(A) 「꺼삐딴 리」의 번역

It seems my way of managing the world works even with the Americans, thought Yi Inguk, M.D., in high spirits. (Pihl 1993b: 71)

(B) 「꺼삐딴 리」의 번역

He read his daughter's letter over again.
"Can love know any national boundaries?" (Pihl 1993b: 54)

(C) 「돼지꿈」의 번역

Kŭnho interrupted in a voice just high enough with liquor:
"Fuck! Now listen to *me—I've* got some money. (Fulton and Fulton 2007: 118)

(D) 「역마」의 번역

Okhwa, smiling brightly, offered him a bowl of *makkŏlli*. (Pihl 1993a: 22)

(E) 「돼지꿈」의 번역

And then without warning he broke into a boisterous song:
Olsshigusshigu, *here we go!* (Fulton and Fulton 2007: 119)

(A) 생각, 속마음 등을 표현할 때: 인물의 생각이나 감정은 이탤릭체로 표기한다. 이 사례처럼 한 문장 내에서도 생각과 감정은 시각적으로 달리 표현한다.

(B) 무언가를 읽을 때: 등장인물이 광고, 신문, 편지 등 무언가를 읽고 있다면 그 내용은 이탤릭체로 표현한다. 이 사례에서 주인공은 딸의 편지를 읽고 있다 (Lee 2019: 154).

(C) 강조할 때: 어떤 학생들은 특정 부분을 강조하고 싶을 때마다 이탤릭체를 사용하기도 한다. 하지만 강조 목적의 이탤릭체는 비교적 짧은 부분에서, 그것도 제한적으로 쓰인다. 이탤릭체를 자주 사용하면 강조 효과가 오히려 떨어진다. 이 사례에서 근호는 '(줄곧 돈이 없었지만) 이제는 돈이 생겼으니 (다른 사람에게만 관심을 보이지 말고) 내 말도 들어달라'고 호소한다. 역자는 이 같은 의미를 전달하기 위해 "me"와 "I (ha)ve"(현재완료 시제)를 이탤릭체로 처리하였다.

(D) 익숙하지 않은 외국어 어휘를 표기할 때: 외국어 어휘를 표기할 때도 이탤릭체를 사용한다. 다만, '외국어'라 할지라도 목표 독자에게 익숙한 어휘는 예외일 수 있다. 가령 kimchi는 영어권에서도 이탤릭체로 표현하지 않는 경우가 많다. 김치는 영어사전에 등재된 지 오래되었고 일반 외국인들도 그만큼 잘 아는 음식이기 때문이다. 하지만 '막걸리'는 김치만큼의 위상을 얻지 못했다. 2022년에도 '막걸리'는 이탤릭체를 사용해 번역한다.

(E) 노래 가사를 표현할 때: 기본적으로 노래 가사는 이탤릭체로 표현한다. 번역 독자에게 '얼씨구씨구 [들어간다]'는 외국어 표현이므로 이탤릭체로 표현해야 맞다. 그런데 이 사례에서는 외국어 표현이면서 동시에 가사이기 때문에 here we go(들어간다)와 달리 정체(正體, 로만체)로 쓰였다. 이탤릭체를 다시 이탤릭체로 표기하니 로만체가 된 것이다.

이탤릭체는 노래와 성격이 비슷한 시구(詩句)에도 적용된다. 시구 삽입이 많은 판소리 「심청가」와 그 영어 번역본을 간략히 살펴보자.

원문(판소리 '심청가'의 일부)
<u>고소성외 한산사의 야반종성</u>이 여긔로다

번역(Pihl 1994: 215)
The sound of the midnight bell
At Han-shan Temple by Ku-su Fort is here.

이상빈(2021b: 189)에 따르면 이 사례에서 이탤릭체는 판소리에 삽입된 시구를 명시적으로 표현하기 위해 사용되었다. 밑줄 친 부분은 당나라 시인 장계(張繼)의 풍교야박(楓橋夜泊)의 일부("고소성 밖 한산사에서 한밤중에 울리는 종소리 나그네 배에까지 들려온다.")이다. 문장 "The sound ... is here"는 의미상 다소 어색하다. 하지만 독자는 이탤릭체를 통해 시구가 삽입되었음을 인지할 수 있고 전체 문장을 의미론적으로만 접근하지 않게된다. 즉, 이탤릭체는 역자가 원문을 그대로 옮기도록 하면서 번역에 대한 독자의 수용도를 높이고 원문 메시지에 대한 부가 정보까지도 제공하는 셈이다.

 참고: Oxford English Dictionary에 등재된 K-단어

2021년 9월 현재 옥스퍼드 영어사전에는 다음과 같은 어휘가 있다.
aegyo, banchan, bulgogi, chimaek, daebak, dongchimi, fighting, galbi, hallyu, hanbok, japchae, K-, K-drama, kimbap, Konglish, Korean wave, manhwa, mukbang, noona, oppa, PC bang, samgyeopsal, skinship, tang soo do, trot, unni

이미 등재된 어휘 중에서 2021년 9월 개정·재등재된 어휘도 있다. 가령, '기생'은 kisaeng으로 등재되었다가 철자를 달리하여 재등재되었다.
gisaeng, Hangul, Juche, kimchi, Kono, Korean, K-pop, sijo, taekwondo, won, yangban

출처: https://public.oed.com/blog/daebak-a-k-update

3. 작은따옴표

영어에서 작은따옴표와 관련해 논하고 싶은 점은 아래 두 가지다.

❶ 작은따옴표와 큰따옴표가 붙는 경우: He said, "I haven't read 'The Murderer.'" 처럼 문장 끝에 마침표, 작은따옴표, 큰따옴표를 한꺼번에 써야 할 때가 있다. 이 경우 마침표는 닫는 작은따옴표 앞에 쓴다. 즉, "I haven't read 'The Murderer'."처럼 쓰지 않도록 주의하자. 어떤 폰트에서는 작은따옴표와 큰따옴표가 너무 붙기도 하는데, 이때는 두 따옴표 간격을 일부러 조정하기도 한다.

❷ 인용 속의 인용(quotes within quotes): 작은따옴표로 처리한다. 예를 들면 John told me, "Henry said, 'we don't deserve to win.'"에서 we don't deserve to win 은 원래 큰따옴표로 쓰였지만, 이 인용 부분이 큰따옴표 안으로 들어가면서 작은따옴표로 변경되었다. 이렇게 하면 두 인용 부분이 시각적으로 구분된다.

✓ 참고: 괄호 속의 괄호

똑같거나 비슷한 부호를 붙여 쓰면 시각적으로 구분이 어렵다. 그래서 괄호 속의 괄호도 따옴표의 경우처럼 위계를 달리하여 모양을 바꾼다. 예를 들면 다음과 같다.

(For details, see Lee's pioneering study [2000])
→ 일반적으로 본문에서는 Lee's pioneering study (2000)으로 썼을 것이다.

영국 영어나 법률문서에서는 괄호( ) 안에 괄호( )를 쓰기도 하지만, APA, CMS 등의 스타일 가이드는 소괄호( ) 안에 대괄호[ ]를 사용하라고 권한다. 원칙적으로 한국어는 영어와 반대다. 소괄호( ) 안에 다시 소괄호( )를 써야 한다면 영어에서처럼 안쪽 소괄호를 대괄호[ ]로 바꾸는 것이 아니라 바깥쪽 소괄호를 대괄호로 바꾼다. 가령, 다음과 같다.

이는 기호 번역의 사례로 볼 수 있다.[홍길순(2023), 77쪽 참조]

한국어 작은따옴표도 영어와 달라서 따로 정리할 필요가 있다. 일반적으로 큰따옴표는 문장을 직접 인용할 때 또는 책의 제목이나 신문 이름 등을 언급할 때 사용한다. 작은따옴표는 소제목, 노래와 같은 예술작품의 제목, 상호, 법률 규정 등을 나타낼 때, 그리고 마음속의 말을 드러낼 때 사용한다. 작은따옴표는 '강조'할 때도 제한적으로 사용할 수 있는데, 강조를 폭넓게 정의하면 다음 사례도 해당한다(Lee 2022).

원문(Norma 2015 : 65)
Japan's sex industry diversified in a wide range of business forms in the Taisho era, including into geisha venues, *kafes*, restaurants and drinking houses (*inshokuten*), traditional inns (*ryokan*) especially around hot springs resorts, and billiard and dance halls.

번역문(유혜담 2020 : 143-144)
다이쇼 시대 일본의 성착취 산업은 '게이샤' 업소, '카페' 업소, '요리점'('인쇼쿠텐飮食店') 업소, 온천 지역의 '여관'('료칸旅館') 업소, '당구장' 업소와 '댄스홀' 업소를 포함해 다양한 업종으로 다변화를 이룩했다.

이 사례에서 볼 수 있듯이 원문에는 따옴표가 없는데 번역문에는 살짝 부담스러울 정도로 작은따옴표가 많다(심지어 일본어 음차에도 작은따옴표가 있음). 이 번역에서 작은따옴표는 수식된 어휘가 다른 의미로 쓰였음을 암시하는 중요한 기호이다. 원문의 맥락상 카페, 요리점, 당구장 등은 우리가 흔히 알고 있는 곳이 아니라 여성의 성 착취 공간이기 때문이다. '위안부(慰安婦)' 관련 담론에서 '위안부'라는 용어는 작은따옴표와 함께 쓰이는데, 이때 작은따옴표는 피해자의 존엄성을 지키고 용어의 본연적 한계를 드러내기 위한 기호이다. 'いあんふ/ianfu'는 가해자의 관점에서 만들어진 나쁜 용어이다. 같은 논리로 '종군(從軍) 위안부'도 본래의 의도와 무관하게 피해자의 고통을 희석할 수 있는 용어이다. '위안부' 피해자들이 종군기자처럼 자발적으로 군대를 따라다닌 것은 아니기 때문이다.

끝으로, 문장 중간에 인용문을 포함할 때 마침표 사용 여부를 간단히 살펴보자. 2014년 국립국어원이 발행한 "문장부호 해설"에 따르면 문장 내에 삽입된 인용문에는 마침표를 찍지 않아도 된다. 예를 들면 다음 두 문장에서 (B)도 문법적으로 허용된다(국립국어원 2014: 6).

(A) 아버지는 "혼자 있어도 옆에 다른 사람이 있는 것처럼 행동해야 한다."라고 나에게 말씀하셨다. (원칙)

(B) 아버지는 "혼자 있어도 옆에 다른 사람이 있는 것처럼 행동해야 한다"라고 나에게 말씀하셨다. (허용)

작은따옴표도 마찬가지다. 심리나 생각을 표현할 때 다음과 같이 쓸 수 있다.

(A) '이번에는 꼭 이기고야 말겠어.' 호연이는 마음속으로 몇 번이나 그렇게 다짐하며 주먹을 불끈 쥐었다. (원칙)

(B) '이번에는 꼭 이기고야 말겠어' 호연이는 마음속으로 몇 번이나 그렇게 다짐하며 주먹을 불끈 쥐었다. (허용)

23

의미 차이를 세심하게
따지고 구분하자

아래 〈원문〉은 OECD 뇌물방지작업반(Working Group on Bribery)의 연차보고서의 일부이다. 이 보고서는 OECD 반부패 협약의 구체적인 내용을 다루고 있어 내용의 상당 부분이 협약문의 성격을 띠고 있다. 아래 〈원문〉 역시 그러한 부분에 해당한다.

 원문

The OECD Anti-Bribery Convention is the first international anti-corruption instrument focused on the "supply side" of the bribery transaction — the person or entity who offers, promises or gives a bribe.

OECD Working Group on Bribery (2008)

학생들은 위의 〈원문〉을 포함한, 보고서 한 장 분량의 발췌문을 번역했다. 번역 가운데 대표적인 사례 세 개를 제시하면 다음과 같다.

부정부패 척결을 위한 OECD의 협약은 <u>뇌물을 주거나 주기로 약속한 개인 또는 단체</u>, 다시 말해 뇌물 공여 측면에 초점을 맞춘 최초의 국제 협약이다.

〈번역문 1〉에서는 "entity"를 "단체"로 번역했고, "offers, promises or gives"를 '주거나 주기로 약속하다'로 번역했다. 이 때, "entity"와 "단체"가 등가 관계에 있는지는 생각해봐야 할 문제이며, "offer"와 "give"가 동일한 의미를 갖는지도 의문이다.

〈원문〉에서 명사 entity는 "something that exists as a single and complete unit"을 뜻하며, 'organization(단체)'보다 의미 영역이 넓은 것으로 추정된다. 또한 동사 offer는 "to ask someone if they would like to have something, or to hold something out to them so that they can take it"(Longman Dictionary of Contemporary English Online)이라는 뜻이며, 'give'와는 다른 의미를 갖는다. 이처럼 단어의 의미 영역을 파악하는 것은 원문의 의미를 정확히 이해하는 데 있어 매우 중요하며, 본 사례의 경우에는 협약의 구체적인 내용을 파악하는 데 있어 결정적이다. 협약에 따르면 실제로 뇌물을 공여하지 않았더라도 뇌물공여를 제안·약속한 사람은 처벌받을 수 있으며 뇌물공여자는 단순히 사람에만 국한되는 것이 아니라 여러 개인, 단체 등으로 정의된다.

OECD 반부패 협약은 <u>뇌물을 제공하거나 뇌물을 주기로 약속한 사람들을 포함하여</u> 뇌물수수의 공급 측면에 초점을 둔 최초의 부패 방지 국제협약이다.

〈번역문 2〉에서는 "person"과 "entity"를 구분하지 않고(또는 "entity"를 신경 쓰지 않고) '~ 사람들'로 번역했다. 또한 "offer"와 "give"의 의미 차이도 고려하지 않아 협약의 내용을 상당 부분 누락하였다.

OECD 반부패 협약은 뇌물거래의 "공급자"(supply side), 즉 뇌물 제공의 의사를 표시하거나 뇌물을 약속·공여한 개인 또는 단체 등에 초점을 맞춘 세계 최초의 반부패 협약이다.

〈번역문 3〉은 앞서 살펴본 두 번역과 달리 "person" vs "entity", "offer" vs "give"의 의미 차이를 세심하게 반영하였다. 구체적으로 말하자면 "entity"를 "단체"로 번역한 후 "entity"와 "단체"의 의미 차이를 보완하기 위해 '~ 등'을 추가했다. 또한 "offer"를 '[제공할] 의사를 표시하다'로 번역하고, "give"를 '[뇌물 제공 의사를 표시한 후 실제로] 공여하다'로 번역하면서 offer와 give를 구분하였다. 인터넷을 통해 정부의 관련 문서를 검색해보면, 현재 논의 중인 사항들이 어떻게 구분되고 있는지 확인할 수 있다. 가령, 국민권익위원회 2009년 12월 8일 보도자료는 "우리나라는 동 협약을 비준하며 국제상거래 시 부정한 이익을 얻을 목적으로 뇌물을 제공할 의사를 표시하거나 약속·공여한 경우……"(강조는 필자의 것) 등의 표현을 사용하고 있다. 참고로 말하자면 '(any) person or entity'는 'terms and conditions'의 경우처럼 관련 의미영역을 완벽하게 포함하기 위해 사용하며, 그 법적 의미는 아래 인용문에서 유추할 수 있다.

For the BE-13, "entity" is synonymous with "person," as that term is used in the broad legal sense. Both terms are defined as: any individual, branch, partnership, associated group, association, estate, trust, corporation, or other organization (whether or not organized under the laws of any State), and any government (including a foreign government, the United States Government, a state or local government, and any agency, corporation, financial institution, or other entity or instrumentality thereof, including a government-sponsored agency). (Bureau of Economic Analysis 2015)

24

나열하기(ordering) : 순서와 통일성을 고려하자

몇 년 전 필자는 한 지인으로부터 IT 번역을 의뢰받고 번역가 한 명을 소개해 준 적이 있다. 그런데 이 번역가의 번역에서 몇 가지 사소한 문제가 확인됐다. 그 중에서 필자가 전해 들은 클레임은 '원문에서 제시된 부품의 나열 순서가 번역에서 달라졌다.'는 것이었다. 간략히 말해 영어의 A → B → C → D 등의 순서가 한국어에서는 (a, b, c, d가 아니라) d → c → b → a로 나열됐다는 것이다. 결국 그 번역가는 번역 전체를 재검해야 했고, 다른 번역 업무도 놓치고 말았다. 사소한(?) 실수가 일 전체를 그르친 셈이다.

아래 〈원문〉을 읽고 학생의 〈번역문〉과 비교해보자.

> ✓ **원문**
>
> The recent threats by North Korea underscored the logic and necessity of greater trilateral cooperation among the United States, Japan, and South Korea. [...] Meanwhile, problems in Japan-Republic of Korea relations linger – a situation that detracts from collective ability to contend with key challenges, particularly the threat from North Korea.
>
> Revere (2013)

북한의 최근 위협은 <u>미국-일본-한국의 협력관계</u>가 더욱더 강화되어야 함을 여실히 보여준다. …… 또한 <u>일본과 대한민국의 관계</u>도 여전히 해결되지 않고 있다. 현재 양국은 북한의 위협과 같은 중요 사안에 대해 공동으로 대응할 수 있는 여력이 부족하다.

위의 〈번역문〉에서 "미국-일본-한국의 협력관계"는 '한미일 3자 협력'으로 번역할 수 있고 "일본과 대한민국의 관계"는 '한일관계'로 번역할 수 있다. '한미일 협력', '한일관계' 등의 표현이 길이도 짧고 자연스럽기 때문이다. 또한 〈원문〉의 나열순서를 그대로 따라야 할 논리적 동기도 없다(〈원문〉만으로는 설명하기 어렵다). 추측건대 이 학생은 "Republic of Korea"라는 어구 때문에 '한국'이 아닌 "대한민국"을 선택했고, 그로 인해 '한일관계' 대신 "일본과 대한민국의 관계"로 표현한 것 같다.

한 가지 흥미로운 사실은 기계번역에서도 위와 같은 순서의 문제를 확인할 수 있다는 점이다. 예컨대 "the United States-Republic of Korea (ROK) military alliance"를 Papago, Google Translate, Microsoft Bing 등에 입력해보면 "한미 군사 동맹", "한미 동맹", "한미 합중국 군사동맹"(2022년 6월 18일 기준) 등으로 출력된다. 이처럼 일부 번역기계도 경우에 따라 순서를 '고려한'(?) 번역을 생산한다.

지금까지 언급했던 순서의 문제는 선호도, 가치, 우선순위, 정서적 거리 등과 관련 있다. '한미일'에서 한국은 우리 자신이기 때문에 가장 먼저 언급한 것이고 그 다음부터는 정서적으로 가까운 국가를 순서대로 나열한 것이다. '한미일', '한중일', '미중일' 등은 이미 관습처럼 굳어버렸다. 따라서 '한일미'(무슨 쌀 이름인가?)라고 말하면 외국인으로 취급받을 수 있다.

순서와 관련된 다른 문제를 살펴보자. 아래 〈원문〉은 OECD 뇌물방지작업반(Working Group on Bribery)의 2008년 연차보고서에서 발췌한 것이다. 세 명의 학생이 〈원문〉의 밑줄 친 부분을 어떻게 번역했는지 비교해보자.

The OECD Convention on Combating Bribery of Foreign Public Officials in International Business Transactions ... is a legally binding international agreement; countries which join the Convention agree to establish a criminal offence of bribing a foreign public official in their national laws, and to implement effective policies <u>to prevent, detect, investigate and sanction</u> foreign bribery.

OECD Working Group on Bribery (2008)

밑줄 친 동사 네 개는 그 개념상 순서대로 나열되어야 한다. 뇌물죄는 애당초 발생하지 않아야 하며 그러한 점에서 '예방/방지'(prevent)는 가장 먼저 취해야 할 조치이다. 하지만 뇌물죄를 사전에 막지 못했다면 뇌물수수를 '적발'(detect)하는 것이 그다음으로 중요하며 뇌물수수를 적발했다면 해당 사건을 '수사'(investigate)해야 하고 수사 후에는 책임자를 '처벌'(sanction)해야 한다. 이러한 논리를 주지하고 밑줄 친 부분에 주목하여 〈번역문 1〉 ~ 〈번역문 3〉을 비교해보자.

✓ 번역문

번역문 1: …… 외국인 <u>뇌물 수수를 막고, 감시, 조사, 법적 제재를 두기 위한</u> 효과적인 정책을 이행하는 것에 동의했다.

번역문 2: …… <u>이[외국인 뇌물 수수]를 근절시키며 조사를 거듭함과 동시에 제재를 가할 수 있는</u> 정책을 시행하는 것이다.

번역문 3: …… 외국 공무원의 뇌물 수수의 <u>예방·조사·탐지·제재</u>를 위한 효율적인 정책을 시행하는 것에 동의했다.

위의 번역문 세 개를 하나씩 살펴보자. 〈번역문 1〉은 〈원문〉의 "prevent", "detect", "investigate", "sanction"을 순서대로 반영하고 있다. 그런데 "prevent"는 '막다'로 표현한 반면, 나머지 동사 세 개는 '~를 두다'로 묶어 표현함으로써 표현적인 측면에서 통일성이 떨어지고 호응도 이루어지지 않았다('감시를 두다', '조사를 두다'는 연어[collocation]가 아니다). 〈번역문 2〉에서는 등가 측면에서 심각한 오류를 범했다. 이 학생은 '뇌물 수수를 근절하다'라는 의미를 추가한 대신 "prevent", "detect"의 의미를 누락하였다. 〈번역문 3〉에서는 두 글자의 명사와 가운뎃점(·)을 활용하여 리듬감을 만들었고 일관성도 유지했다는 점에서 외관상으로는 훌륭하다. 하지만 "조사"와 "탐지"의 순서가 뒤바뀌어 있고 "[뇌물 수수의] 탐지"라는 단어 사용이 어색해 보인다.

 참고: 가운뎃점

원문에는 없더라도 가운뎃점을 활용하면 번역이 매끄러워 보일 때가 많다. 국립국어원에 따르면 가운뎃점은 일반적으로 다음 세 가지 경우에 사용된다.
① 일정한 기준으로 여러 개를 나열할 때(예: "민수·영희, 선미·준호가 서로 짝이 되어 윷놀이를 하였다.")
② 짝을 이루는 어구들 사이에서(예: "하천 수질의 조사·분석") → 위의 〈번역문 3〉의 경우에 해당한다.
③ 공통 성분을 줄여서 하나의 어구로 묶을 때(예: "상·중·하위권")
－ 국립국어원 홈페이지 한글 맞춤법 부록 5. 가운뎃점(·) 참고

25

수식어구의 위치

번역을 기계적으로 하다 보면 수식을 하는 부분과 수식을 받는 부분이 위치상으로 너무 떨어지는 경우도 발생한다. 이런 때에는 문장의 의미가 완전히 달라지거나 문장 자체가 부자연스럽게 느껴질 수 있다. 다음 번역 사례를 살펴보자.

> ✔ **원문**
>
> In a country where 48 percent of those in their 20s and 30s voice anti-American sentiment (according to a Seoul National University poll), Lee's pro-Washington stance and his hawkishness toward the North seem likely to run into serious trouble. The past few years have seen a nationalist backlash against foreign investors who swooped in after the 1997 financial crisis, scooping up troubled assets at rock-bottom prices.
>
> Lee (2008. 2. 23.), Newsweek

(서울대의 조사에 따르면) 현재 한국에서는 20~30대의 48%가 반미 정서를 가지고 있다. 이러한 상황에서 이 대통령의 親 워싱턴 입장과 북한에 대한 강경노선은 심각한 문제에 직면할 수 있다. **지난 몇 년간** 1997년 외환위기 이후 몰려와 곤란에 빠진 국내자산을 헐값에 사들인 외국인 투자자들에 대한 **민족주의적 반발이 나타났다.**

〈원문〉은 이명박 전 대통령의 취임 시점에 발표된 『Newsweek』의 특집기사이다. 〈원문〉의 밑줄 친 부분은 '1997년 외환위기 이후 국내 부실자산을 헐값에 사들인 외국인 투자자에 대해 지난 몇 년간 민족주의적 반감이 있었다.' 정도의 의미를 갖는다. 그런데 이에 해당하는 번역문(밑줄 친 부분)을 살펴보면 뭔가 어색하고 이해하기도 어렵다는 느낌을 받게 된다. 그 이유는 굵게 강조된 부분인 "지난 몇 년간"과 "민족주의적 반발이 나타났다"가 서로 수식을 주고받는 관계에 있음에도 불구하고 거리상으로 너무 떨어져 있기 때문이다. 〈번역문〉에서는 "지난 몇 년간"이 같은 문장 내의 "몰려와" 또는 "헐값에 사들인"을 수식하는 것 같다. 또 다른 예를 살펴보자.

Hate crimes in England, Wales and Northern Ireland reached a new peak after the U.K.'s Brexit vote. This was sadly predictable, considering that one of the Leave campaign's key arguments in favor of exiting the European Union was the prospect of getting tougher on migration and border controls.

Lefringhausen (2016)

영국의 브렉시트 투표 이후, 잉글랜드, 웨일즈, 북아일래드의 증오범죄가 또 한 번 최고치를 경신했다. 이는 **안타깝게도** EU 탈퇴진영의 핵심 주장 가운데 하나가 이민과 국경통제를 강화해야 한다는 것임을 고려해 볼 때 **예측가능한 일이었다.**

이 학생 역시 수식어와 피수식어의 관계를 간과한 채, 다소 긴 두 번째 문장을 기계적으로 번역했다. 〈원문〉의 밑줄 친 "sadly"는 "predictable"을 수식하기 때문에 '안타깝지만 예측가능했다', '안타깝게도 예측할 수 있었다' 정도의 의미를 갖는다. 하지만 〈번역문〉에서는 "안타깝게도"가 수식하는 부분("예측 가능한 일이었다")이 문장 끝에 있다.

26

비유적 표현과
텍스트 유형

    비유적 표현은 표현 자체가 갖는 언어적 특수성과 표현이 반영하는 문화적 함의 때문에 전문 번역가들에게도 매우 까다로운 문제로 여겨진다. 특히 원문에서 비유적 표현이 자주 등장하거나 비유적 표현이 텍스트의 핵심 내용과 직결되는 경우, 또는 대응되는 비유적 표현이 도착어에 없는 경우는 번역 자체가 더욱더 어렵다. 가령 경제·금융 영문 기사는 "banks *employ a scorched-earth policy* in the face of hostile takeover bids"(Munday 2012: 116)와 같은 은유법을 자주 사용하는데, 여기서 이탤릭체 표현('초토화 정책을 쓰다')은 여러 언어권에서 등가어가 없다. 특히 '비유적 표현의 잦은 사용'은 경제·금융 기사의 특징으로도 해석되기 때문에 비유적 표현을 번역할 때는 텍스트의 유형까지도 고려해야 한다. 그런데도 일부 학생들은 비유적 표현의 중요성을 크게 의식하지 않고 대략적인 의미만을 옮기거나 의미를 이해하기 어렵게끔 직역한다. 예컨대 아래 신문 기사와 그 번역문을 비교해보자.

Think of yourself flying across the country. An engine starts sputtering; cause for alarm, sure, but the pilot does that folksy number--"Aw, shucks, little problem here"--and assures you the others can take the strain. Then a second engine goes out; the sweat trickles down your neck, but you reckon you'll make it to the ground safely. But if the third, and then the fourth, flame out...

The global economy hasn't crashed just yet. But a worldwide slowdown is giving analysts everywhere a bad case of the jitters. The key reason: this, says Robert Hormats, vice chairman of Goldman Sachs International, is "the first synchronized downturn since the 1980s," when high interest rates squeezed the world economy like an orange. During the last U.S. recession, 10 years ago, Europe was in its post-cold war euphoria, while the Asian economies were the stuff of miracle. By the time a financial crisis declawed the Asian tigers in 1997-98, the U.S. economy was in the middle of its technology boom.

This time around, both the U.S. and German economies are flatlining, while that of Japan continues its slow, downward spiral. The Japanese unemployment rate has risen to 5%, while the Nikkei stock market index last week touched lows not seen since 1984. The world's three most powerful engines are out of juice. Worry.

Elliott (2001. 9. 3.), Time

〈원문〉은 2001년 무렵 세계경제의 상황을 비유적으로 설명한 『Time』 기사의 초반부다. 이 발췌문은 비록 세 단락임에도 불구하고 밑줄 친 부분에서 확인할 수 있듯이 다양한 비유적 표현을 포함하고 있다. 특히 이 기사의 도입부(〈원문〉에서 이탤릭체로 처리된 첫 단락)는 비행기가 추락할 수 있는 위기 상황을 가정하고 그러한 상황을 세계경제의 현실에 빗대고 있다. 이탤릭체가 끝나고 기사가 본격적으로 시작되는 두 번째 단락에서는 도입부의 추락 상황을 이어 받아 '비행기(세계경제)는 아직 추락하지 않았다.'고 표현한다. 이처럼 세계경제를 '비행기' 등으로 표현하는 수사법은 발췌문의 끝부분까지 이어진다. 예컨대 '오렌지를 쥐어짜다', '호랑이의 발톱을 뽑다'(영어권에서는 아시아 경제신흥국을 '호랑이'로 비유함), '초록색 심장박동 게이지가 직선이 되다'(flatline: 죽다), '세계에서 가장 강력한 엔진 3개(3대 경제대국)에 연료가 떨어졌다' 등이 그것이다. 중요한 사실은 이러한 표현들이 텍스트의 미적 효과는 물론이고 독자의 심층결속성(coherence)에도 영향을 준다는 점이다.

그렇다면 〈원문〉의 비유적 표현에 주목하여 학생의 번역 사례를 살펴보자.

 번역문

당신이 비행기를 타고 있다고 하자. 갑자기 엔진 하나가 덜커덕 소리와 함께 멈추더니 비상등이 켜진다. 하지만 조종사는 약간의 문제가 생겼을 뿐이라고 대수롭지 않게 말하며 다른 엔진들이 있으니 걱정하지 말라고 당신을 안심시킨다. 그때 두 번째 엔진이 꺼지고 등줄기로 식은땀이 흐르지만 당신은 안전하게 착륙할 수 있다고 믿는다. 하지만 세 번째, 그리고 네 번째 엔진까지 멈추고 불길마저 치솟는다면?

(A)**세계경제는 아직까지 몰락하지는 않았지만** 전문가들은 현재의 경기침체가 예사롭지 않다고 말한다. 골드만삭스 인터내셔널의 로버트 호매츠 부회장은 현재의 전 세계적인 경기침체 현상이 1980년 이후 처음 있는 일이라고 지적했다. 1980년 당시 (B)**높은 금리로 인해 경기가 위축되며** 세계적인 경기불황이 3년간 지속되었다. 미국이 경기불황에 빠졌던 1991년, 유럽은 냉전 후의 행복감에 빠져 있었고, 아시아는 기적적인 경제성장을 이루었다. (C)**반면 1997년 '아시아의 용들'이 금융공황을 겪을 당시**, 미국은 급속한 기술발전을 이루었다.

하지만 지금은 상황이 다르다. (D)**현재, 미국과 독일의 경제가 악화되는 상황 속에서 일본마저 경기침체의 조짐을 보이고 있다.** 일본의 실업률은 5% 상승했고, 지난주 니케이 지수는 1984년 이후 최저치를 기록했다. (E)**세계의 경제 3국이 위기에 빠지고 있다.** 걱정이다.

이 학생은 〈원문〉의 비유적 표현을 상당 부분 삭제하고 비유적 표현이 갖는 개략적인 의미만을 번역에 담았다. 그래서 이 〈번역문〉은 〈원문〉의 표현적 다양성을 재현하지 못했을 뿐만 아니라 경제·금융텍스트가 갖는 텍스트적 성격을 상당 부분 잃어버렸다.

그렇다면 비유적 표현을 좀 더 잘 반영할 수는 없었을까? 위의 〈번역문〉을 다른 학생의 번역과 비교해보자.

〈학생 1〉	〈학생 2〉
(A) 세계경제는 아직까지 몰락하지는 않았지만……	(a) 아직 세계 경제는 추락하지 않았다.
(B) 높은 금리로 인해 경기가 위축되며……	(b) 고금리가 마치 오렌지를 쥐어짜듯 세계경제를 쥐어짜고……
(C) 반면, 1997년 '아시아의 용들'이 금융공황을 겪을 당시……	(c) 아시아 경제 대국들이 이빨 빠진 호랑이가 되었을 때……
(D) 현재, 미국과 독일의 경제가 악화되는 상황 속에서 일본마저 경기침체의 조짐을 보이고 있다.	(d) 미국과 독일경제 모두 심장이 멎기 직전이고, 일본경제의 건강상태도 서서히 악화되고 있다.
(E) 세계의 경제 3국이 위기에 빠지고 있다.	(e) 세계 3대 엔진의 연료가 소진된 것이다.

이 표에서 〈학생 1〉의 번역은 앞서 살펴본 번역이고, 〈학생 2〉의 번역은 〈학생 1〉과는 다른 접근법으로 번역한 사례이다. 표에서 (A)~(E)의 각 경우를 비교해보면 〈학생 2〉의 번역이 〈원문〉의 비유적 표현을 보다 충실하게 반영하고 있음을 알 수 있다. 한 가지 특이한 사실은 〈학생 2〉가 "flatlining"의 표현을 보다 뚜렷하게 드러내기 위해 "that of Japan continues its slow, downward spiral"을 "일본경제의 건강상태도 서서히 악화되고 있다."로 번역했다는 점이다. 즉, 문장 앞부분에서 사용한 '병원', '건강', '죽음'의 은유를 이어 받아 일본경제 역시 '건강'의 은유로 표현한 것이다. 이는 〈원문〉에서 사용되지 않은 비유법을 추가한 것이나 비유법의 사용 빈도와 전체적인 내용에 비춰볼 때 합당한 번역으로 볼 수 있다.

위에서 살펴본 비유적 표현의 번역은 원문의 비유적 표현을 도착어에서도 그대로 재현한 경우에 해당한다. 하지만 은유 등의 비유법을 번역하는 데 있어 한 가지 방법만 있는 것은 아니다. 예컨대 신진원·박기성(2011: 138-39)은 은유의 번역 방법을 아래와 같이 소개한 바 있다.

❶ 일치: 원문의 은유를 번역문에서도 그대로 유지함

　　예) Nothing soothes the Wall Street soul. → 월스트리트의 영혼을 달래주는 것도 없다.

❷ 대체: 도착어에서 같은 의미를 생산하는 다른 은유로 대체함

예) The <u>growth</u> in real wages fell almost in lockstep with the productivity rate less than 1%(유기체) → 실질 임금 <u>상승률</u>도 생산율과 점점 거리를 좁히면서 매년 1%미만으로 떨어졌다는 것이다(물리적 움직임)

❸ 외연: 원문의 은유에 부가적인 설명을 추가하거나 은유를 은유가 아닌 구체적인 기술로 전환하거나 또는 은유를 직유로 전환함

　예 1) The <u>bear</u> ranks second behind only inflation as a menacing macrowave force. → <u>불황이란 곰</u>은 인플레이션 다음 가는 위험한 거시적 파동이다.

　예 2) Capital goods and basic industries stocks don't hit their stride until the middle to late <u>bull phases</u>. → 자본재와 기간산업주는 중반에서 후반 <u>강세 단계</u>가 될 때까지 좋지 않았다.

❹ 생략: 은유표현 자체를 없앰

❺ 함축화: 은유가 아닌 구체적 기술을 은유로 전환

　예) Hyundai benefited the most from the inevitable spike in chip prices from the loss of Taiwanese production → 현대는 대만의 생산 <u>마비</u>에 따른 칩 가격 상승으로 가장 많은 이득을 보았다.

❻ 추가: 아무 표현이 없던 곳에 은유표현을 추가

번역에서 비유적 표현을 항상 살려야 하는 것은 아니다. 아래 번역·교정 사례를 읽고 비유적 표현을 그대로 번역했을 때 어떤 문제가 발생할 수 있을지 고민해보자.

　• 원문(오영수의 소설 「남이와 엿장수」)
　그러나 엿장수는 <u>수양버들 봄바람 맞듯</u> 연신 히죽거리면서

• 번역(Pihl 1970: 18)

But the taffyman rolled with her accusation <u>like a willow in the spring wind</u>, laughing all the time.

• 첫 번째 교정(Pihl 1973: 184)

But the taffyman greeted her accusation <u>as a willow bends in the spring wind</u>, laughing all the time.

• 두 번째 교정(Pihl 1985: 8)

But the taffyman kept grinning and grinning <u>helplessly</u>.

번역가는 1973년 교정본에서 동사 "bend"를 추가해 직유의 의미를 좀 더 구체화하였다. 하지만 이러한 교정도 텍스트를 이해하는 데는 큰 도움이 되지 않는다. "수양버들 봄바람 맞듯" 웃는다는 게 도대체 무슨 뜻인가? 영어 독자가 이해할 수 있는 표현인가? 역자는 결국 두 번째 교정(1985년 번역)에서 직유의 형태적 측면이 아닌 문맥적 의미를 전달하는 데 초점을 맞췄다. 이 대목에서는 엿장수(taffyman)의 심리 상태를 정확하게 표현하는 것이 비유적 표현을 보존하는 것보다 중요하기 때문이다. 1985년 번역에서 helplessly는 '무기력하게'라는 뜻이 아니라 '참기 힘든(unable to control a strong feeling that you have)' 정도의 뜻이다.

텍스트 유형(text type)을 번역평가와 연결했던 라이스(Reiss 1971/2000)는 텍스트 유형을 **정보중심 텍스트**(informative text), **표현중심 텍스트**(expressive text), **소구중심 텍스트**(operative text), **시청각 미디어 텍스트**(audio-medial text)로 구분하였다. 라이스에 따르면 번역가는 원문의 텍스트 유형을 고려하여 다음과 같이 번역해야 한다.

(1) 정보중심 텍스트(보고서, 강연자료, 제품설명서, 참고도서 등): 번역은 원문의 정보를 정확하게 전달해야 한다. 필요한 경우 명시화(explicitation) 등의 전략을 사용할 수 있으며 원문의 사실 관계와 전문용어 등에 유의해야 한다. 문체의 번역은 상대적으로 중요하지 않다.

(2) 표현중심 텍스트(시, 희곡, 소설 등): 번역은 원문의 정보를 정확하게 담아야 하고 나아가 원문의 미적, 형태적 요소까지도 제대로 전달해야 한다. 번역가는 스스로를 원저자인 것으로 생각하면서 저자의 관점과 태도에 유의하며 번역해야 한다. 문학작품을 번역하는 경우 문체는 매우 중요한 요소이다.

(3) 소구중심 텍스트(연설문, 광고, 설교문 등): 번역은 번역독자로부터 의도한 반응을 이끌어내야 한다. 원문과 동일한 '효과'를 창출하기 위해서는 번안(adaptation)의 방법도 활용할 수 있다. 예컨대 광고를 번역하는 경우 효과의 등가를 위해 새로운 어휘와 이미지를 만들 수 있다.

(4) 시청각 텍스트(영화, 음성 광고 등): 시각기호, 음성기호 등을 고려하여, 앞서 언급한 번역방식에 새로운 방식을 보충할 수 있다(라이스는 이 텍스트 유형에 대해 상대적으로 적은 페이지를 할애했다).
  *참고: 라이스는 만화와 같은 텍스트를 고려하여 '시청각 미디어'(audio-medial)라는 용어를 '멀티미디어'(multi-medial)로 수정했다. 하지만 이후에는 네 번째 텍스트 유형을 별도로 고민하기보다는 앞서 소개한 세 가지 텍스트 유형에 집중하여 텍스트 유형론을 주장했다.

앞서 살펴본 경제·금융 영문기사는 기본적으로 정보중심 텍스트로 분류되지만 비유적 표현을 다수 포함하고 있다는 점에서 표현중심 텍스트의 성격도 갖는다. 이처럼 두 가지 이상의 텍스트 유형을 적용해야 텍스트의 성격을 제대로 파악할 수 있는 경우도 있다. 먼데이(Munday 2012: 116)가 지적하였듯이 기업의 연차보고서(annual report)는 기본적으로 정보중심 텍스트에 해당하지만, 다른 한편으로는 주주들을 대상으로 '해당 기업이 제대로 운영되고 있다'는 설득적 메시지를 전한다는 점에서 소구중심 텍스트의 성격도 갖는다. 소구중심의 광고텍스트 중에는 말장난(wordplay), 운율 등을 강조하는 표현중심 텍스트도 있다.

김도훈, 최은실 (2011) 한국어-영어 감정 은유의 개념화 과정 및 한영 번역. 영어영문학 21 24(3): 99-120.

김영신 (2016) 번역의 은유화 — 개념은유를 통해 살펴본 번역. 통번역학연구 20(1): 1-24.

김자경 (2020) 영한 은유 번역 과정 고찰 — 전문가와 학생의 비교 분석을 중심으로. 번역학연구 21(1): 31-59.

류스원 (2021) 중한 기사제목에서의 은유 번역 연구. 번역학연구 22(2): 79-111.

류스원 (2021) 중한 정치 연설문에 나타난 '여행 은유' 번역 연구. 통역과 번역 23(3): 79-110.

마승혜 (2018) 기계번역의 외연 확대 — 신문기사 특정 은유표현 포스트에디팅 전략 모색. 번역학연구 19(2): 117-145.

박옥수 (2013) 한영 문학 번역에 드러난 직유의 번역. 동아인문학 24: 235-260.

박윤철 (2015) 불교경전『금강경(金剛經)』,『천수경(千手經)』의 한국어 번역에 나타난 직유 표현 연구. 통번역교육연구 13(1): 1-22.

성승은 (2012) 한국의 외환위기 경제용어 번역 고찰: 신문기사를 중심으로. 통번역학연구 16(3): 97-120.

신혜정 (2021) 번역가 문체의 코퍼스 주도적 연구 — 'as if' 비유 번역을 중심으로. 통역과 번역 23(2): 77-104.

이상빈 (2010) 텍스트 유형론에 기반을 둔 학부번역수업의 운영 사례연구: K. Reiss의 유형론을 중심으로. 번역학연구 11(3): 167-196.

이상빈 (2021) 마샬 필의 단편소설 번역에 나타난 문체적 특징과 한국문학 번역에의 교훈: 다른 번역본과의 비교를 통해. 번역학연구 22(2): 149-184.

이승아, 박희원 (2015) 개념적 환유 이론에 입각한 환유 표현의 영한 번역 분석. 응용언어학 31(1): 173-211.

이지민 (2020) 한영 번역 시 문법적 은유 활용 교수법 실행 연구. 통역과 번역 22(1): 185-213.

이창수 (2000) 문학작품에서의 비유적 표현의 번역: Relevance Theory의 관점에서. 통역과 번역 2: 57-83.

이현주 (2018) 개념적 은유표현의 중국어 번역방법 연구: 한국소설 속 '사랑' 표현을 중심으로. 통번학연구 22(1): 209-234.

장루이 (2019) 한-중 팸플릿 번역 연구: 독립기념관을 중심으로. 번역학연구 20(3): 213-246.

전혜진 (2019) 텍스트 유형별 러한 기계번역 포스트에디팅 연구. 슬라브어 연구 24(2): 247-274.

주진국 (2017) 신문 논평의 비유와 관용표현 번역 비평. 인문학 연구 106: 273-298.

27

각주와 괄호

학생들의 번역을 평가하다 보면 의외로 자주 접하는 문제가 바로 각주와 괄호이다. 괄호(의 내용)는 그대로 옮기면 되고, 각주는 가급적 사용하지 않으면 되는 거 아닌가? 만일 이렇게만 생각했다면 다른 관점도 생각해볼 필요가 있다.

✓ **원문**

... [T]he visibility of healthcare interpreting research began to increase in the early 1990s, thanks to Cecilia Wadensjö (1992) who presented a corpus of Russian-Swedish dialogue interpreting in 13 medical encounters ... In June 1995, the Critical Link conference was held in Toronto, Canada to discuss various issues about medical and legal interpreting ...

Lee (2009c: 118)

번역문

······ 1990년대 초에는 의료통역 연구의 가시성이 높아지기 시작했다. 이는 13건의 병원 진찰과 관련된, 러시아어-스웨덴어 대화통역 코퍼스(corpus)를 제시한 체칠리아 바덴헤[1] 덕분이었다. ······ 1995년 6월, 의료통역과 사법통역에 관한 다양한 안건에 대해 토의하기 위해 캐나다 토론토에서 크리티컬 링크 회담[2]이 열렸다 ······

[1] Cecilia Wadensjö
[2] 사법, 의료통역 등의 발전을 꾀하는 국제기구 크리티컬 링크 인터내셔널(Critical Link International)에서 주최한 회담

위의 〈번역문〉은 언뜻 봐도 〈원문〉과 크게 다르다. 〈원문〉의 "Cecilia Wadensjö"는 음차의 방법으로 번역되었고, 영어 인명(人名)은 각주 [1]로 옮겨졌다. 이 과정에서 '1992년에 발표된 연구'를 뜻하는 숫자 "(1992)"는 누락되었다(학술논문에서 '이상빈(2010)'은 이상빈의 2010년 연구결과물을 뜻한다). 한편, 〈원문〉의 "Critical Link"는 한국어 음차로 제시되었고, (원문에 없던) Critical Link에 관한 부가설명이 각주 [2]에 추가되었다. 이러한 번역은 비록 자주 확인되지는 않지만 각주 사용과 관련된 중요한 교훈을 준다.

각주 사용은 텍스트의 유형과도 관련 있다. 〈원문〉은 학술논문이므로 원문의 내용과 형태는 최대한 보존되어야 한다. 그럼에도 불구하고 이 학생은 각주를 사용하여 원문의 정보를 자의적으로 변경하였으며 심지어는 원문에 없던 내용을 각주로 추가하였다. 학술논문은 해당 분야의 전문가가 보는 만큼 번역가가 자의적으로 판단하여 내용을 추가하거나 삭제하는 것은 매우 위험하다(출판 번역에서도 각주는 예외적인 경우에만 사용된다). 다른 예를 살펴보자.

McDonald's is now rebranding itself as 'healthy,' rolling out various low-fat alternatives, including (depending on where you live) yogurts, fresh fruit, light salads, and made-to-order sandwiches.

Ross and Holland (2006: 194)

✓ 번역문

(A) 맥도날드는 요구르트, 과일, 샐러드, 주문형 샌드위치(여러분이 어디에 살고 있느냐에 따라 종류는 다르다) 등을 포함한 갖가지 저지방 식품을 출시하면서 '건강한' 음식점의 이미지를 구축하고 있다.

(B) 이제 맥도날드는 요구르트, 과일, 샐러드, 주문형 샌드위치를 비롯해 지역별로 다양한 저지방 식품을 내놓으면서 '건강한'(healthy) 기업 이미지를 구축해가고 있다.

번역문 (A)와 번역문 (B)의 차이는 명확해 보인다. (A)는 〈원문〉에서처럼 괄호의 내용과 형식을 그대로 옮긴 반면, (B)는 괄호를 없애고 괄호 안의 내용을 본문에 끼워 넣었다. 혹자는 형식적인 측면에서 번역 (B)를 선호할지 모른다.

(A)의 경우에는 괄호 때문에 이독성(readability)이 떨어지고 괄호 안의 내용도 전체 텍스트에서 다소 어지럽게 삽입된 느낌을 주기 때문이다. 이 대목에서 필자가 전하고 싶은 요지는 하나다. 원문에 있는 괄호를 있는 그대로 표현하지 않고 번역 (B)의 경우처럼 괄호 없이 번역할 수 있다는 점이다(물론 괄호 안 정보의 위계가 달라질 수 있으니 유의할 필요도 있다). 또 다른 예문을 살펴보자.

Today, average fertility in less developed countries is 3.2 children per woman, or one child more than "replacement-level fertility," in which couples have about two children each and replace themselves in the population.

Anonymous (n.d.)

 번역문

(C) 오늘날 후진국의 평균출산율은 여성 1명당 3.2명이며, 이 수치는 "대체출산율"(replacement-level fertility)보다 1명 이상 많은 것이다. 대체출산율이란 각 커플이 두 명의 자녀를 낳아 자신을 대체하는 수준을 의미한다.

(D) 현재 저개발국가의 평균 출산율은 여성 1명당 3.2명으로, 이는 "인구대체수준"(replacement-level fertility: 현재의 인구 수준을 유지하기 위해 각 가정이 낳아야 할 자녀수로 약 2명을 의미)보다 1명 정도 높은 수치이다.

　　번역 (D)는 앞서 살펴본 (B)와 달리, 〈원문〉에 없던 괄호를 사용하여 "in which" 이하의 내용을 효과적으로 담아냈다. 〈원문〉의 "in which" 이하가 그러하듯이 괄호 안에 들어간 메시지는 주절(main clause)의 흐름을 방해하지 않으면서도 유용한 정보를 제공하고 있다. 이는 마치 원문에 없던 내용이 역주로 포함된 것 같은 느낌도 준다. 물론, 괄호를 사용하지 않은 번역 (C)도 큰 문제는 없어 보인다. 다만, (C)와 (D)는 표층결속성(cohesion)과 심층결속성(coherence) 측면에서 미묘한 차이를 드러낸다. 구체적으로 말하자면 번역 (C)는 텍스트 말미를 '대체출산율의 정의'로 표현하면서 독자의 관심을 '대체출산율'로 이끌고 있다. 따라서 〈원문〉의 다음 내용이 무엇이냐에 따라 (C)가 어색할 수도 있고 그렇지 않을 수도 있다. 반면, (D)는 〈원문〉의 문장구조를 거의 그대로 유지하면서 긴 문장을 하나로 처리했다. 다만, 이 번역은 "인구대체수준"의 의미를 괄호 안에, 부차적인 정보로 제시하면서 용어의 의미를 독자의 관심에서 다소 멀어지게 만들었다. 여러분은 두 번역에 대해 어떻게 생각하는가?

블론디 2009년 2월 17일 (blondie.com)

재미있는 번역 사례를 하나 더 살펴보자.

이 만화는 시크 영(Chic Young)이 창조한 미국의 연재만화 블론디(Blondie)이다. 블론디는 전 세계적으로 오랜 인기를 끌었으며 우리나라에서도 한국일보 등을 통해 번역·연재되어 왔다. 그렇다면 위와 같은 텍스트는 어떻게 번역할 수 있는가? 여기서 문제가될 수 있는 부분은 크게 두 가지이다. 첫째, 원그림에 손을 댈 수 있느냐는 것이다. 만일 말풍선의 내용을 그림의 일부로 간주하여 수정할 수 없다면 어떻게 할 것인가? 아니면 말풍선 안에 한국어 번역을 삽입할 수 있다면 어떻게 할 것인가? 둘째, 말풍선에들어간 금융용어 "401K"를 어떻게 '번역'하느냐는 것이다. 번역독자가 401K를 모를 경우 전체 내용(두 번째 컷에서 등장인물들이 왜 서로 다른 반응을 보이고 있는지)을 제대로 이해할 수 없고, 만화의 유머 효과도 사라지기 때문이다.

한국일보는 만화 원문을 그대로 제시하고 그 아래에 말풍선의 내용만을 직접화법의 형태로 번역하였다. 예컨대 첫 번째 컷은 아래와 같이 번역하였다.

번역문

"나는 내 퇴직연금이 얼마나 올랐는지 내려갔는지 확인하는 게 싫어요. 이게 내 머리카락을 서게 만든다니까!"
"그럼 열지 말아요! 왜 스스로를 화나게 만들어요?"

· 401K: 미국의 퇴직연금제도 중 하나. 근로자가 자신의 퇴직계좌에 적립된 연금적립금의 일정비율을 직접 고른 투자상품에 투자하기 때문에 운용성과에 따라 퇴직금 액수가 천차만별이 된다. [번역 본문의 글자와 주석의 글자는 서로 다름]

한국일보 블론디(2009년 2월 17일)

위에서 확인할 수 있듯이 원문의 "401K"는 "퇴직연금"으로 일반화되었고 "401K"는 주석에서 별도로 설명되고 있다. 여기서 우리는 두 가지 중요한 사실을 깨달을 수 있다. 첫째, 〈한국일보의 블론디〉는 기본적으로 원문과 번역의 비교를 전제한다. 다시 말해 번역임을 유표적으로 드러내면서 독자가 번역에 전적으로 의존하기보다는 번역을 통해 원문을 '해석'하도록 유도한다(그래서 그런지 번역이 자연스럽게 읽히지 않아도 괜찮다). 둘째, 번역이 일종의 교육적 효과를 의도하고 있다. 즉, 외국의 연재만화를 그대로 보여주고 그 속에 포함된 외국의 문화, 경제, 사회 등을 소개하는 것이다. 이러한 교육적 의도는 단어 차원에서도 드러난다. 예를 들면 다른 날짜의 블론디를 보면 "sting operation: 함정수사", "캐서롤: 서양식 찜 냄비 또는 그것을 사용한 요리" 등이 각주로 제시된다.

블론디의 번역은 주석 사용의 두 가지 조건을 확인시켜 준다. 첫째, 번역가는 (원문에는 없지만) 텍스트를 이해하는 데 필요한 내용이 있을 경우 그 내용을 각주로 제시할 수 있다. 블론디의 경우 말풍선의 공간적 제약과 만화라는 장르의 특성 때문에 각주의 내용(401K에 관한 구체적 설명)을 본문에 삽입할 수 없었을 것이다. 둘째, 본문의 내용을 이해하는 데 필요한 정보는 1차적으로 본문에 삽입하고 그렇지 않은 경우 각주에라도 담아야 한다. 다만, 각주 사용에 대한 최종 판단은 텍스트의 유형, 번역관습, 각주에 들어갈 내용, 번역의 상황 등을 고려하여 신중하게 결정해야 한다.

참고로, 만화를 번역할 때 교육적 효과를 의도한 사례는 많다.『와탕카: 영어만화』

김석주와 정필용(2008: 13)

(김석주 지음, 정필용 그림, 황유경 번역 및 감수)는 국내 인기웹툰『와탕카』를 영역하고, 관련 영어표현과 단어를 주석의 형태로 덧붙여 출판한 책이다. 이 책은 〈한국일보 블론디〉와 달리 말풍선 속의 한국어를 영어로 대체했고, 공간적 제약을 극복하기 위해 다양한 글자크기를 적용했다(위 그림 참고). 최근에는 네이버가 국내 인기 웹툰을 해외에 소개하기 위해 팬번역(fan translation) 사이트를 운영하고 있는데 이러한 움직임도 번역(학)계에는 큰 변화를 가져올 것으로 보인다.

한국 단편소설의 영어 번역에서도 각주와 괄호 사용을 확인할 수 있다. 여기에서는 세 가지 사례만을 살펴보자.

1. 자기교정(self-revision)을 통해 각주를 없애고 각주로 제시했던 정보를 본문에 삽입

마샬 필은 전광용의「꺼삐딴 리」를 번역해 1971년『코리아저널(Korea Journal)』에 발표하였다. 이어 73년에는 교정본을 출간했고, 93년에도 일부 내용을 수정하여 재출판하였다. 소설에서의 각주 사용과 관련해 우리가 살펴볼 부분은 다음과 같다(이상빈 2020b).

> • 원문
> "닥터 리는 영어를 어디서 배웠습니까?"
> 일제 시대에 일본말 식으로 배웠지요. <u>예를 들면 '잣도 이즈 아 갓도' 식으루요.</u>
> "그런데 지금 발음이 좋은데요. 문법이 아주 정확한 스탠다드 잉글리쉬입니다."
>
> • 최초 번역본(Pihl 1971: 40)
> I learned it during the Japanese period, in Japanese style.
> You know, *zatto izu ah katto* and so on.
>
> • 첫 번째 교정본(Pihl 1973: 110)
> "... 'zatto izu ah katto'* and so on."
> *"That is a cat."—ED [각주].
>
> • 두 번째 교정본(Pihl 1993: 82)
> "... '*zatto izu ah katto*' for 'That is a cat' and so on."

　　여기에서는 원문의 밑줄 친 부분에만 초점을 맞춰 논하겠다. 1971년 초역의 경우 일본어를 모르는 영어 독자는 "zatto izu ah katto"(That is a cat의 일본식 음차)가 무슨 뜻인지 이해할 수 없다. 그래서 역자는 73년 교정본에서 "That is a cat."을 각주로 추가하여 본문의 '일본어'를 이해할 수 있도록 했고 주인공의 일본어가 외국인도 알 수 있는 초급 수준의 일본어임을 분명히 했다. 그러다 93년 2차 교정본에서는 (소설 장르에서는 잘 쓰지 않는) 각주를 삭제하였다. 그 대신 각주 내용을 본문에 삽입하여 독자가 대화 내용을 쉽게 이해할 수 있도록 했고 이야기의 흐름도 자연스럽게 연결했다. 즉, 마지막 번역문은 독자의 이해를 도모하면서도 역자의 개입 흔적을 없앤 사례이다.

2. 괄호 사용과 관련된 두 번역의 차이

　　아래 예시(이상빈 2019: 138)는 소설 「유형의 땅」의 일부이다. 두 전문 번역가가 주인공의 이름을 어떻게 번역했는지 밑줄 친 부분에 유의하여 비교해보자.

• 원문

<u>고것[만석]</u>이 지 이름 석자구만이라. 지 할아버지가 상것으로 가난허게 산 것이 원이 되고 한이 되야, 니만은 꼭 <u>만석군 부자</u>가 되야 쓴다 허고 붙여준 이름인 모양인디

• 전경자 역

"My name, that's what it is. My grandfather came from dirt poor serf stock, so they gave me the name 'Mahn-seok' (ten thousand bushel harvest) in the hopes I'd make a fortune, but …" (Chun 2001: 9)

• 마샬 필 역

"This is my name. 'Mansok' means 'ten thousand bushels.' They say my grandfather gave it to me. The life of a poor commoner is nothing but hopes and sorrows, and he wanted me to have this name so I'd become a rich man with ten thousand sacks of rice …" (Pihl 1993d: 202)

위 예시에서 두 역자는 "만석(萬石)"이라는 이름을 각기 다른 방식으로 번역했다. 전경자는 만석의 뜻을 본문 내 괄호로 설명했는데, 이러한 괄호는 원저자나 역자의 개입이 있었음을 분명히 드러낸다. 반면, 마샬 필은 'Mansok' means 'ten thousand bushels.'라는 문장을 만들어 주인공이 자기 이름을 직접 설명하는 것처럼 번역했다. 이러한 방식은 끝부분에 나오는 "만석군[만석꾼] 부자(a rich man with ten thousand sacks of rice)"가 자연스럽게 읽히도록 한다.

3. 주석 사용이 어색하지 않거나 필요할 때

문학번역에서도 주석 사용이 자연스럽고 필요한 때가 있다. 특히 학문적 성격이 강한 번역이나 역사적, 문학적 가치가 높은 번역(연구나 학습 대상으로 쓰일 번역)에서는 주석이 많아도 이상하지 않다. 예를 들어 강민수가 번역한 『The Story of Hong Gildong』(Penguin Classics)에는 미주(pp. 79-100)가 139개나 있다.

일반적으로 주석이 필요 없는 현대소설 장르에서도 주석이 필요할 때가 있다. 가령 오정희의 「바람의 넋」을 보면 다음과 같은 부분이 있다.

…… 푸른 물이 채 들기 전이건만 먼 눈에도 바위 벼랑의 진달래가 피었다.

자줏빛 바윗갓에 - 잡은 손 암소를 놓게 하시고 - 나를 아니 부끄러워하시면 - 꽃을 꺾어 바치오리다.

과거나 미래를 향해 한없이 달려가는 듯 고즈넉한 기분에 잠겨 ……

밑줄 친 부분은 신라 향가(鄕歌) 「헌화가(獻花歌)」이다. 소설에서 직접적으로 언급되지는 않지만 고등학교 교과서에도 나오는 작품이니 일부 독자는 어렵지 않게 파악했을 것이다(4구체 향가임을 표시하는 문장부호도 보인다). 브루스 풀턴과 주찬 풀턴은 「바람의 넋」을 번역해 『The Red Room』이라는 편역서에 수록한 바 있다. 여기서 그들은 故 케빈 오록의 번역을 인용하면서 각주(p. 61)에 출처('"Presenting the Flowers,' in *The Book of Korean Poetry: Songs of Shilla and Koryŏ*, trans. Kevin O'Rourke (Iowa City: University of Iowa Press, 2006), p. 15; reprinted by permission")를 제시하였다. 『The Red Room』 전체에는 역주가 두 개뿐인데, 다른 역주도 위와 마찬가지로 이전 번역을 인용하면서 덧붙인 것이다.

기존 번역을 100% 그대로 인용하지 않을 때도 있다(Lee 2021). 가령 마샬 필은 「심청가」 완판본을 번역할 때 데이비드 호크스(David Hawkes)의 번역에서 접속사 and와 정관사 the를 삭제하고 인용한 바 있다("And I thought how the trees and flowers were fading and falling"). 그 이유는 「심청가」에 삽입된 시구는 원작 시에서 첫 번째 행과 열 번째 행만을 따온 것이라 기존 번역에서 떨어져 있던 두 행이 「심청가」 번역에서는 자연스럽게 연결되지 않기 때문이다. 마샬 필은 미주에서 "[this] translation comes from David Hawkes, *Ch'u Tz'u* [The Songs of the South], p. 22"라고 출처를 밝힌다.

앞서 누군가 했던 번역을 자신의 번역에 인용했다면 그만한 가치가 있기 때문이다. 특히 번역본이 두 개 이상 있어 선택이 가능한 경우라면 더욱더 그러하다. 케빈 오록은 현대 시뿐만 아니라 다수의 고전 시가를 오랫동안 번역했고 한국 시 분야에서는 몇 안 되는 번역 전문가였다. 풀턴 부부가 각주에서 소개한 『The Book of Korean Poetry:

Songs of Shilla and Koryŏ』에는 신라 한시(漢詩) 및 향가, 고려 가요 및 시조 등이 수록되어 있다. 「서동요」, 「혜성가」, 「모죽지랑가」, 「도솔가」, 「안민가」, 「처용가」 등의 번역이 궁금하다면 이 역서를 확인해보자.

김경희 (2012) 한불 문학번역에서의 역주의 실태. 통역과 번역 14(2): 35-61.

박미정 (2008) 시사만화 그림번역의 서사성과 상호텍스트성: 한일-한영번역의 번역전략 비교분석. 통역과 번역 10(1): 65-91.

이상빈 (2019) 번역문체 비교 연구: 소설 「유형의 땅」과 인바운드 vs 아웃바운드 번역을 중심으로. 통역과 번역 21(3): 125-147.

이상빈 (2021) 판소리는 어떻게 풍요롭게 번역할 수 있는가 — 마샬 필의 〈심청가〉 번역을 기반으로. 통번역학연구 25(4): 173-200.

이예안 (2021) 미야자와 겐지 「바람의 마타사부로(風の又三郎)」의 일한 번역에 대한 고찰 — 어휘와 문구에 대한 번역전략을 중심으로. T&I REVIEW 11(2): 125-142.

홍정민 (2014) 한영 뉴스 번역자의 텍스트 개입 양상에 관한 고찰. 번역학연구 15(1): 365-413.

28

가짜 짝(faux amis)과 음차

가짜 짝(faux amis, false friends)이란 두 개 이상의 언어에서 형태는 비슷하나 그 의미가 다른 단어 또는 표현 쌍을 의미한다. 예컨대 일본어의 ジュース[jūsu]는 영어의 juice와 형태적인 측면에서 유사하나 '탄산음료'(soft drink)를 뜻한다. 또한 영어의 embarrassed와 유사한 스페인어 embarazada는 예상과 달리 '임신한 (여성)'을 뜻한다. 이와 같은 가짜 짝은 어휘적 차원의 번역에서 문제를 야기할 수 있다.

フェミニスト[feminisuto]는 영어의 'feminist'뿐만 아니라 '여성에 무른 남자' 등을 의미한다(사전적 정의). 흥미로운 점은 (일본의 영향을 받아서인지) 한국어 사전에서도 '페미니스트'를 "(1) 페미니즘을 따르거나 주장하는 사람, (2) 여자에게 친절한 남자를 비유적으로 이르는 말"로 규정하고 있다는 것이다(국립국어원 사전). 따라서 '페미니스트'가 (2)의 의미로 사용될 경우 영어의 feminist와는 가짜 짝을 이루게 된다. 물론 이는 어디까지나 사전적 의미에 해당하며, 실제로 주변에서 '페미니스트'를 (2)의 의미로 사용하는 사람은 거의 없는 것 같다. 하지만 국립국어원은 2017년에도 (2)의 뜻을 사전에 등재시켰고, 그로 인해 많은 항의와 민원을 받았다. 이에 국립국어원은 (2)의 정의에 "예전에"라는 말을 추가하면서 관련 논란을 없애려고 했다. 특히 아래와 같은 예를 제시하면서 우리말의 '페미니스트'가 예전에는 지금과 다른 의미로 쓰였으며 그러한 용례가 아직도 확인되는바 사전에서 완전히 없애는 것은 부적절하다고 주장했다.

- 1976. 08. 21. 경향신문 기사(인터뷰)
(전략) "그래도 김 씨가 부인을 위하는 정성은 대단해서 주위에서는 김 씨를 가리켜 '한국제일의 페미니스트'라고들 말한다."
- 1988. 07. 28. 동아일보 기사(칼럼/논단)
(전략) "007의 '제임스 본드' 같은 경우는 전형적인 미남형의 영국신사로 특히 아름다운 여성에게는 친절한 페미니스트로서 첨단 신병기를 적절하게 활용하여 흥미를 끌었다." (국립국어원 '묻고 답하기: 온라인 가나다'에서)

이제 가짜 짝과 관련된 번역 사례를 살펴보자.

As hundreds of shoppers and tourists stroll through an outdoor mall south of Miami Beach's Lincoln Road, a white, unmarked van with tinted windows creeps through a nearby neighborhood.

Firger (2016. 6. 10.), Newsweek

쇼핑을 하는 수백 명의 사람들이 관광객들과 함께 **마이애미 해변**의 링컨 거리 남쪽에 위치한 **아웃도어 매장**을 거닐고 있을 때, 까맣게 선팅된 흰색 경찰 수사 승합차가 인근에서 천천히 나타난다.

이 학생은 "outdoor mall"을 "아웃도어 매장"으로 번역했다. 단어 대 단어(word for word) 번역에 해당한다. 그렇다면 영어의 'outdoor mall'과 우리말 '아웃도어 매장'은 정말 같을까? 영어로만 보면 outdoor mall은 '야외에 있는 매장'을 뜻한다(구글에서 이미지 검색을 해보면 도움이 된다). 하지만 우리말 '아웃도어 매장'은 '야외 매장'이라기보다는 '스포츠 의류 및 신발 등 아웃도어 스포츠 상품을 전문적으로 판매하는 매장'으로 읽는다. 물론 국어사전에도 '아웃도어'(outdoor)라는 단어가 등재되어 있고, 그 뜻은 영어와 마찬가지로 '야외(野外)나 옥외(屋外)'를 의미한다(국립국어원 대사전). 하지만 '아웃도어'가 '매장'이라는 단어와 결합하면 일차적으로 '아웃도어 스포츠 전문용품'을 뜻하게 된다. 최근 아웃도어 스포츠 용품이 인기를 끌면서 아웃도어라는 단어가 이러한 의미로만 쓰였기 때문이다.

무비판적인 단어 차원의 번역은 의도하지 않은 오역을 야기한다. 〈원문〉의 "Miami Beach's Lincoln Road"는 "마이애미 해변의 링컨 거리"로 번역되었는데, 사실 "Miami Beach"는 플로리다주의 도시명이다. 그런데 이 학생은 도시명 '마이애미 비치'(Miami Beach)를 "마이애미 해변"으로 번역하면서 그 의미를 'a beach in Miami'로 왜곡시켰다. 이는 캘리포니아의 롱비치(Long Beach)를 '긴 해변'으로 번역하거나 버지니아 비치(Virginia Beach)를 '버지니아 해변'으로 옮기는 것과 별반 다르지 않다.

가짜 짝과는 조금 다른 차원의 논의가 되겠지만 이 대목에서 영어 단어와 음차된 우리말 단어의 관계를 언급해야 할 것 같다. 우리는 종종 '유저'(user), '니즈'(needs), '하이테크'(high-tech) 등에서와 같이, 영어 단어를 그대로 음차하여 우리말을 대신한다(물론 바람직하다고 보기 어렵다). 하지만 이 경우 음차한 단어와 영어 단어를 항상 동일하게 취급해서는 안 된다. 학생들의 번역을 채점하다 보면 아래와 같은 경우를 종종 접한다.

The augmented reality mobile game allows <u>users</u> to catch the animated creatures in real world locations.

Gaffey (2016. 7. 20.), Newsweek

<u>유저들</u>은 이 증강 현실 모바일 게임[포켓몬 GO]을 통해 일상생활 곳곳에서 움직이는 캐릭터를 잡을 수 있다.

The new [cash] machines are due to be rolled out at an initial 100 locations from October, but <u>users</u> will be warned against covering their faces, as that will interfere with the software and prevent them accessing their [bank] accounts.

Anonymous (2015. 8. 19.), BBC News

이 ATM은 10월부터 전국 100여 곳에 보급될 예정이다. 하지만 <u>이 기계를 사용하는 유저들</u>은 얼굴을 가려서는 안 된다. 얼굴을 가리면 소프트웨어가 얼굴을 인식할 수 없게 되고, 그 결과 계좌에의 접근이 차단되기 때문이다.

IT와 관련된 〈원문 1〉에서는 "user"(게이머)를 "유저"로 번역하였다. 주지하다시피 '유저'라는 단어는 번역의 상황이 아니더라도 컴퓨터, 게임 등과 관련된 글에서 쉽게 확인할 수 있다('유저'라는 단어를 사용하는 것이 항상 옳다는 뜻은 아니다). 그래서 〈번역문 1〉에서의 "유저"는 비교적 자연스럽게 느껴진다. 하지만 〈번역문 2〉의 경우에는 동일한 단어 "users"를 "유저"로 번역했음에도 불구하고 매우 부자연스럽다. 그 이유는 'ATM 유저'라는 말이 일상적으로 사용하는 단어조합, 즉 연어(collocation)가 아니기 때문이다. ATM 앞에서 돈을 뽑고 있는 사람을 '유저'라고 할 수 있는가?

영어를 음차한 단어는 번역이 아닌 상황에서도 자주 쓰인다. 예컨대 '리뷰', '니즈', '비즈니스', '하이테크' 등은 다양한 텍스트에서 '평론', '필요', '사업', '첨단기술' 등을 대신한다(혹자는 이를 두고 우리말이 오염된 사례라고 혹평한다). 하지만 이런 단어들을 사용하려면 최소한 원문이 어떤 분야의 내용인지를 따져보고 음차가 어울리는지, 그 단어가 텍스트 내에서 올바른 연어를 형성하는지도 따져봐야 한다. 물론 언어사용은 끊임없이 변화한다. 요즘 TV 자막을 보면 '어떻게 저런 표현까지도 음차를 하지?'라는 생각을 할 때가 많다(필자도 음차를 많이 쓰는 사람인데도 그렇게 느껴진다). 프로그램 제작자가 점점 영어에 익숙한 사람들로 교체되고 언어수용자도 영어에 익숙하다 보니 점점 기괴한(?) 음차가 많아지는 걸까?

 참고: 가짜 짝(faux amis)과 관련된 실례(faux pas)

심각한 오역 사건 중에는 '가짜 짝'과 관련된 것도 있다.

1830년 미국과 프랑스가 중요한 협상을 벌이고 있을 때다. 당시 프랑스 정부가 백악관에 보낸 문서에는 *"Le gouvernement français demande ..."*라는 문장이 있었다. 그런데 이 문장이 "The French government demands ..."로 번역되면서 미국 대통령이 프랑스 정부의 태도를 문제 삼았다. 오역임이 밝혀지면서 협상은 재개되었지만, 자칫 양국 간의 외교 갈등으로 비화될 수 있는 사건이었다. 프랑스어 동사 *demander*는 ask(요청하다, 부탁하다)라는 뜻이지만 형태적 유사성 때문에 demand(요구하다, 강력히 묻다)로 오인하기 쉽다.

2018년 프랑스 대통령의 호주 방문 중 귀를 의심케 하는 사건이 있었다. 프랑스 대통령이 호주 총리에게 영어로 "I want to thank you for your welcome, you and your delicious wife."라고 인사를 했기 때문이다. 이처럼 기괴한 영어가 나온 이유는 가짜 짝으로 설명할 수 있다. delicious와 비슷한 délicieuse는 delightful의 의미로 사람에게도 쓸 수 있다.

김혜림 (2009) 번역투와 포자미(faux amis): 중한 출판번역을 중심으로. 중국어문학회 30: 345-367.

오경순 (2022) 번역과 언어간섭 — '가짜동족어(false friends)'를 중심으로. 일본근대학연구 75: 25-50.

유준희 (2020) 직역에 관한 재고: 한일 번역에 나타난 동형한자어 '人間'의 문제를 중심으로. T&I REVIEW 10(2): 91-110.

조혜진 (2017) 한국어와 스페인어 신체어 관용표현의 거짓 짝 연구. 이중언어학 67: 309-334.

진실로 (2021) 일한번역 학습교재와 영한번역 학습교재 비교 분석. 통번역교육연구 19(2): 37-56.

29

'자연스럽고 매끄러운' 번역은 무조건 최고?

필자도 예전엔 그랬지만 학생 대부분은 (오역이 없다는 전제 하에) '자연스러운 번역', '원문처럼 보이는 번역', '번역가의 존재가 느껴지지 않는 번역'을 최고의 번역으로 평가한다. 하지만 번역(학)을 공부하면 할수록 자연스러운 번역만이 능사가 아니라는 점을 깨닫는다. 학생 시절 교수님의 번역서를 읽으면 직역투때문에 간혹 답답함을 느끼곤 했는데 이제는 그러했던 필자가 부끄럽기만 하다. 여러분도 아래 제시된 예시를 통해 필자의 생각을 조금이라도 이해하길 바란다.

✔ 원문

Once, when he was having some money problems with a store, he started berating her with some awful stream of nonsensical street talk, shouting "my hot mama shit ass tight cock sucka," and "slant-eye spic-and-span motha-fucka" (he had picked it up, no doubt, from his customers).

I kept at him anyway, using the biggest words I knew, whether they made sense or not, school words like "socio-economic" and "intangible," anything I could lift from my dizzy burning thoughts and hurl against him, until my mother, who'd been perfectly quiet the whole time, whacked me hard across the back of the head and shouted in Korean, *Who do you think you are?*

이창래의 *Native Speaker* (p. 63)

〈원문〉은 이창래의 단편 소설 『Native Speaker』의 일부이다. 이 소설은 "한국인 이민자들이 겪어야 하는, 미국 내의 주변적 삶을 그리는 동시에, 미국과 한국의 문화적 가치가 서로 다를 수밖에 없는 상황에서 발생하는 여러 충돌과 오해를 혼종적으로 묘사"한다(이상빈 2014: 122). 〈원문〉의 전반부에는 이민 1세대인 아버지("he")가 어머니("her")에게 어설픈 영어로 욕설을 내뱉는 내용이 담겨있다. 그리고 후반부에는 아버지와 주인공("I", 미국에서 자란 아들)이 말싸움을 하는 장면이 묘사되고 있다. 여기서 주인공 '나'는 아버지에게 지지 않으려고 "socio-economic", "intangible"과 같은, 아버지가 이해할 수 없는 어려운 단어를 내뱉는다. 그리고 그러한 상황을 지켜보던 어머니가 주인공의 뒤통수를 때리며 *Who do you think you are?*라고 소리친다. 여기서 어머니의 말은 이탤릭체로 표시되어 있는데, 이는 어머니가 한국어로 말했음을 뜻한다. 즉, 주인공 '나'가 어머니의 말을 (독자를 위해) 영어로 옮긴 것이고 그러한 의미에서 이탤릭체는 유표적이다.

그렇다면 〈원문〉을 어떻게 번역해야 할까? 시중에서 구할 수 있는 두 번역본은 번역 방법과 관련하여 많은 교훈과 고민을 안겨준다.

 번역문 1

한 번은 가게로 인해서 돈 문제가 생겼을 때 아버지는 아주 상스러운 말로 어머니를 심하게 꾸짖기 시작했다. **(A)**"니기미 쓰벌 엿같으니라구. 그 눈이 째진 동양놈들, 스페인 새끼들, 엿이나 먹으라지"(아버지는 고객들한테서 그런 말을 얻어들었을 것이다).

[중략]

그러나 나도 지지 않았다. 말이 되는지 안 되는지는 접어두고 **(B)**'사회경제적'이라든가 '불가해한'과 같은 학교에서 쓰는 가장 어려운 단어를 골라 끓어오르는 분노를 터뜨리며 그에게 대들었다. 결국 내내 듣고만 있던 어머니가 내 목덜미를 움켜쥐면서 한국말로 소리쳤다. **(C)**"너 이게 어디서 배워먹은 버르장머리냐?"

현진만의 『네이티브 스피커』 제1권(pp. 99-100)

〈번역문 1〉에서는 아버지의 욕설이 다른 의미의 한국어 욕설로 대체되었다. 그러다 보니 이 번역을 통해서는 아버지의 욕설이 갖는 형태적, 의미적 특성을 파악할 수가 없다. 아버지의 영어 욕설은 상황에 맞지 않을뿐더러 문법적으로도 문제가 있는 영어이다. 소설 속에서 '아버지의 고객'이 (A)와 같은 욕설을 썼을 리는 만무하다.

한편 (B)에서는 어려운 단어를 내뱉음으로써 말싸움에서 이기려는 주인공의 의도가 희석되고 말았다. 한국인 독자나 아버지 입장에서는 "사회경제적", "불가해한" 등의 단어가 어렵지 않기 때문이다.

마지막으로 (C)를 확인해보자. 〈번역문 1〉에서는 어머니가 한국어로 말한 부분을 큰따옴표로 처리하여 다른 (사람의) 화법과 차별을 두지 않았다. 이 때문에 번역독자들은 어머니의 꾸지람이 당초 (어색한) 영어로 표현되었는지 아니면 (자연스러운) 한국어를 그대로 옮긴 것인지 확신할 수 없다.

지금부터는 위에서 살펴본 〈번역문 1〉과 아래 〈번역문 2〉를 비교하면서 (A)-(a), (B)-(b), (C)-(c) 쌍의 의미적, 형태적 차이를 느껴보자.

✓ **번역문 2**

한번은 가게에서 어떤 돈 문제가 생겼을 때, 아버지는 말도 안 되는 거리의 욕설을 끔찍하게 내뱉으며 어머니를 호되게 나무라기 시작했다. 아버지는 **(a)"마이 핫 마마 쉿 애스 타이트 칵 서카(My hot mama shit ass tight cock sucka : 성과 관련된 욕설-옮긴이)"니 "슬랜트-아이 스픽-앤-스팬 마다-퍼카(Slant-eye spic-and span motha-fucka : 인종[동양인+남미인]과 관련된 욕을 발음 나는 대로 표기한 것-옮긴이)"니 하는 소리를** 질러 댔는데, 틀림없이 가게에 온 손님들한테서 주워들었을 것이다.

[중략]

하지만 나는 아버지를 계속 몰아붙였다. 말이 되든 안 되든 내가 아는 가장 큰 말들, **(b)학교에서나 사용하는 "소시오이코노믹(socioeconomic)"이니 "인탠저블(intangible)"이니 하는 말들,** 내 어지럽게 타오르는 생각들로부터 끄집어 낼 수 있는 말을 아무렇게나 아버지에게 내뱉었다. 마침내 내가 떠드는 내내 한마디도 하지 않고 있던 어머니가 내 뒤통수를 세게 갈기며 한국말로 소리쳤다.
(c)네가 뭔데 나서는 거야?

(기울임체는 원문 그대로)
정영목의 『영원한 이방인』(pp. 117-18)

〈번역문 2〉의 가장 큰 특징은 번역가의 개입이 가시적으로 드러나 있으며 '자연스러움'보다는 원문의 형식과 저자의 의도를 더욱 중시했다는 점이다. 밑줄 친 (a)에서는 아버지가 그랬을법한 발음으로 원문의 욕설을 음차하였고 괄호 속에 영어를 병기함과 동시에 그 의미를 역주로 보충했다. 이와 마찬가지로 (b)에서도 아버지가 실제 들었을법한 단어의 한국어 발음을 옮겨 적고 영어를 병기하였다. 특히 "인탠저블(intangible)"이라는 단어는 많은 국내독자에게 소설 속의 아버지가 느꼈을법한 기분을 전달할 것으로 판단된다. 즉, 단어의 음가만 제시하고 그 의미를 전달하지 않음으로써 "intangible"이 (주인공의 표현을 빌자면) '가장 큰 말'에 해당함을 암시하는 것이다. 마지막으로 (c)에서는 〈원문〉과 동일하게 기울임체로 처리함으로써 어머니가 한국어로 주인공을 꾸짖고 있음을 암시한다(실제 이 번역가는 소설 속에서 이러한 작법을 일관되게 적용한다). 위와 같은 번역 방법은 주인공과 아버지의 관계, 소설의 상황 등을 작가의 의도대로 표현하고 있다는 점에서 바람직하다. 하지만 혹자는 번역가의 개입, 번역의 길이 등을 이유로, 간결한 번역인 〈번역문 1〉을 선호할지도 모른다. 여러분의 생각은 어떠한가? 위의 번역에 대한 상세한 논의는 이상빈(2014)을 참고하라.

참고: 명백한 오류인데 그대로 번역해야 한다고?

원문에 명백한 오류가 있을 때 역자가 직접 오류를 수정해 번역하기도 한다. 다만 이때도 번역가는 원문 생산자나 발주자에게 해당 사실을 사전에 알려야 한다.

누가 봐도 명백한 오류지만 그대로 번역해야 할 때도 있다. 독자가 역자의 잘못이라고 오해할 수 있는데도 말이다. 가령 다음 사례를 살펴보자(이상빈 2021b).

원문(판소리 「심청가」 완판)
나 지은 이소경 셰고양지묘헤여 짐황고왈빅용이라

번역(Pihl 1994: 178)
'Li Sao,' which I have written

Scion of the High Lord Kao Yang,
Po Yung was my father's name ...

언뜻 보기에도 이 원문은 통사적으로 문제가 많다. 원문의 통사적 결함은 "나 지은 이소경"의 뜻을 생각해보면 더욱 명확해진다('내가 지은 [초나라 충신 굴원屈原의] 이소경離騷經[은 다음과 같다]'). 여기서 역자는 문법에 맞는 자연스러운 문장을 만들 수도 있었지만, 원문의 통사적 결함을 그대로 드러내는 번역을 택했다. 왜냐하면 통사적 결함은 판소리 텍스트의 본연적 특징이기 때문이다. 판소리 텍스트는 다양한 창자(소리꾼)에 의해 입으로 전해져 왔기 때문에 자의적인 삭제, 추가, 변경 등이 많았다고 한다. 게다가 원문의 역사적 가치를 고려할 때 자의적 수정은 위험한 선택이 될 수 있다.

김기영 (2016) 탈식민 문학의 언어 혼종성과 그에 대한 번역전략 논의. 번역학연구 17(2): 7-34.

이상빈 (2011) 문화번역(cultural translation)에 관한 이론적 고찰: 호미 바바를 중심으로. 통역과 번역 13(2): 93-108.

이형진 (2011) 이창래의 *Native Speaker*의 한글번역본 비교연구: 번역가의 두 가지 다른 시선. 세계문학비교연구 36: 131-165.

조의연 (2015) 목표언어 중심의 등가적 번역전략에 대한 비판적 연구. 번역학연구 16(1): 145-166.

한미애 (2014) 김용익 단편소설의 문화번역과 자가번역에 나타난 혼종성. 번역학연구 15(3): 303-329.

제목 번역

제목은 글의 화룡점정(畫龍點睛)이다. 그래서 그런지 제목은 항상 어렵고 끝까지 고민된다. 이는 번역에서도 마찬가지다. 보고서나 책 전체를 번역해야 하는 경우, 또는 신문 기사를 제목까지 번역해야 하는 경우, 또는 파워포인트 자료를 번역해야 하는 경우 제목을 번역하기가 쉽지 않다.

제목을 번역할 때는 원문과 다른 관점에서 번역해야 하는 경우도 있다. 시중의 번역서를 확인해보면 직역된 제목도 많지만 원문과는 전혀 다른, 새로운 제목도 많다. 어떤 경우에는 영어 원제를 함께 적어주기도 하고, 어떤 경우에는 원제 없이 완전히 의역하기도 한다. 특히 출판 번역에서는 텍스트의 외적 요소, 예컨대 책 판매수입 등을 고려하여 최종 편집단계에서 원문과는 무관한 제목이 결정되기도 한다.

그렇다면 학생들은 제목을 어떻게 번역할까? 수업 시간에 자주 다루는 텍스트가 신문 기사이니 신문 헤드라인부터 살펴보기로 하자.

 원문

China's deepening Arab ties: the dragon in the desert

Fuchs (2011. 5. 4.), Reuters의 기사제목

(가) 중국과 아랍 간의 유대가 깊어지고 있다: 사막의 용

(나) 중국의 깊어지는 아랍과의 유대관계: 사막의 용

(다) 중국-아랍의 경제적 결속력 강화의 상징: 두바이 드래곤마트

(라) 정화(鄭和)의 후예, 아랍에서 뿌리를 내리다: 사막의 용, 드래곤 마트

(마) 중국, 새로운 실크로드를 개척하다

*정화(鄭和): 중국 명나라의 무장(1371~1435?). 윈난 성(雲南省) 출신의 이슬람교도로, 대함대를 거느리고 인도·페르시아·아프리카 등지에 원정하여 국위를 떨치고 통상 무역에 공헌하였다(국립국어원 사전).

번역문 (가)와 (나)는 〈원문〉을 그대로 직역했다. 다만, (가)에서는 제목이 문장 형태("중국과 아랍 간의 유대가 깊어지고 있다")로 표현된 반면, (나)에서는 원문 그대로, 구(phrase)의 형태를 띠고 있다. (가)는 쌍점 앞부분이 문장이라는 점에서 어색하고, (나)는 수식어 "깊어지는"의 위치 때문에 부자연스럽게 읽힌다. 한편, (다)는 〈원문〉의 형식을 유지하되 〈원문〉보다 많은 정보를 담고 있다. 구체적으로 보면 "ties"는 '경제적 결속'으로 구체화되었고, 은유적으로 표현된 "the dragon in the desert"는 '두바이 드래곤마트[Dragon Mart]'로 표현되었다. 따라서 (다)의 경우 헤드라인의 느낌은 있지만 은유의 효과는 없다. (라)에서는 좀 더 '신문다운' 분위기를 연출하고자 노력한 흔적이 보인다. 특히 "정화의 후예"와 "아랍에서 뿌리를 내리다"라는 어구는 실제 헤드라인 같은 느낌을 준다. 또한 쌍점 다음의 문구 "사막의 용, 드래곤 마트"도 그 자체로 헤드라인의 형식을 띠고 있다. 신문 헤드라인에서는 쉼표를 통해 주체를 표현한다("사막의 용, 드래곤 마트"는 쉼표를 통해 '사막의 용 = 드래곤 마트'의 의미를 전달한다). 하지만 (라)는 전체적으로 글자 수가 너무 많아 공간적 제약을 받는 신문에는 적합해 보이지 않는다. (마)에서는 중국과 아랍의 관계를 상징적으로 보여주는 어휘 '실크로드'로 독자의 관심을 끌고 있고, "~개척하다"라는 종결 표현을 사용해 강한 인상을 남겼다. (마)의 또 다른 장점은 헤드라인에서 자주 활용되는 '국가명(묘사의 대상) + 쉼표 + 구체적 내용'의 구조를 갖췄다는 점이다.

인하우스 번역가(staff translator)는 소속 기관의 필요에 따라 텍스트의 제목을 번역해야 할 때가 있다. 이러한 경우를 대비해 제목이 어떻게 번역되고, 어떻게 번역될 수 있는지를 고민해 보는 것은 나쁘지 않다. 이러한 점에서 외신 기사의 제목이 국내 유명 사이트에서 어떻게 번역되는지를 살펴보는 것도 큰 도움이 될 것이다. 아래 〈번역문 1〉을 보자.

 번역문 1

(1) KIM JONG UN, DONALD TRUMP AND THE LOOMING NUCLEAR CRISIS IN NORTH KOREA
→ 광란의 질주(2017년 3월 20일 뉴스위크 한국판)

(2) RESEARCHERS WORKING ON TREAT FOR DOGS — A BETTER FLU VACCINE
→ 반려견의 독감, 이제 걱정하지 마세요(2017년 3월 14일 뉴스위크 한국판)

〈번역문 1〉의 두 사례는 『Newsweek』 한국판에서 발췌한 헤드라인이다. (1)의 경우 원문의 의미('김정은, 도널드 트럼프, 그리고 다가오는 북한 핵 위기')와는 전혀 다른, "광란의 질주"로 번역되었는데, 이는 마치 영화 제목처럼 짧고 자극적이며 강한 호기심을 유발한다. 반면, 사례 (2)는 원문의 관점과는 다르지만 원문의 의미를 일부 반영하고 있다. 그리고 기사 본문의 내용을 고려하여 친근한 어조를 사용하고 있다(직접 검색해 원문을 살펴보자). 또 다른 예문을 살펴보자.

(1) Building in Gadhafi compound possibly struck by cruise missiles
→ 카다피 관저, 미사일 공격으로 파괴(CNN 한글뉴스, 2011년 3월 21일)

(2) Celebrities take to the web, text and tweet for Japan
→ 세계 유명 연예인들 日 돕기 나서(CNN 한글뉴스, 2011년 3월 15일)

(3) Porsche 911: The sports car that conquered the world
→ 포르쉐, 獨 디자인과 기계공학의 상징(CNN 한글뉴스, 2011년 2월 22일)

〈번역문 2〉의 (1)은 원제 내용을 거의 그대로 담고 있다. 다만, 이 번역에서는 앞서 언급했던 것처럼 쉼표를 사용해 묘사 대상과 내용을 구분하였고 '크루즈미사일'을 "미사일"로 일반화, 축소하였다. 또한 '[파괴된] 것 같다'는 추측·가능성의 의미를 삭제하였다. 공간적 제약을 받는 헤드라인에서는 '가능', '추측' 등의 의미를 생략할 수 있으며, 독자의 관심을 끌기 위해서도 단언적 표현을 쓸 때가 많다. 한편, (2)에서는 "the web, text and tweet"의 의미를 '돕다'로 축약했고 국가명 일본도 한자 "日"로 축약했다(국내신문을 보면 유명 정치인들도 한자 성 하나로 표현하지 않는가!). (3)에서는 '세계를 지배한 스포츠카'를 (기사본문의 내용을 고려하여) "獨 디자인과 기계공학의 상징"으로 바꿨다. 길이도 길지 않고 원문만큼이나 강한 느낌을 전달하며 매우 구체적인 정보를 담고 있다는 점에서 나쁘지 않은 번역이다. 이 번역에서도 한자를 사용해 국가명을 표현하고 있으며 콜론의 기능을 갖는 쉼표를 활용하여 장르관습을 따르고 있다.

제목 번역은 영화분야에서도 중요하다. 물론 여러분과 같은 번역가가 영화 제목을 번역할 일은 없겠지만, 그래도 영화 제목의 번역양상을 자세히 살펴보면 번역 방법과 번역규범을 이해하는 데 큰 도움이 된다.

영화 제목의 번역과 관련해 임종우·이상빈(2016)은 2014년 국내에서 개봉된 영미영화 338편의 제목과 그 한국어 번역(국내 개봉작 타이틀)을 수집한 후, 번역에 사용된 번역 방법을 정량적으로 분석한 바 있다. 그들이 제시한 영미영화 제목의 번역기법은 기본적으로 다음과 같다.

번역기법	코드	정의
첨가 Addition	A	원제에 없는 어휘가 첨가되는 것(영화 내용, 배우 이름, 주인공 이름, 감독 이름, 개봉 연도 등이 주요 첨가 대상임) 예: The Letters(ST) → 마더 테레사의 편지(TT)
정의 Definition	D	원제의 내용을 명시적으로 전달하기 위해 부가 정보를 삽입하는 것(cf. 이상빈 2015[심화 학습을 위한 논문] 참고) 예: The Giver(ST) → 더 기버: 기억전달자(TT)
직역 Literal translation	L	원제의 단어 하나하나의 의미에 충실하게 번역하는 것 예: Before I Go to Sleep(ST) → 내가 잠들기 전에(TT)
생략 Omission	O	원제의 일부 단어가 없어지도록 번역하는 것 예: Poseidon Rex(ST) → 포세이돈(TT)
새로 쓰기 Text production	P	어휘적 수준(lexical level)에서 원제와 완전히 다르게 영화 제목을 짓는 것 예: Ashes(ST) → 기억 속에 퍼즐(TT)
바꿔 쓰기 Rewriting	R	원제의 일부 내용을 원제와 관련 있는(의미가 비슷하거나 형태가 비슷한) 다른 어휘로 바꾸는 것 예: Big Ass Spider(ST) → 메가 스파이더(TT)
음차 Transliteration	T	원제를 구성하는 단어의 소리를 다른 문자로 옮기는 것 예: The Machine(ST) → 더 머쉰(TT)

임종우·이상빈(2016: 134)

한 가지 분명히 해 둘 점은 표에서 제시한 일곱 가지 방법이 여러 조합을 통해 적용될 수 있다는 사실이다. 예컨대 영화 "Electric City"는 "톰행크스의 일렉트릭시티"로 번역되어, 음차(T)와 첨가(A)가 혼용된 사례이다. 또한 "Vendetta"의 경우에도 "벤데타: 피의 복수"로 번역되어 음차(T)와 정의(D)가 혼용되었다.

임종우·이상빈(2016)의 연구에서 주목할 점은 영미영화 제목의 한국어 번역 방법과 관련하여 규범(norm)의 외적 증거(external evidence)가 확인됐다는 점이다. 두 연구자에 따르면 분석대상 338편 가운데 247편(약 73%), 즉 영화 4편 가운데 3편에서 음차가 사용되었다. 다시 말해 영화 제목을 번역할 때는 번역가가 음차에 대한 압박을 어느 정도 느낀다는 것이다. 물론 음차를 사용하지 않는다고 해서 제재를 받는다거나 음차를 반드시 사용해야 하는 규칙(rule)이 있는 것은 아니다.

영화 제목이 국가마다 다르게 번역될 수 있다는 사실은 영화포스터를 통해 확인

참고: 기드온 투리(Gideon Toury)의 번역규범

번역학자 기드온 투리는 규범(norm)을 "어떤 공동체에서 공유되고 있는 일반적 가치나 사상 등(옳은 것과 옳지 않은 것, 적절한 것과 적절하지 않은 것에 관한 가치나 사상)을 상황에 맞는 행동지침(performance instructions)으로 옮긴 것"(Toury 1995: 55)으로 정의하였다. 투리는 규범의 유사 개념을 영향력 측면에서 '규칙' > '규범' > '관습' > '기벽'의 순으로 나열하고 다음과 같이 설명하였다(Munday 2012: 172)

① 규칙(rules): 규칙을 위반할 경우 제재가 뒤따름. 번역가가 비밀유지 규칙을 어겼거나 번역 시험에서 중대한 문법 오류를 범한 경우
② 규범(norms): '일반적으로 합의된'(generally agreed) 행위. 처방적(prescriptive) 속성을 가지며 규칙보다는 약함. 번역가가 규범을 위반하면(예: 학술문서를 번역할 때 비격식적인 표현을 사용할 경우) 부정적 평가를 받을 수 있음. *임종우·이상빈(2016)의 연구에서는 전체의 73%에서 음차가 사용됨
③ 관습(conventions): 규범보다도 비공식적이며 시행착오를 통해 습득 가능
④ 기벽(idiosyncrasies): 남달리 하는 특이한 행위(특유성)

할 수 있다. 예컨대 중국, 일본, 그리스, 프랑스에서 공개된 영화 'Avengers: Age of Ultron'의 포스터를 비교해보면 포스터 번역에도 국가(언어) 규범이 있을 수 있다는 생각이 든다.

(1) 중국 〈复仇者联盟2 ─ 奥创纪元〉: 중국어 번역에서는 '의미'뿐만 아니라 '발음'을 중시한다. 제목 Avengers는 '복수자 연맹'[fùchóuzhě Liánméng]으로 번역되었고 부제의 Ultron과 Age는 각각 "奥创"[ào chuāng, 오창]과 "纪元"[jìyuán, 기원]으로 번역되었다(참고로 말하자면 '아이언맨', '헐크'와 같은 캐릭터는 "鋼鐵俠[강철협]", "綠巨人[녹거인]" 등으로 번역되었다). 이러한 번역 방법은 원제의 의미를 명시화하는 장점이 있지만 번역독자에게 원제를 소개하지 못한다는 단점도 있다.

(2) 일본 〈アベンジャーズ ─ エイジオブウルトロン〉: 일본 포스터의 경우 이미지와 내용 모두에 많은 변화를 주었다. 포스터 제목은 원제의 의미를 일본어로 번역한 것이며 부제의 Ultron은 중국의 경우와 마찬가지로 일본어의 음가를 활용했다. 부제 아래에는 "세계를 멸하는 것은 아이언맨"이라는 문구가 추가되었고, 포스터 좌우 상단에도

"사랑을 아는 전 인류에게 바친다."라는 문구가 추가되었다.

(3) 그리스 〈Εκδικητες : Η εποχη του Ultron〉: 원제의 의미를 그리스어로 번역하되, Ultron은 영어 그대로 옮겨놓았다(무번역). 그리스어와 영어를 섞어 쓴 것이 특징이다.

(4) 프랑스 〈Avengers : L'Ère d'Ultron〉: 그리스의 경우와는 달리 제목 Avengers를 영어 그대로 남겨두었다. 다만 부제는 고유명사 Ultron을 그대로 사용했고 나머지 부분은 모사(calque)의 형식으로 옮겼다.

강지혜 (2008) 번역기사의 제목에 관한 연구: 『뉴스위크 한국판』의 북한 관련 번역기사를 중심으로. 번역학연구 9(2): 7-43.

권유진 (2020) 영화 제목으로 본 영한 번역기법 연구: 영화 산업 정책과 언어 정책의 변화를 중심으로. 번역학연구 21(2): 9-42.

김순영, 이선영 (2015) 영한 및 한영 소설 제목의 번역 양상 고찰. 통역과 번역 17(3): 23-44.

김영신 (2020) 영화제목의 번역 — 충실성과 창의성 사이의 선택. 통번역교육연구 18(4): 119-135.

김자경 (2021) 기사 헤드라인의 한-영 기계번역 고찰 — 헤드라인의 언어형식 측면을 중심으로. 언어학연구 58: 275-293.

나연서 (2017) 아동 도서 그림책 영한 번역에 나타나는 제목의 구조: 통시적 양상과 언어학적 고찰. 번역학연구 18(1): 7-40.

박미정 (2019) 헤드라인 장르 관습과 번역 규범: 헤드라인 직접인용 한일번역 분석을 중심으로. 통번역학연구 23(3): 61-88.

박헌일 (2019) 한영 소설 제목의 시대별·번역사별 번역 전략 양상 연구. 번역학연구 20(5): 35-52.

오미형 (2012) 한국영화의 제목번역 고찰. 번역학연구 13(1): 59-85.

이계연 (2020) 한류 드라마 제목의 아랍어번역 양상연구. 통번역교육연구 18(1): 191-212.

이광임, 김순영 (2017) 기능주의적 관점에서 본 화장품 인쇄광고 헤드라인의 영한번역 양상 고찰: 기능표지를 중심으로. 영어권문화연구 10(3): 163-187.

이상빈 (2015) 광고이론에 기초한 국내 외화포스터의 명시화 유형 분석. 번역학연구 16(3): 173-196.

이상빈 (2021) 강남역 살인사건 이후 젠더/여성/페미니즘 관련 번역서에 나타난 이데올로기의 변화: 표지 이미지와 책제목을 기반으로. 통역과 번역 23(1): 125-159.

이주리애 (2019) 한일 헤드라인 번역의 포스트에디팅 가이드라인 고찰. 통역과 번역 21(2): 119-144.

조영희 (2014) 미국 영화제목 번역의 한일 비교. 통번역학연구 18(4): 274-294.

조윤실 (2018) TV 자연 다큐멘터리 더빙 번역 전략에 관한 연구 — 체스터만의 규범 이론의 관점에서. 번역학연구 19(3): 287-314.

최미경 (2016) 번역된 소설 제목의 분석. 번역학연구 17(3): 165-192.

함수진 (2014) 기사문 헤드라인의 장르관습과 한일 번역 — 간결성을 위한 조사 및 서술부 관습을 중심으로. 통번역학연구 18(3): 445-475.

Lee, S-B. (2009) Wordplay translation and speech acts: An investigation into students' translation of newspaper headlines. *Korean Journal of Applied Linguistics* 25(1): 227-258.

Yu, H-N., P. Park and C. J. Jeong (2019) Translation strategies for film titles in Korea: Exploring actual viewers' responses in cognitive and behavioural aspects. *Interpreting and Translation Studies* 23(3): 89-116.

31

원문의 구조와
형식의 전이

번역이 어색해지는 경우는 원문의 구조와 형식을 그대로 따를 때도 발생한다. '부자연스러움'의 문제는 구조적 차이가 큰 것으로 알려진 언어 조합, 가령 영어와 한국어 사이에서 상대적으로 자주 발생한다. 일반적으로 어떤 번역을 '자연스럽다'라고 말한다면 그 번역은 '원문의 간섭에서 벗어난' 번역을 의미한다. 초보 번역가들은 원문이 뿜어내는 막강한 힘에 짓눌린 나머지, 원문의 구조를 그대로 옮기며 '원문에 충실하고자 했다'는 생각으로 자신의 어색한 번역을 정당화하기도 한다. 학생들이 원문의 구조와 형식에 얼마나 얽매이고 있는지는 다음 예문을 통해 확인할 수 있다.

 원문

Nonuse periods: Turn the unit off when it is not in use. Unplug the unit from the household AC outlet if it is not to be used for a long time. Unplug the unit during lightning storms.

Panasonic portable CD player 사용설명서

비사용시기: 사용하지 않을 때에는 제품의 전원을 꺼 주세요. 제품을 오랫동안 사용하지 않을 때에는 플러그를 콘센트에서 분리시켜 주세요. 천둥, 번개가 칠 때에도 플러그를 제거해 주세요.

이 학생은 "nonuse periods"를 "비사용시기"로 번역하였다. 이는 'non'과 'use'라는 두 개의 의미 단위를 마치 기계처럼, 순서 그대로, 결합한 결과이다. 이렇게 이상한 표현을 쓸 수 있을까 싶지만 생각보다 많은 학생들이 nonuse periods를 비사용시기 또는 비(非) 사용시기로 번역했다. 물론 비(非) 사용시기의 경우 한자가 병기되어 있어 그나마 의미가 명확하고 어색함도 적다. 이 번역 사례에서도 알 수 있듯이 번역가는 단어 차원에서부터 원문의 형태와 구조를 맹목적으로 따라 해서는 안 된다. 다른 번역 사례를 살펴보자.

 원문

(A) <u>South Asia's monsoon rains kill hundreds every year</u>. This summer they have been especially severe, killing nearly 2,000 people in India since June, according to government's National Disaster Management Division. That total will soon double, at least. Many of the deaths occurred in the north Indian state of Uttar Pradesh. In Assam, (B) <u>floodwaters have submerged over a thousand villages and imperilled the state's rare one-horned rhinoceroses</u>, which have fled a national park for higher ground, putting them within easier reach of poachers.

Anonymous (2008. 9. 4.), The Economist

번역문

(a)남아시아의 장맛비는 매년 수백 명의 사상자를 낸다. 인도의 국가재난관리부에 따르면 올여름의 경우 장마가 더욱 심각하여 지난 6월 이후 약 2,000명의 사람들이 목숨을 잃었다. 조만간 총 피해 인원은 두 배가 될 것으로 보인다. 사상자들의 대다수는 인도 북부에 위치한 우타르프라데시(Uttar Pradesh) 주에 있다. 아삼(Assam)에서는 (b)홍수 물이 천 개 이상의 마을을 침수시켰으며 국가에서 지정한 희귀동물인 코뿔소를 위태롭게 만들었다. 코뿔소는 높은 지대를 찾아 국립공원을 떠났으며 그로 인해 밀렵꾼들의 표적이 되고 있다.

*참고: 사상자란 사망자와 부상자를 합한 말이다. 따라서 이 번역에서 "사상자"라는 단어가 사용된 것은 오역에 해당한다.

밑줄 친 (A)의 개략적인 의미는 '남아시아의 장맛비는 매년 수백 명의 목숨을 앗아간다.'이다. 그리고 문장 (B)의 의미는 '아삼 주에서는 홍수가 천 개 이상의 마을을 침수시켰으며 희귀한 일각(一角) 코뿔소를 위태롭게 만들었다.'이다. 이러한 해석(직역)은 문장의 구조적 측면에서 〈번역문〉의 (a), (b)와 흡사하다. (a), (b)와 같은 번역은 한국어 관점에서 다소 부자연스럽다. 문장구조를 바꿔 '남아시아에서는 장맛비로 인해 매년 수백 명이 목숨을 잃는다.'와 '아삼 주에서는 홍수로 인해 마을 천 곳 이상이 침수되었고 희귀동물인 일각(一角) 코뿔소도 위험에 빠졌다.' 등이 어떨까?

문장의 구조적 특징 때문에 번역이 어렵고 부자연스럽다면 원문의 구조를 달리 생각해보는 것도 좋은 방법이다. 아래 문장 (A)를 번역해보자.

(A) Advances in technology are speeding up the writing of business programs. (Halliday 1985)

이 문장을 '기술의 발전은 비즈니스 프로그램의 작성을 가속화하고 있다.'로 번역하면 어떨까? 자연스러운가? 쉽게 이해할 수 있는가? 문장 (A)가 어렵게 느껴진다면 아래 (B)~(E)와 비교해보자.

(B) Advances in technology are making the writing of business programs faster.

(C) Advances in technology are enabling people to write business programs faster.

(D) Because technology is advancing, people are (becoming) able to write business programs faster.

(E) Because technology is getting better, people are able to write business programs faster.

문장 (A)~(E)는 의미상으로 큰 차이가 없다. 하지만 (A)와 비교해볼 때 가장 큰 구조적 차이를 갖는 (E)를 살펴보면 문장 (E)가 보다 친숙하고 이해하기 쉽다는 점을 알 수 있다. (A)에서 명사군(nominal group)에 해당하는 "advances [in technology]"와 "the writing [of business programs]"은 (E)에서 동사군 "[technology is] getting better", "to write [business programs]"으로 전환됐고, 동사군 "[are] speeding up"에 포함된 숨은 논리는 "because"로 표현되었다. 나머지 예시 (B), (C), (D)도 (A)와 (E) 사이에서 선택할 수 있고, (B)에서 (D)로 갈수록 일상 표현에 가깝다. 참고로, 체계기능언어학에서는 문장 (A)를 '[문법적으로] 보다 은유적'(more metaphorical)이라고 규정한다(여러분이 일반적으로 알고 있는 '은유'와는 다르다). 다만, 문장의 구조를 달리 생각하여 번역하면 텍스트의 결속성에도 영향을 주기 때문에 신중하게 접근해야 한다.

원문의 문장구조를 수정하여 번역할 때는 글의 내용이나 작가의 문체 등을 고려하여 신중하게 결정해야 한다. 일부 작가는 의도적으로 독특한 문장구조를 활용하여 플롯(plot), 인물묘사(characterization), 문체(style) 등에 변화를 주기도 하는데, 이러한 경우 문장구조를 함부로 바꿔 번역하면 저자의 의도를 훼손할 수 있기 때문이다. 예컨대 조세프 콘라드(Joseph Conrad)의 『The Secret Agent』의 클라이맥스에는 Verloc 부인이 남편을 살해하는 장면이 나온다. 여기서 저자는 부인의 살인 행위가 뭔가에 홀린 것 같은 '본능적' 행위임을 암시하기 위해 행위자(사람)가 결여된 "the carving knife had vanished ... The knife was already planted in his breast"와 같은 무생물주어 구문을 사용한다(Kennedy 1982). 이러한 문장에서는 주어를 사람으로 바꿔 번역하면 안 된다. 다음의 번역도 마찬가지다.

"I'm going to kiss you all over, Miss Steele," he says softly, and he cups my chin, pushing it up, giving him access to my throat. His lips glide down my throat, kissing, sucking, and nipping, to the small dip at the base of my neck. My body leaps to attention ... everywhere. My recent bath experience has made my skin hyper-sensitive. My heated blood pools low in my belly, between my legs, right down there.

James (2011: 139)

... 그는 내 턱을 살며시 들고는 목으로 천천히 들어왔다. 그리고 내 목에 입술을 살며시 가져다 댔다. 그러고는 내 목에 키스를 하며 쇄골이 있는 그 곳까지 천천히 내려와 목을 빨고 깨물었다. 몸 이곳저곳이 뛰어오르는 느낌을 받았다. 조금 전에 목욕을 해서 그런지 피부가 극도로 민감했다. 뜨거운 피가 다리 사이의, 바로 그곳으로 쏠리는 것만 같았다.

〈원문〉은 영국의 소설가 E. L. 제임스가 2011년에 발표한 『그레이의 50가지 그림자』(Fifty Shades of Grey)의 일부이다. 저자는 이 장면에서 여자 주인공의 감정 상태를 육감적으로 표현하기 위해 행위의 주체를 신체 일부나 무생물로 표현하였다. 예컨대 "His lips glide down ... My body leaps ... My heated blood pools low in my belly"는 앞서 언급한 『The Secret Agent』의 사례처럼 '본능적인 반응'을 표현하는 작법이다. 따라서 〈원문〉은 위의 학생처럼 번역할 것이 아니라 신체(의 일부)가 행위의 주체로 표현되도록 번역해야 한다.

우리말 번역에서 명사구 'A의 B'와 같은 구조는 영어의 언어적 특징 때문에 나타나는 일종의 번역투일 가능성이 있다. 예컨대 영어의 '수(종류) + 명사' 구조는 아래의 예에서 확인할 수 있듯이 영한 번역에서 자주 접할 수 있는 문제이다.

"What we do know is that it had all kinds of god-awful things in it. Burning jet fuel. Plastics, metal, fiberglass, asbestos." (Goodman 2016, Newsweek)

(A) "우리가 분명하게 알고 있는 건 그 가스 안에는 <u>모든 종류의 끔찍한 것들</u>이 있었다는 점이다. 제트기 연료, 플라스틱, 금속, 유리섬유, 석면 등도 있었다."

(B) "분명 그 속엔 <u>몸에 해로운 건 다</u> 있었다. 비행기 연소가스, 플라스틱, 금속, 유리섬유, 석면 등도 있었지."

But there are still <u>tens of thousands of people</u> who log on every week to enjoy it [the old game].

(C) 지금까지도 이 게임을 매주 즐기는 <u>수만 명의 유저들</u>이 있다.

(D) 이 게임을 하려고 매주 접속하는 <u>사람이 아직도 수만 명</u>에 달한다.

밑줄 친 부분에 초점을 맞춰 (A)와 (B), (C)와 (D)를 각각 비교해보자. 전자(A, C)에 비해 후자(B, D)가 보다 자연스럽다. (B)와 (D)는 '숫자(종류) + 명사(핵어 head word)'의 순서를 뒤바꿨기 때문이다. 물론 (A), (C)의 밑줄 친 부분이 틀린 것은 아니다. 하지만 우리말 어순을 기준으로 생각해보면 보다 자연스러운 구조는 (B)와 (D)이다. 가능하다면 (B)와 (D)에서 확인할 수 있는 '명사(핵어) + 숫자(종류)'의 패턴을 사용해보는 것도 좋다.

한국어와 영어는 구조적인 측면에서 그 간극이 크기 때문에 품사나 문장성분의 위치를 조금만 바꿔 번역하면 자연스러울 때가 많다. 아래 번역문에서 (다른 문장 요소는 유지한 상태에서) 밑줄 친 부분을 필자가 어떻게 수정했는지 확인해보자.

(1) Due to limited funds, the group was able to study only a relatively low number of cases.

번역: 제한된 기금 때문에(→ 기금이 부족하다 보니) ……

*형용사('limited') + 명사('funds') → 명사('기금') + 형용사('부족하다')

(2) While people are <u>increasingly using</u> steroids, testing in gyms does not seem to be the answer.

번역: 사람들이 스테로이드를 점점 더 많이 사용하면서(→ 스테로이드 <u>사용이 증가하면서</u>) ……

*부사('increasingly') + 동사('use') → 명사('사용') + 동사('증가하다')

(3) But most of his buying is done on the web.
번역: 구매의 대부분은(→ 구매는 대부분) 인터넷에서 이루어진다.
*대명사/한정사('most') + 명사('buying') → 명사('구매') + 부사('대부분'). 우리말 "대부분"
  은 명사와 부사 모두 가능하다.

(4) The group expressed concern about the vagueness of his plan.
번역: 계획의 모호함(→ 모호한 계획)에 우려를 표했다.
*명사('vagueness') + 명사('plan') → 형용사('모호한') + 명사('계획')

위와 같은 품사전환은 비단 영한 번역에서만 가능한 것이 아니다. 한영 번역에서도
형용사와 부사의 전환, 명사와 형용사의 전환은 매우 유용하게 활용할 수 있는 전략이
다.

공수 (2020) 한중 소설 번역의 테마 구조 비교 연구. 번역학연구 21(5): 9-33.

김도훈 (2009) 영한 번역 시 발생하는 번역투에 대한 고찰. 통역과 번역 11(2): 3-19.

마승혜 (2017) 독자 수용성 제고를 위한 번역 비가시성 요소 분석 및 논의: 『채식주의자』와 영역본 *The Vegetarian*에 대한 체계기능언어학적 분석을 중심으로. 통번역학연구 21(1): 101-135.

윤현숙 (2022) 출판번역 교정교열의 순기능과 역기능 고찰 — 아이퍽10의 번역투를 중심으로. 통역과 번역 24(1): 191-217.

이지민 (2020) 국내 공연 라이선스 뮤지컬 번역 사례 연구: 뮤지컬 〈유린타운〉 제작 참여를 통한 문제점 및 해결안 제언. 통번역학연구 24(1): 149-166.

이창수 (2014) 번역한국어와 비번역한국어 간 타동형 감정구문에서의 무생물 주어 사용 차이 연구. 통번역학연구 18(1): 123-141.

32

문장 간의 연결,
이끔부(theme)와 딸림부(rheme)

당연한 말이지만 번역도 원문과는 별개로 한 편의 완성된 글이어야 한다. 다시 말해 번역문도 그 자체로 논리적인 연결 구조를 갖춤으로써 해당 문화권의 독자들에게 자연스럽고 완결된 내용을 전달해야 한다(원문이 이상한 글이라면 한계가 있을 것이다). 어떤 텍스트가 논리적인 완결성을 갖추기 위해서는 기본적으로 문장 간의 유기적 관계가 중요하다. 하지만 여전히 많은 학생들이 문장 간의 표층결속성을 간과한 채 단어나 문장 단위의 번역만을 수행한다. 원문과 번역문 사이의 등가(equivalence) 관계에만 집중한 나머지, 번역 내부의 논리 관계망을 제대로 구축하지 못하는 것이다.

어떤 학생들은 번역 과제를 수행할 때 단락 단위로 번역을 제출한다. 예컨대 다섯 개의 단락으로 구성된 텍스트를 번역해야 하는 경우, 원문 한 단락을 제시하고 바로 그 아래에 그 단락의 번역을 적는다. 그리고 또다시 새로운 원문 한 단락을 제시하고 바로 그 아래에 해당 단락의 번역을 적는다. 이러면 번역을 평가하는 교수는 원문과 번역문을 쉽게 대조할 수 있어서 편하다. 하지만 필자는 이렇게 번역하는 것을 금지하고 있다. 왜냐하면 그렇게 번역하는 학생들은 번역을 단락 단위로만 생각하기 때문에 단락 간의 연결을 소홀히 할 수 있기 때문이다. 필자는 학생들이 번역 과제를 제출할 때 원문을 반드시 삭제하고 번역문이 '완결된 텍스트'인지 확인하고 제출하도록 한다.

문장 간이든 단락 간이든 논리적 구조를 갖춘 글을 쓴다는 것은 여간 힘든 일이 아니다. 논리적인 글을 쓴다는 것은 단순히 '번역'의 문제가 아니라 기본적인 글쓰기 능력과도 관련 있다. 번역가로서 인정을 받기 위해서는 기본적으로 문장 간의 유기적 관계를 제대로 맞춰야 하기 때문에 외국어 능력뿐만 아니라 글쓰기 능력을 배양해야 한다. 논리적 구조를 신경 쓰다 보면 번역시간이 훨씬 더 걸릴 것이다. 하지만 인정받는 번역가가 되기 위해서는 그러한 노력을 게을리해서는 안 된다. 물론 원문의 태생적 한계 때문에 아무리 번역을 잘해도 논리구조가 어색할 수 있다. 만일 기관에서 일하는 인하우스 번역가라면 필자가 그러했듯이 원문을 작성한 사람과 논의하면서 원문과 번역문을 동시에 수정할 수 있다.

이제 학생들의 번역 사례를 통해 지금까지 언급한 내용을 상세히 논해보자. 아래 몇 가지 사례들은 번역을 전공하는 학생들이 문장 간의 관계에 얼마나 소홀하고 있는지를 여실히 보여준다.

 원문

This week in Japan, Honda rolled out the future of personal transportation: the FCX Clarity, a hydrogen-powered fuel-cell car that emits only water from its tailpipe. It can go 280 miles on a tank of hydrogen—a renewable fuel that has nothing to do with fossilized dinosaurs—while getting the equivalent of 74 miles per gallon and doing zero to 60mph in less than nine seconds.

Naughton (2008. 6. 18.), Newsweek

 번역문 1

이번 주 일본의 혼다社는 미래형 자동차, 일명 FCX Clarity를 출시하였다. (A)수소로 작동하는 연료전지 자동차이며 (B)배출하는 것 역시 매연이 아닌 물이다. 재활용이 가능한 수소를 연료로 사용하지만 한 번의 충전으로 280마일을 운행하는 것이 가능하며, 석유는 전혀 필요로 하지 않고 (C)그 효율성 역시 갤런당 74마일을 운행하는 석유에 뒤지지 않는다. 또한 시동을 걸고 60mph까지 속도를 내는 데는 9초밖에 걸리지 않는 성능을 자랑한다.

〈번역문 1〉의 경우 출발은 좋다. 첫 문장이 (뉴스기사답게) 전체 단락의 핵심을 짧고 담백하게 전달하기 때문이다. 하지만 이 번역은 두 번째 문장부터 정리가 안 된 느낌을 준다. 먼저 밑줄 친 (A)를 살펴보자. (A)의 경우 문법상 주어가 없기 때문에 의미상 주어는 기본적으로 앞문장의 주어와 동일해야 한다. 그런데 첫 문장의 주어는 "FCX Clarity"가 아닌 "혼다社"이므로 첫 문장과 두 번째 문장은 자연스럽게 연결되지 않는다. 즉, 첫 번째 문장과 두 번째 문장이 보다 자연스럽게 연결되기 위해서는 (A)의 주어가 'FCX Clarity' 등으로 명시되어야 한다. 특히 두 번째 문장은 (B)로 마무리되면서 전체 문장의 초점이 '배출하는 것', 즉 '물'로 변경되었다. 〈원문〉을 다시 살펴보면 첫 문장의 핵심은 콜론을 통해 강조되고 있는 'FCX Clarity'이다. 이뿐만 아니라 (B)의 "역시"라는 단어도 문장 전체를 이해하기 어렵게 만든다. 〈번역문 1〉의 세 번째 문장도 의미상 주어는 'FCX Clarity'이지만 문법적으로는 생략되었다.

한국어에서는 영어와 달리 지시대상이 분명한 경우 동일 요소가 여러 문장에 걸쳐 계속 생략될 수 있다. 한국인이라면 다 아는 사실 아닌가? 우리는 일상 생활에서 주어를 사용하지 않으면서도 대화를 무리 없이 하지 않는가? 하지만 이러한 생략의 기제를 글말에서 자연스럽게 활용하는 사람은 많지 않은 것 같다. 다음 예시는 한국어 번역문에서 지시대상이 어떻게 생략될 수 있는지를 보여준다.

원문: (a)He started off with about fifty corny jokes, just to show us what a regular guy he was. (b)Very big deal. (c)Then he started telling us how he was never ashamed, (d) when he was in some kind of trouble or something, to get right down on his knees and pray to God. (e)He told us we should always pray to God-talk to Him and all-wherever we were. (f)He told us we ought to think of Jesus as our buddy and all. (g)He said he talked to Jesus all the time. (h)Even when he was driving his car. (The Catcher in the Rye, 16)

번역문: (a)그는 50가지쯤 되는 너절한 농담으로 시작했는데, 자기가 올바른 인간이란 것을 입증하기 위해서였다. (b)(Ø그는) 지독한 놈이었다. (d)(Ø그는) 다음에는 무슨 어려움에 부딪힐 때마다 당장 무릎을 꿇고 하나님께 기도하는 자신이 (c)(Ø그는) 조금도 부끄럽지 않았다는 이야기를 꺼냈다. (e)(Ø그는) 우리가 어디에 있건 항상 하나님께 기도하고 하나님께 이야기를 해야 한다고 말했다. (f)(Ø그는) 또한 예수를 우리의 친구로 생각해야 한다

는 것이었다. (g)(Ø그는) 자기는 늘 예수와 이야기한다는 것이다. (h)(Ø그는) 심지어는 운전 중에도 그렇게 한다고 했다. (괄호는 필자 삽입) (호밀밭의 파수꾼, 30)

위 번역은 진실로(2012: 235-36)가 소개한 주제어 생략의 예로, 괄호 안의 "Ø"와 "그는"은 실제로 존재하는 것이 아니라 내용파악을 위해 연구자가 추가한 것이다. 이 사례에서도 확인할 수 있듯이 각 문장의 주어를 계속 생략해도 문장 간의 결속성을 유지하는 데 전혀 문제가 없고, 심지어는 생략하는 경우가 그렇지 않은 경우보다 훨씬 더 자연스럽게 느껴진다. 흥미로운 사실은 (진실로에 따르면) 바로 앞뒤로 이어지는 문장이 아닐지라도 내용상 무엇에 관한 이야기인지 분명한 경우 주제어를 생략할 수 있다는 점이다. 진실로(2012: 236)가 제시한 또 다른 예문을 살펴보자.

원문: (a)Mac was still not sure what to make of Otto Weser. (b)He was a good man, no doubt, (c)but he was amateur in his thinking. (d)He may have been a successful timber business-man in Germany, (e)but Mac would not want to have served under him in combat. (Armageddon, 325)

번역문: (a)맥은 오토 베저를 어떻게 이해해야 할지 아직도 갈피가 안 잡혔다. (b)(Ø그는) 분명 좋은 사람이긴 한데, (c)(Ø그는) 머리 쓰는 일엔 영 아마추어였다. (d)(Ø그는) 독일에서는 잘 나가는 목재상이었는지 모르지만, (e)(Ø맥은) 전투에서 그의 부하로 싸우라면 절대 하고 싶지 않았다. (레프트 비하인드 11: 아마겟돈, 인쇄 중)

위의 번역문에서 문장 (a)의 주어는 '맥'이다. 하지만 뒤이은 문장 (b), (c), (d)의 의미상 주어는 '그'이며 한국어 번역에서는 주체가 누구인지 분명하여 '그'(오토 베저)를 생략하였다. 하지만 문장 (e)에 와서는 다시 주어가 '맥'으로 변했고, 이 또한 문맥상 분명하여 명시적으로 표현하지 않았다. 물론 이러한 작법은 이례적이고 독자의 강한 몰입을 전제로 하는 만큼 매우 신중하게 사용해야 한다.
〈번역문 1〉을 검토하다 보니 관련 논의가 길어졌다. 그럼 다시 서두에서 살펴본 FCX Clarity 기사로 돌아가자.

번역문 2

이번 주 일본의 혼다 자동차는 미래형 자가용인 FCX-클레러티를 선보였다. <u>이 수소 연료 전</u> <u>지 자동차에서 방출되는 것은 오직 물뿐이다.</u> 화석 연료 없이 재생 가능한 수소 저장 탱크만으로 280마일을 달릴 수 있으며, 갤런 당 74마일을 달리고, 9초 안에 엔진가속능력은 0mph에서 60mph까지 올라간다.

〈번역문 2〉도 앞서 살펴본 〈번역문 1〉과 마찬가지로 문장 간의 연결이 부자연스럽다. 밑줄 친 두 번째 문장은 "이 수소 연료전지 자동차"로 시작하면서 앞 문장의 끝부분에 위치한 "FCX-클레러티"를 그대로 이어받고 있다. 이처럼 문장 끝에 위치한 요소를 바로 다음 문장의 앞부분에 위치시키는 것은 문장을 유기적으로 구성하는 데 있어 매우 유용하다(물론 항상 그럴 필요는 없다). 특히 문장 첫 부분에 지시대명사 "이 ~"가 사용된 것도 문장 간의 결속성을 높이는 데 기여하고 있다. 하지만 밑줄 친 문장의 초점은 문장 중간에서 '방출되는 것(물)'으로 갑자기 변경된다. 그 결과, 두 번째 문장은 첫 번째 문장과 세 번째 문장을 연결해 주지 못하고 따로 노는 느낌을 준다. 세 번째 문장의 생략된 주어는 앞의 두 문장과 달리 'FCX Clarity'이다.

 번역문 3

이번 주 일본의 혼다가 미래의 개인 교통수단으로 "FCX 클레러티(Clarity)"를 출시했다. <u>이 차는</u> 수소동력의 연료전지차로, 후부 배기관을 통해 물만을 배출한다. <u>이 차는</u> 재생 가능한 연료인 수소 저장탱크를 사용하여 탱크당 280마일(약 450km)을 달릴 수 있으며 화석화된 공룡과는 아무 상관이 없는 이 연료는 배럴당 74마일(약 119km)을 달릴 수 있고 9초 이내로 시속 60마일(약 97km)까지 도달할 수 있다.

밑줄 친 부분에서 확인할 수 있듯이 〈번역문 3〉의 두 번째, 세 번째 문장은 "이 차는 ~"으로 시작되고 있다. 따라서 앞의 두 번역문과 달리, 적어도 문법적으로는 큰 문제가 없어 보인다. 하지만 세 번째 문장이 접속사도 없이, 동일한 주어 "이 차는 ~"으로 시작되기 때문에 단조롭고 부자연스럽게 느껴진다. 우리말에서 반복을 해야 할 경우 차라리 고유명사(FCX 클레러티)를 쓰는 것이 자연스럽다.

 번역문 4

일본 자동차업체 혼다자동차가 이번 주 개인이동수단의 새 시대를 열었다. FCX Clarity 수소동력 연료전지차는 배기관으로 배출가스는 전혀 없이 물만 방출한다. 이 차는 한 개의 수소탱크로 280마일을 갈 수 있는데, 이 수소에너지는 화석연료가 아님에도 불구하고 갤런 당 74마일에 달하는 거리에 도달하며 9초 내로 시속 60마일까지 가속할 수 있는 신재생에너지다.

〈번역문 4〉에 나타난 문장 간 연결구조는 앞의 사례보다 훨씬 더 복잡하다. 첫 번째 문장의 경우 앞의 사례와는 크게 다르지만 〈원문〉을 그대로 번역한 것이라 그 자체로는 큰 문제가 없어 보인다. 하지만 첫 번째 문장과 두 번째 문장을 함께 생각해보면 그 연결고리가 매우 부자연스럽다는 것을 알 수 있다. 두 번째 문장에서 "FCX Clarity"라는 '신정보'(new information)가 명시적인 연결고리 없이 갑자기 등장하기 때문이다. 두 번째 문장과 세 번째 문장이 동일한 주어를 갖는다는 점에서 두 문장 간의 연결은 비교적 자연스럽다. 하지만 세 번째 문장의 주제어는 문장 중간에서 "이 수소에너지"로 변경되었고, 그 결과 세 번째 문장은 "~ 신재생 에너지다"로 끝맺는다. 즉 마지막 문장의 초점이 'FCX Clarity'가 아닌, '재생에너지'로 둔갑한 것이다. 또한 밑줄 친 "수소 에너지" 앞에 "이"라는 지시대명사가 사용되었는데 이 역시 부자연스럽다. 앞부분에 "수소탱크"라는 말이 있긴 하지만 논의의 핵심은 말 그대로 '수소탱크'이지 '수소'가 아니기 때문이다(자세히 비교해보면 영어 원문과 다르다).

마지막으로 〈번역문 5〉를 살펴보자.

번역문 5

이번 주 일본의 자동차 회사 혼다는 승용차의 미래를 이끌어갈 FCX 클라리티(Clarity)를 선보였다. 클라리티는 수소연료전지차로, 배기가스대신 물을 방출한다. 또한 한 번의 수소(화석연료와는 달리 재생 가능한 연료임) 충전으로 280마일을 주행할 수 있고, 갤런 당 74마일을 달릴 수 있으며, 시동을 걸고 60mph의 가속을 내기까지 9초도 걸리지 않는다.

〈번역문 5〉는 문장 간의 연결 측면에서 앞의 네 번역문과 비교해볼 때 가장 바람직하다. 문장 요소들이 아래와 같이 유기적으로 연결되었기 때문이다.

문장 (1): 혼다는(A) ~ 클라리티(B)를 선보였다.
문장 (2): 클라리티(B)는 ~ 물을 방출한다(C).
문장 (3): 또한 [클라리티는](B) 주행할 수 있고, ~ 달릴 수 있으며, ~ 걸리지 않는다(D).

〈번역문 5〉에서는 문장 (1)의 끝에 위치한 (B) "클라리티"가 바로 다음 문장 (2)의 첫 부분에 위치하고, 이렇게 연결된 (B)는 바로 다음 문장 (3)에서 다시 (숨은) 주어로 등장한다. 따라서 독자는 세 문장이 마치 체인처럼 연결되는 듯한 느낌을 받는다. 위의 논의를 바탕으로, 또 다른 번역 사례를 살펴보자.

 원문

As hundreds of shoppers and tourists stroll through an outdoor mall south of Miami Beach's Lincoln Road, a white, unmarked van with tinted windows creeps through a nearby neighborhood. Then a second van appears, and a third and fourth. One eases to the curb and stops under the palms on a block of mostly two-story apartment buildings. As the other three vans silently roll on, three people step out, walk up the stairs into an apartment complex and knock on the first door they come to. One of them holds a clipboard and another an ice cooler—the clipboard for questionnaires; the cooler for samples.

Firger (2016. 6. 10.), Newsweek

마이애미 해변의 링컨로드 남쪽으로 위치한 야외 쇼핑몰을 수 백 명의 쇼핑객과 관광객이 거닐고 있는 한 때, 인근 동네에서는 썬팅된 흰색 차량이 천천히 움직인다. 그리고 또 한 대의 차량이 나타나고 두 대가 더 들어선다. 그 중 한 대가 보도로 서서히 접근하다가 대부분 2층 아파트로 구성된 블록의 야자수 나무 아래 멈춰 선다. 다른 세 대의 차량이 조용히 지나가는 동안 세 명이 차에서 내려 아파트 단지의 계단을 올라 첫 번째 마주한 문을 두드린다. 한 명은 설문지 클립보드를, 다른 한 명은 샘플수거용 아이스박스를 들고 있다.

〈번역문 1〉을 문장 또는 그 이하의 단위로 나눠보면 아래와 같다.

(1) 마이애미 해변의 링컨로드 남쪽으로 위치한 야외 쇼핑몰을 수 백 명의 쇼핑객과 관광객이 거닐고 있는 한 때[신문기사의 시작부분으로 독자에게 공간적 배경을 제시하고 있다.] 인근 동네에서는 <u>썬팅된 흰색 차량</u>이 천천히 움직인다. [문장의 주체, 관심의 대상은 "썬팅된 흰색 차량"이다.]

(2) 그리고 <u>또 한 대의 차량</u>이 나타나고 두 대가 더 들어선다. [앞 문장에서처럼 관심의 대상·초점은 여전히 "(썬팅된 흰색) 차량"이다. 즉, 앞 문장의 초점을 그대로, 주어자리에 위치시켰다.]

(3) <u>그 중 한 대</u>가 보도로 서서히 접근하다가 대부분 2층 아파트로 구성된 블록의 야자수 아래 멈춰 선다. [여기에서도 문장의 출발점은 '차량'이다. 즉, 관심의 대상은 여전히 '차량'에 머물러 있다.]

(4) <u>다른 세 대의 차량</u>이 조용히 지나가는 동안 [여전히 문장의 출발점은 '차량'이다.] <u>세 명</u>이 차에서 내려 아파트 단지의 계단을 올라 첫 번째 마주한 문을 두드린다. [이제 관심의 대상은 '차량'에 탔던 세 명의 사람들로 좁혀진다. 바로 앞부분에서 '차량'이 시간적 배경의 일부로 제시되었기 때문에 논리가 자연스럽게 연결된다.]

(5) <u>한 명</u>은 설문지 클립보드를, <u>다른 한 명</u>은 샘플수거용 아이스박스를 들고 있다. [앞 문장의 논리를 이어받아 문장의 중심은 '차에서 내린 사람들'이다. 문장의 초점을 유지하기 위해 대시를 삭제하고 대시 이후의 정보를 주절에 포함시켰다.]

이제 〈번역문 1〉과 비교하여 〈번역문 2〉의 논리구조를 따져보자. 〈번역문 2〉의 경우 개별 문장 차원에서는 큰 오역이 없어 보이지만 문장 간 연결 구조를 따져보면 문제가 많다.

 번역문 2

수백 명의 쇼핑객들과 관광객들이 마이애미 비치 링컨 로드 남쪽의 한 아웃도어 매장을 거니는 상황에서 하얗고 표시 하나 없는 선팅된 밴이 인근 동네에 들어선다. 그리곤 두 번째 밴이 나타나고 이윽고 세 번째, 그리고 네 번째 밴이 나타난다. 그중 하나가 보도로 차를 서서히 대면서 야자수 아래 멈춘 곳은 이층 건물들이 대다수인 한 단지이다. 나머지 세 대가 천천히 움직이는 와중, 세 명이 차에서 내리고 아파트로 들어가는 계단을 올라가 제일 먼저 보이는 집에 문을 두드린다. 한 명은 클립보드를, 다른 한 명은 아이스쿨러를 들고 있다. 클립보드는 설문조사를 위해, 쿨러는 샘플을 위해서이다.

(1) 두 번째 밴이 나타나고 이윽고 세 번째, 그리고 네 번째 밴이 나타난다. [여기까지는 〈번역문 1〉과 큰 차이가 없다.]

(2) 그 중 하나가 보도로 차를 서서히 대면서 야자수 아래 <u>멈춘 곳</u>은 이층건물들이 대다수인 한 단지이다. ['밴', 즉 앞 문장의 주체(초점)로 문장을 시작하는가 싶더니, 전체 문장의 초점은 "멈춘 곳", 즉 "(아파트)단지"로 변경되었다. 이 문장이 〈번역문 2〉에서 가장 큰 문제로 판단된다.]

(3) 나머지 세 대가 천천히 움직이는 와중, [문장 (2)에서 관심의 대상이 "아파트 단지"로 변경되었으나, 다시 문장의 초점이 '밴'으로 돌아왔다.] 세 명이 차에서 내리고 아파트로 들어가는 계단을 올라가 제일 먼저 보이는 집에 문을 두드린다. [〈번역문 1〉과 큰 차이가 없다.]

(4) <u>한 명</u>은 클립보드를, <u>다른 한 명</u>은 아이스쿨러를 들고 있다. [문장 (3)의 행위주체를 그대로 이어받고 있다.]

(5) <u>클립보드</u>는 설문조사를 위해, <u>쿨러</u>는 샘플을 위해서이다. [문장 (4)의 두 요소를 초점의 대상으로 재설정하였으나 문장 간 연결관계가 복잡하다.]

앞서 상세하게 살펴봤듯이 문장의 요소를 어떻게 배열하느냐는 전체 메시지에 큰 영향을 줄 수 있다. 예컨대 다음 여섯 문장의 경우 문장을 구성하는 요소는 동일하지만 각 문장이 전달하는 초점, 즉 '메시지'는 사뭇 다르다.

❶ For centuries, yellow canaries have been used to 'test' the air in mining.

❷ Yellow canaries have been used to 'test' the air in mining for centuries.

❸ Miners have used yellow canaries to 'test' the air for centuries.

❹ In mining, yellow canaries have been used to 'test' the air for centuries.

❺ To 'test' the air in mining, yellow canaries have been used for centuries.

❻ The air has been 'tested' in mining for centuries by using yellow canaries.

(Thompson 2014: 147에서 재인용)

❶은 산업 역사(industrial history)에 관한 어느 신문 기사의 첫 문장이다. 이 기사의 주제가 '역사'라는 사실을 감안하면 기사의 첫 문장이 "For centuries"로 시작한다는 점은 매우 적절해 보인다. 만일 ❷와 ❸의 경우처럼 "Yellow canaries"나 "Miners"가 메시지의 출발점이 된다면 전체 기사의 초점은 '카나리아'와 '광부'가 될 확률이 높다. 한편, ❹, ❺, ❻은 제한된 맥락에서, 또는 구체적인 정보가 언급되는 상황에서만 쓸 수 있는 문장이다. 따라서 기사의 첫 부분이 아닌 기사의 중후반부에 등장할 가능성이 크다. 결국, 문장의 진정한 메시지는 문장의 출발점이 무엇이고 그 출발점을 기준으로 문장의 구성 요소가 어떻게 배열되는지에 따라 달라진다.

위의 예시는 "이끔부"(theme)와 "딸림부"(rheme)라는 언어학 용어로도 설명할 수 있다. 이끔부란 절(clause)에서 논의되고 있는 주제이며 앞의 담화와 다음에 나올 담화를 연결하는 부분이다. 다시 말해, 메시지의 출발점이다. 반면, 딸림부는 이끔부에 관한 정보, 즉 청자나 독자에게 전달하고자 하는 구체적인 정보가 담긴 부분이다. 카나리아 예문 여섯 개를 이끔부와 딸림부로 나누면 다음과 같다.

	이끔부(theme)	딸림부(rheme)
❶	For centuries,	yellow canaries have been used to 'test' the air in mining.
❷	Yellow canaries	have been used to 'test' the air in mining for centuries.
❸	Miners	have used yellow canaries to 'test' the air for centuries.
❹	In mining,	yellow canaries have been used to 'test' the air for centuries.
❺	To 'test' the air in mining,	yellow canaries have been used for centuries.
❻	The air	has been 'tested' in mining for centuries by using yellow canaries.

위의 예시가 보여주듯이 이끔부의 선택은 문장의 '진정한' 메시지를 결정하는 데 있어 매우 중요한 역할을 한다. 번역에서도 문장마다 어떠한 정보를 이끔부에 배치시킬지는 매우 중요한 선택에 해당한다. 문제는 원문의 이끔부를 번역에서도 무작정 따라할 수만은 없다는 것이다. 그래서 번역가는 문장을 구성할 때마다 이끔부가 만드는 논리적 구조를 파악할 필요가 있다. 즉, 이끔부가 앞 문장의 이끔부와 동일(유사)한지, 아니면 앞 문장의 딸림부와 동일(유사)한지를 따져보면서 전체 단락의 흐름을 읽어야 한다.

아래 두 단락 (A), (B)는 동일한 메시지를 전하는 것처럼 보이나, 사실은 다른 메시지를 전하고 있다. 둘 가운데 어느 것이 더 자연스러운지 선택해보자.

(A) They had managed to get themselves on the wrong coach at Exeter. They were rescued by a soldier who spotted them both crying. He took them back to Exeter on another bus.

(B) They had managed to get themselves on the wrong coach at Exeter. A soldier who spotted them both crying rescued them. They were taken back to Exeter by him on another bus. (Thompson 2014: 158)

먼저 (A)의 두 번째 문장을 살펴보자. 이 문장에서 수동태를 사용한 이유는 첫 문장의 이끔부, 즉 첫 문장의 출발점에 해당하는 "they"를 두 번째 문장에서도 이끔부로 사용할 수 있기 때문이다. 그리고 두 번째 문장에서 새로 등장하는 "a soldier (who spotted them both crying)"는 문장의 후반부, 즉 딸림부에 위치시켰는데, 이로 인해 "a soldier"는 세 번째 문장의 이끔부, 즉 "He"(=a soldier)로 자연스럽게 연결된다.

반면 (B)는 논리구조가 자연스럽지 않다. 두 번째 문장의 경우 앞 문장에 없던 "a soldier"가 이끔부에 갑자기 등장했고, 딸림부로 들어간 'they(them)'가 세 번째 문장에서 다시 이끔부로 돌아왔기 때문이다.

두 문장을 연결할 때는 선행 문장의 논리를 따진 후 그러한 논리가 후행 문장에 어떻게 전달되는지를 파악해야 한다. 문장 간 결속성을 만드는 방법 중 하나가 바로 'this'와 같은 한정사, 대명사를 이용하는 것이다. 이 때 this는 결속성을 만드는 핵심 기제이기 때문에 번역에서도 이를 적절히 반영해야 한다. 아래 사례를 살펴보자.

 원문

Hate crimes in England, Wales and Northern Ireland reached a new peak after the U.K.'s Brexit vote. This was sadly predictable, considering that one of the Leave campaign's key arguments in favor of exiting the European Union was the prospect of getting tougher on migration and border controls.

Lefringhausen (2016)

 번역문

브렉시트(Brexit) 선거가 끝나자 잉글랜드, 웨일스, 북아일랜드의 증오범죄가 또 한차례 심각 수준에 이르렀다. 유럽연합(EU) 탈퇴 진영의 핵심 주장 가운데 하나가 이민과 국경 통제를 보다 강화하자는 가능성임을 고려해 본다면, 이는 애석하게도 예측 가능했다.

먼저 〈원문〉의 두 번째 문장을 살펴보자. 이 학생은 문장의 이끔부, 즉 "this"의 기능을 제대로 이해하지 못한 것 같다. 〈원문〉에서 "this"는 무엇을 지칭하는가? 그렇다. 앞 문장 전체를 뜻한다. 따라서 길게 늘어진 두 번째 문장이 앞 문장과 자연스럽게 연결되기 위해서는 this의 번역어가 이끔부에 위치하는 것이 좋다(물론 문장을 어떻게 번역하

느냐에 따라 "this"를 그대로 번역하지 않을 수도 있다). 그런데 〈번역문〉을 보면 this에 해당하는 "이는"이 문장 말미에 놓이면서 연결이 어색할 뿐만 아니라 그 의미도 파악하기 어려워졌다. 사실 이러한 문제는 우리나라 학생들에게 자주 나타나는 문제이다. 긴 문장이 나오면 역순으로 번역해야 편하고 자연스럽다고 생각하기 때문이다.

공수 (2020) 한중 소설 번역의 테마 구조 비교 연구. 번역학연구 21(5): 9-33.

김미라 (2012) 한영 단편소설 번역에 있어 '이끔부(Theme)'의 선택이 독자에게 미치는 영향. 조의연 (편저) 번역학 무엇을 연구하는가: 언어적, 문화적, 사회적 접근. 서울: 동국대학교 출판부.

원종화 (2008) 자막번역에서의 유표적 주제구조. 번역학연구 9(1): 167-191.

이상원 (2003) Theme/Rheme 이론과 번역. 통역과 번역 5(1): 145-161.

이주은 (2020) 이끔부 분석을 통해 본 자막 번역 전략. 통번역학연구 24(4): 125-148.

이지은 (2020) 한영 법률 번역에서 주제(theme) 선택에 관한 사례 연구: 체계기능주의 언어학적 관점에서. 통역과 번역 22(2): 129-155.

진실로 (2012) 주제구조를 고려한 영한 번역전략. 통번역학연구 16(4): 221-241.

33

접속어와 결속성

접속어는 단어, 구, 절 또는 문장 사이를 연결해주는 어휘다. 접속어의 종류로는 대립접속('그러나', '그렇지만' 등), 상술접속('예컨대', '말하자면' 등), 전개접속('그래서', '그리고' 등), 보충접속('다만', '왜냐하면' 등), 전환접속('그런데', '그러면' 등) 등이 있다. 접속어는 텍스트의 논리를 결정하고 결속성에 영향을 주기 때문에 적소에 사용하지 않을 경우 문장 전체 나아가 단락 전체를 망칠 수 있다. 그럼에도 불구하고 그간의 영한번역 교재는 접속어와 관련된 내용을 충분히 논의하지 않았다. 아래 예문을 통해 번역에 있어 접속어의 문제를 고민해보자.

 원문

There's no shortage of theories as to how and why today's young people differ from their parents. As marketing consultants never cease to point out, baby boomers and millennials appear to have starkly different attitudes about pretty much everything, from money and sports to breakfast and lunch. New research tries to ground those observations in solid data. The National Center for Family and Marriage Research at Bowling Green State University set out to compare 25- to 34-year-olds in 1980—baby boomers—with the same age group today.

Steverman (2017. 4. 4.), Bloomberg

젊은 세대와 부모 세대가 어떻게 다른지, 또 왜 다른지를 설명해 주는 이론은 생각보다 적지 않다. 마케팅 컨설턴트가 지적해왔듯이 베이비붐 세대와 밀레니엄 세대는 '돈', '스포츠', '식사' 등을 포함한 거의 모든 분야에서 극명한 차이를 보이는 것 같다. 이러한 세대 차이와 관련하여 연구자들은 보다 확실한 증거를 제시하고자 노력한다. **예컨대** 볼링그린주립대학의 결혼가족연구소는 베이비붐 세대(1980년에 25~34세였던 사람들)와 현재 25~34세의 사람들을 비교하였다.

〈번역문 1〉에서 밑줄 친 "예컨대"는 원문에 없는 상술접속어이다. 그럼에도 불구하고 "예컨대"는 전체 단락의 흐름과 바로 앞 문장의 의미를 고려할 때 어색해 보이지 않는다. 오히려 어떤 면에서는 "예컨대"를 넣는 것이 그렇지 않은 경우보다 자연스럽게 느껴진다. 볼링그린주립대학의 결혼가족연구소가 '확실한 증거를 제시한 연구진'에 포함되기 때문이다. 번역문의 결속성은 언어구조의 차이, 글쓰기 방식의 차이, 심지어는 저자의 문체 등으로 인해 원문의 결속성과는 다를 수 있다. 따라서 번역문 그 자체로 결속성이 다져지도록 적절한 접속어를 추가해야 하는 경우도 있다(물론 신중하게 결정해야 한다). 다른 예를 살펴보자.

We've been thinking like economists throughout this chapter. But what does that mean? … Some economists would claim that there is no difference between their analysis of coffee rents and their analysis of immigration. In an important sense, that's true. Economics is in many ways just like engineering; it will tell you how things work and what is likely to happen if you change them. The economist can show that allowing lots of skilled immigrants will help control the gap between skilled and unskilled wages, while allowing unskilled immigrants will do the reverse. What societies and their leaders do with the information is another matter.

Harford (2006: 29)

본 장에서 우리는 경제학자처럼 생각하고 판단하는 연습을 했다. **그렇다면** 경제학자처럼 생각한다는 말은 무슨 뜻인가? …… 어떤 경제학자는 커피숍 임대료를 분석하는 것과 이민문제를 연구하는 것에는 큰 차이가 없다고 주장할 것이다. 큰 틀에서 이 주장은 틀린 말이 아니다. 경제학은 여러 측면에서 공학과도 비슷하다. 경제학은 세상의 논리를 알려 주고, 특정 변수가 결과에 미칠 영향을 예측하도록 돕는다. 경제학자들은 숙련공 이민자를 수용할 경우 숙련공과 비숙련공의 임금차이를 줄일 수 있고 비숙련공 이민자를 수용하면 반대의 효과도 가능함을 보여줄 수 있다. **하지만** 이러한 정보를 기반으로 사회 지도층이 무엇을 할 수 있느냐는 완전히 별개의 문제다.

〈번역문 2〉에서는 반의적 관계(adversative relation)가 문제되고 있다. 〈원문〉의 두 번째 문장은 "But"으로 시작하는 반면, 〈번역문 2〉의 해당 문장은 "그렇다면"으로 시작한다. 또한 〈원문〉의 마지막 문장에는 접속어가 없지만 〈번역문 2〉의 마지막 문장은 "하지만"이라는 접속어로 시작한다. 결국 두 문장에서 〈원문〉과 〈번역문 2〉의 논리관계는 적지 않은 차이를 보인다. 하지만 〈번역문 2〉만을 놓고 보면 논리가 이상해 보이지 않는다. 여러분은 어떻게 생각하는가? 원문의 접속어를 그대로 따르는 것이 항상 옳은 것일까?

참고로, 아래 〈번역문 3〉은 번역서의 일부이다. 밑줄 친 두 번째 문장을 확인해보면 원문과 달리 접속어 "But"이 삭제되었음을 알 수 있다. 나머지 부분도 〈번역문 2〉를 참고하여 비교해보자.

번역문 3

우리는 이번 장에서 경제학자처럼 생각하는 법을 배웠다. **그것이 어떤 의미를 지니고 있을까?** ... 어떤 경제학자들은 커피숍 임대료에 대한 분석과 이민 문제에 대한 분석 사이에 근본적인 차이점은 없다고 주장할 것이다. 주요한 핵심에 있어서 이 말은 사실이다. 경제학은 많은 면에서 공학과도 같아서 한 가지 변화를 줄 때 어떤 현상이 벌어지며 어떻게 일이 돌아갈지를 예측할 수 있다. 경제학자는 숙련 노동자 이민을 늘리면 숙련 노동자와 미숙련 노동자의 임금 격차를 줄이는 데 도움이 될 것이며, 미숙련 이민자를 늘릴 경우 그 반대의 효과가 나타날 것이라는 사실을 알려줄 수 있다. **사회와 사회 지도자들이 그러한 정보를 이용하여 어떤 정책을 펼칠 것인지는 별개의 문제다.**

김명철(2006: 47)

지금까지 살펴본 것처럼 접속어는 텍스트의 결속성을 구축하는 데 있어 매우 중요한 기능을 담당한다. 문제는 선호하는 접속어의 종류나 각 접속어의 사용 빈도 등이 언어마다 다를 수 있다는 점이다. 한 언어 내에서도 텍스트의 장르에 따라 선호하는 접속어의 종류나 사용 빈도가 다를 수 있다. 예컨대 영어권의 소설, 종교 관련 텍스트는 신문 기사에 비해 접속어를 자주 사용하며, 종교텍스트에서는 부정(negation)의 의미를 포함한 부가 접속어나 "because", "since", "for" 등과 같은 원인과 결과의 접속어가 자주 등장한다(Smith and Frawley 1983, Baker 2011: 205에서 재인용). 독일어는 영어에 비해 접속어를 많이 사용한다고 한다. 특히 영독번역에서는 '원인과 결과'를 보다 명시적으로 표현하는 접속어가 추가되는 경향이 있다(Baker 2012: 209).

접속어는 '자연스러움'(naturalness)과 '정확성'(accuracy)이라는 두 가치 사이에서 적절한 수준을 고려하여 선택해야 한다. 물론 가장 좋은 선택은 원문의 내용을 정확히 옮기면서도 자연스럽게 느껴지는 접속어를 사용하는 것이다. 하지만 번역을 하다 보면 앞서 살펴본 것처럼 원문의 접속어를 빼야 한다거나 접속어를 추가·대체하는 것이 바람직한 경우도 있을 것이다. 결국, 접속어와 관련된 문제는 번역가 스스로 결속성을 고려하여 상황별로 적절하게 판단해야 한다. 이런 건 기계가 하기 어려운 부분이다.

참고: 고전소설에서의 '각설(却說)'

「홍길동전」 경판본을 보면 다음과 같은 연결어가 여러 곳에서 등장한다.

- 각설, 홍공이 길동이 작난 업스므로
  → Meanwhile, the story continues: Now that Kil-tong had forsworn his banditry … (Pihl
    1968: 13)
- 차설, 쵸난이 특재의 쇼식 업스믈 십분 의아하여
  → The story goes on: Extremely apprehensive at receiving no word from T'ŭkchae … (Pihl
    1968: 7)

'각설(却說)'과 '차설(且說)'은 고전소설에서 장면을 전환할 때 쓰는 상투어이다. 이러한 연결어를
그대로 번역하면 영어 관점에서 상당히 어색하다. 하지만 역자는 각설, 차설 등에서 느낄 수 있
는 한국 고전소설의 형태적 특성을 보전하기 위해 "the story continues" 또는 "the story goes
on"을 번역문 전체에서 아홉 번이나 사용하였다. 이처럼 역사적 가치가 있는 원작의 경우 텍스
트의 외형적 특성을 유지해야 하는 때가 많다.

곽성희 (2013) 선행어에 따른 문법적 결속고리 전환연구: 영한번역을 중심으로. 통번역학연구 17(1): 27-48.

김혜림 (2018) 혼합코퍼스에 기반한 한중 접속사 번역 분석. 중국언어연구 75: 179-204.

원은하 (2014) 영한 번역에서 대등접속 구문의 번역 전략. 통역과 번역 16(2): 87-109.

이현주 (2022) 문학작품의 중-한 기계번역 결과의 결속구조 분석 ― 인간번역과의 비교를 중심으로. 중어중문학 87: 259-282.

조의연 (2011) 영한 번역과정에 나타난 외축의 명시화: 비대칭 'and' 접속 구문의 화용의미 분석. 번역학연구 12(2): 185-206.

최경희 (2017) ≪긍정의 힘≫에 나타난 결속구조의 단절과 가독성 문제. 예술인문사회 융합 멀티미디어 논문지 7(9): 187-196.

최진실 (2010) 영한 번역에서의 텍스트 구조와 접속 부가어. 번역학연구 11(1): 245-269.

최희경 (2020) 한국문학 번역에서 고찰하는 번역가 문체: 세 번역가에 대한 코퍼스 주도적 분석. 인문사회21 11(6): 1325-1340.

34

단어의 의미와 어감 차이

번역을 할 때 가장 기본이 되는 단위는 아마도 단어일 것이다(물론 신조어나 전문용어를 번역할 때는 형태소도 파악해야 한다). 예전에는 번역을 할 때 종이사전에 의존해야 했기 때문에 단어 하나를 찾는 데도 오래 걸리고 불편함도 컸지만, 이제는 초고속 인터넷을 언제 어디서든 이용할 수 있기 때문에 사전 이용도 간편해졌다. 또한 인터넷에서는 영한사전뿐만 아니라 영영사전, 유의어 사전, 위키피디아 등을 통해 보다 다양한 정보를 구할 수 있다. 하지만 예전이나 지금이나 단어의 의미나 어감을 잘못 옮긴 사례를 쉽게 찾을 수 있다. 학생들이 종종 범하는 단어 차원의 문제를 몇 가지 사례를 통해 확인해 보자.

 원문

As a researcher who studies the history of schooling in the United States, I can testify that Americans have long had a deep and enduring ambivalence about school teachers: We value their work, but we pay them less respect and less money than those in many other comparable professions. There are plenty of signs that teaching as a vocation is in trouble in the U.S.

Gamson (2015. 10. 5.), Newsweek

미국에서 학교교육의 역사를 연구 중인 저는 미국인들이 <u>선생님</u>에 대해 갖고 있는 뿌리 깊은 모순을 확인시켜줄 수 있습니다. 우리는 <u>선생님</u>의 노고를 높게 평가합니다. 하지만 그들은 비교 가능한 다른 직업에 비해 인정도 못 받고 <u>월급</u>도 덜 받습니다. 학생들을 가르치는 직업이 미국에서 얼마나 힘든지는 어렵지 않게 확인할 수 있습니다.

이 학생은 원문의 "teachers [their]"를 두 차례 "선생님"으로 번역하였다. '선생님'이라는 단어는 생각보다 다양한 의미로 사용될 수 있다. 예컨대 '이상빈 선생님', '의사 선생님'의 경우처럼 성(姓)이나 직함과 함께 쓸 경우 존칭의 뜻을 담을 수 있고, 나이가 많은 어른을 높여 '선생님'이라고 부를 수 있다. 또한 존경의 의미를 담아, 뭔가를 가르치는 사람을 '선생님'으로 칭할 수 있다. 하지만 〈원문〉의 맥락에서는 '선생님'보다 '교사'라는 단어가 의미나 어역(register) 면에서 적합해 보인다. 주지하다시피 '교사'는 직업의 하나로, 초·중·고등학교에서 가르치는 사람을 뜻한다. 한편, 밑줄 친 단어 "월급"은 어떠한가? '월급', '급여', '보수', '봉급', '연봉' 등의 용어가 어떻게 다른지 생각해 보자. 다른 예문을 살펴보자.

Mascots will be Guest's first major project since 2013's *Family Tree*, an HBO comedy starring O'Dowd as an aimless 30-year-old who takes to tracing his family history, after which "hilarity ensues." Kind of. <u>The show received mediocre reviews and ran for only one eight-episode season.</u>

Bort (2016. 9. 2.), Newsweek

(A) 이 쇼는 일반적 수준의 평가를 받았고 여덟 번 방송된 후 시즌을 마쳤다.
(B) '패밀리트리'에 대한 평가는 보통 수준에 머무르면서 8회분만 방영되고 시즌을 마감했다.
(C) 그 프로그램은 그저 그런 평가를 받으면서 8회분만으로 시즌을 마감했다.

〈번역문〉의 (A), (B), (C)는 〈원문〉의 밑줄 친 문장을 번역한 것이다. 여기에서는 형용사 "mediocre"에만 초점을 맞춰 세 번역을 비교해보자. (A)의 경우에는 "mediocre"를 "일반적 수준의"라고 번역했고, (B)와 (C)에서는 각각 "보통 수준에 [머무르면서]", "그저 그런"으로 옮겼다. 형용사 mediocre의 명제적 의미(propositional meaning)는 'not very good', 'not satisfactory', 'inferior' 등이다. 따라서 영한사전에서 확인할 수 있는 '보통의~'로만 해석하면 안 되고, 문맥에 따라 어감을 적절히 살려야 한다(때로는 영한사전의 해석이 불충분한 경우가 있다). 우리가 주목해야 할 점은 〈원문〉의 저자가 「패밀리트리」(Family Tree)를 긍정적으로 평가하지 않는다는 것이다. 〈원문〉에 따르면 「패밀리트리」의 주인공("an aimless 30-year-old")은 가족사(家族史)를 찾아 한참을 헤매다가 에피소드 후반에 이르러서야 시청자들에게 즐거움을 선사했기 때문이다. 「패밀리트리」에 대한 원저자의 평가는 "Kind of"로 요약된 후, 현재 논의 중인 마지막 문장으로 마무리된다. 결국 (A), (B), (C) 가운데 (A)와 (B)는 〈원문〉 저자의 해석을 제대로 반영했다고 보기 어렵다. 물론 번역 (B)는 "~수준에 머무르면서"라는 '한계'의 뜻을 내포하고 있어 mediocre의 어감을 (A)보다는 잘 살렸다.

"Once a hacker has control over the TV of an end user, he can harm the user in a variety of ways," Rafael Scheel, the security consultant who publicly demonstrated the attack, told us. "Among many others, the TV could be used to attack further devices in the home network or to spy on the user with the TV's camera and microphone."

Goodin (2017. 4. 1.), ARS Technica

이번 공격에 대해 정보를 제공한 안보 컨설턴트 라파엘 쉴(Rafael Scheel)은 "일단 해커가 엔드 유저의 TV를 통제하게 되면 다양한 방법으로 피해를 줄 수 있으며, 특히 TV를 기반으로 홈 네트워크의 다른 기기를 공격하거나 TV에 내장된 카메라, 마이크 등을 통해 유저를 감시할 수도 있다."고 전했다.

위 〈번역문〉에는 특별한 문제가 없어 보인다. 다만 "security"라는 단어가 어떻게 번역되었는지를 살펴볼 필요가 있다. 이 학생은 〈원문〉의 "security consultant"를 "안보 컨설턴트"로 (어쩌면 습관의 결과로) 번역하였는데, 이는 원문의 주제가 '스마트 TV 보안'에 관한 것임을 고려할 때 부적절해 보인다. '안보'라는 명사는 주로 '국가안보', '안보태세확립' 등과 같은 맥락에서 사용된다. 알다시피 'security'에는 '보안', '경비', '안보', '방위', '보장', '담보', '안도감' 등의 의미가 있으니 상황에 따라 적절한 단어로 선택해 번역해야 한다.

어휘의 의미(lexical meanings)에는 "명제적 의미"(propositional meaning)뿐만 아니라 "표현적 의미"(expressive meaning)라는 것도 있다. 베이커(Baker 2011: 11-12)는 표현적 의미를 설명하기 위해 *Don't complain*과 *Don't whinge*를 비교하는데, 전자의 경우는 일반적 의미에서(특별한 감정이나 추가적 의미 없이) '불평하지마'를 의미하는 반면, 후자는 '(짜증내며 불평하는 사람에게) 불평하지마'를 뜻한다. 단어의 정확한 번역을 위해서는 명제적 의미뿐만 아니라 (숨어 있는) 표현적 의미도 고려해야 한다.

한국문학 번역에서 표현적 의미를 고려한 사례가 있다. 아래 발췌문은 전광용의 「꺼삐딴 리」와 마샬 필의 영어 번역이다.

"여보, 당꾸 부대가 들어왔어요. 거리는 온통 사람들 사태가 났는데 집안에 처박혀 뭘 하고 있어요 … 나가 보아요. 마우재가 들어왔어요……"

1966년 번역본
Dear, there's a tank unit in town and the streets are just packed with people! Whatever

are you doing here all alone in the house? ... Come out and see, dear! The Russians are here! (Pihl 1966: 34)

1993년 교정본
(앞부분은 같음) ... "Come out and see, dear! The *Russkis* are here!" (Pihl 1993: 69)

'마우재'는 러시아 사람을 뜻하는 함경 지방의 방언이다. 러시아인에 대한 부정적 관점을 내포하므로 아무 때나 쓸 수 있는 단어는 아니다. 실제 이 소설에서 화자는 러시아에 대해 안 좋은 감정이 있다. 따라서 마우재를 Russians로 번역하는 것보다 Russkis(러시아인, 속어/경멸)로 번역하는 것이 표현적 의미 면에서 타당하다.

마지막으로 예문 하나만 더 살펴보자.

 원문

If China is to keep growing fast, it must become more innovative. At present Chinese innovation is a mixed bag. There are some outstanding private firms. **Frugal engineers** at private companies such as Mindray, which makes medical devices, and Huawei, a telecoms giant, are devising technologies that are cheaper and sometimes better than their rich-world equivalents. Manufacturers operating near China's coast, whether home-grown or foreign, are adept at "process innovation" - incrementally improving the way they make things. And China's internet start-ups, such as Tencent (a social-networking service) and Alibaba (an e-commerce company), have had a genius for copying Western business models and adapting them to the Chinese market.

Anonymous (2012. 3. 10.), The Economist

중국이 빠른 발전을 지속하고 싶다면 반드시 혁신이 있어야 한다. 현재 중국의 혁신은 어수선한 상태다. 중국에는 몇몇 눈에 띄는 사기업들이 있다. 의료기기를 제조하는 마인드레이(Mindray)사와 통신기업계의 거물인 화웨이(Huawei)사의 <u>소박한 엔지니어들</u>은 저렴할 뿐만 아니라 때로는 선진국보다 더 나은 기술을 고안해내고 있다. 중국 연안 근처의 제조업체들은 국내 기업 혹은 외국 기업이든지 간에 제조 방식을 개선시키는 "과정 혁신"에 능숙하다. 또한 소셜 네트워킹 서비스를 제공하는 텐센트(Tencent)와 전자상거래를 제공하는 알리바바(Alibaba)와 같은 중국의 신생 인터넷 회사들은 서양의 비즈니스 모델을 모방하는 데 탁월한 능력을 보여왔다.

여기서는 "frugal engineers"에만 초점을 맞추고 싶다. 하지만 이를 위해서는 전체 단락의 내용을 파악해야 하므로 다소 길더라도 전체 〈번역문〉을 제시했다. 영영사전이나 영한사전에 있는 형용사 'frugal'은 '절약하는', '소박한', '간소한' 정도의 의미를 갖는다. 하지만 이러한 의미로는 원문의 frugal engineers를 이해할 수 없다. 학생 대부분은 〈번역문〉에서처럼 '소박한 엔지니어' 등으로 번역했다. 문장이 이해되지는 않았겠지만 마땅히 다른 번역어를 찾을 수 없어서 그랬을 것이다.

번역을 하다 보면 가끔씩 이와 같은 경우를 접하게 된다. 알고 있는('알고 있다고 생각하는') 단어인데, 또는 사전을 찾아봐도 '내가 모르는 의미'는 없는데도 해당 표현이나 문장을 도통 이해할 수가 없는 경우다. 어떻게 해야 할까? 위의 경우는 'frugal'이라는 형용사가 'engineers'를 만나면서 새로운 용어가 되었기 때문에 우리가 알고 있는 'frugal'의 1차적 의미로는 문장을 이해할 수 없다. 구글에서 'frugal engineers'를 검색하면 "frugal engineering"이라는 용어를 쉽게 찾을 수 있는데, 그 의미는 'to make high-quality products with fewer resources'로 요약할 수 있다(한국어 번역어는 직접 찾아보자).

연어(collocation)라는 언어학 용어가 있다. 연어는 서로 잘 어울리는, 특정 어휘 간의 임의적 조합을 의미한다. 가령 우리나라 사람들은 '눈을 감다'(close one's eyes)라고 하지, '눈을 닫다'라고 말하지 않는다. '눈'과 '감다'는 연어 관계에 있는 어휘 쌍이다. 연어는 문법체계에 따라 결정된다기보다 원어민이 그렇게 써왔기 때문에 '임의로' 조합된 결과이다. 그래서 이 단락 첫 문장에서 '임의적 조합'이라는 표현을 사용했다.

연어 관계는 어역(register)에 따라 결정되기도 한다. 예를 들어 싱클레어(Sinclair 1966)를 인용한 베이커(Baker 2011: 56)에 따르면 "dull highlights"와 "vigorous depressions"은 매우 어색한 단어 조합임에도 불구하고 사진과 기상학 분야에서는 연어에 해당한다. 마찬가지로 앞서 살펴본 "frugal engineers"도 특별한 맥락이 아니라면 거의 사용할 일이 없는 단어조합이다(물론 'dull highlights', 'vigorous depressions' 만큼은 아니다). 하지만 제조업 분야에서는 frugal engineers가 연어 관계에 있는 단어조합이다. 이처럼 어색해 보이는 표현을 만나면 좀 더 부지런해지는 수밖에 없다. 이상하면 사전을 찾아봐야 한다. 그래도 해결이 안 되면 인터넷 검색을 해야 한다. 자신을 과신하지 말라! 비판적으로 사고하고 시간을 투자해야 한다.

이창수 (2007) 영역된 관광안내 텍스트의 기능적 효과성 분석연구. 통역과 번역 9(2): 155-180.

이현경 (2002) 독자층이 상이한 텍스트의 register 번역 전략: 아동문학과 요리책 번역서를 중심으로. 통역과 번역 4(2): 135-148.

한승희 (2017) 기계번역·인간번역·트랜스크리에이션의 문체 비교: 광고 번역을 중심으로. 통번역학연구 21(2): 163-188.

Lee, P. (2012) The case for a narrative filter in Juliane House's translation quality assessment model: Focusing on Shin Kyung-Sook's *Please Look After Mom. Interpreting and Translation Studies* 16(1): 205-240.

Lee, S-B. (2013) A tale of two translations: A comparative register analysis of UNCRC summary translations. *Interpreting and Translation Studies* 17(1): 135-157.

35

의성어와 의태어

부사를 제대로 사용하면 문장을 맛깔나게 만들 수 있다. 똑같은 부사라 할지라도 글의 내용과 맥락에 따라 다르게 옮겨야 하며 그렇지 않을 경우 문장의 힘이 떨어지기 마련이다. 하지만 학생 대부분은 번역의 테두리에 갇힌 채, 영한사전에서 정의하고 있는 단어 몇 개에만 의존한다.

원문의 부사를 어떻게 옮기는지도 중요하지만 때로는 부사를 적절히 추가하여 번역하는 것도 필요하다. 영한번역을 할 때 부사를 의식적으로 사용하는 경우는 크게 두 가지다. 첫째, 동사, 특히 '신체의 움직임'과 관련된 영어동사 중에는 그 의미가 섬세한 것들이 있는데, 이 경우 부사를 적절하게 사용하여야 동사 본연의 의미가 살아난다. 가령, 동사 'crawl'과 'lop'은 적절한 부사를 사용해 각각 '[벌레가] 스멀스멀 기어가다', '(나뭇가지를) 팍 꺾다'로 번역할 수 있다. 둘째, 텍스트 유형에 따라 부사를 유표적으로 사용해야 하는 경우도 있다. 예컨대 다음 사례를 살펴보자.

(1) THIS is the Mouse peeping out behind the cupboard, and making fun of Miss Moppet.

(2) THIS is Miss Moppet jumping just too late.

(3) SHE thinks it is a very hard cupboard!

(4) AND then all of a sudden – Miss Moppet jumps upon the Mouse!

(5) SHE ties him up in the duster, and tosses it about like a ball.

(6) HE has wriggled out and run away; and he is dancing a jig on the top of the cupboard!

Beatrix Potter의 The Story of Miss Moppet (1906)

〈원문〉은 베아트릭스 포터(Beatrix Potter)의 아동소설 『The Story of Miss Moppet』의 일부이다. 다만, 여기에서는 논의에 필요한 문장 여섯 개만을 산발적으로 추출한 것임을 밝혀둔다. 〈원문〉을 보면 번역하기 어려운 문장은 없다. 번역전공자에게 과제로 부여하기에는 지나치게 쉬워 보인다. 하지만 이러한 텍스트를 이용해도 학생 간의 번역 차이는 확연히 드러난다. 아래 〈번역문 2〉의 밑줄 친 부분에 주목하여 〈번역문 1〉과 〈번역문 2〉를 비교해보자.

✓ 번역문 1

(1) 생쥐는 찬장 뒤에서 미스 모펫을 내다보며 놀리고 있어요.

(2) 미스 모펫은 생쥐를 잡으려고 뛰어올랐지만, 너무 늦어버렸네요.

(3) 컵 선반은 너무 딱딱해요!

(4) 그리곤 갑자기 뛰어올라 생쥐를 잡았어요!

(5) 미스 모펫은 생쥐를 보자기에 가둬 묶고 공처럼 던졌어요.

(6) 생쥐는 손수건에서 빠져나가 멀리 달아났어요. 그러고는 찬장 위에 올라가 신나게 춤을 춥니다.

(1) 생쥐는 찬장 뒤에서 모펫을 <u>힐끗힐끗</u> 엿보며 놀립니다.

(2) 모펫은 생쥐를 향해 <u>폴짝</u> 뛰었지만... 저런! 너무 늦었네요.

(3) 정말, 정말 딱딱한 찬장이었어요!

(4) 갑자기 생쥐에게 <u>펄쩍</u> 달려들었어요!

(5) 모펫은 생쥐를 보자기로 <u>돌돌</u> 말아 공처럼 <u>통통</u> 튀기며 놉니다.

(6) 생쥐가 <u>꼼지락꼼지락</u>하더니 달아났지 뭐예요. 그리곤 찬장 위에서 <u>폴짝폴짝</u> 춤을 춥니다.

이미 두 번역문의 차이를 충분히 파악했으리라 생각한다. 〈번역문 1〉은 〈원문〉을 거의 그대로 옮긴 느낌을 주지만, 〈번역문 2〉는 다양한 부사를 활용하여 텍스트의 질감을 크게 바꾼 사례다. 예컨대 밑줄 친 "힐끗힐끗"(슬쩍슬쩍 흘겨보는 모양), "꼼지락꼼지락"(몸을 천천히 좀스럽게 움직이는 모양), "돌돌"(작고 둥근 물건이 말리는 모양), "통통"(울리는 소리), "폴짝"(뛰어오르는 모양) 등은 번역문에 생동감을 불어넣는 것 같다. 특히 이러한 부사 덕분인지 〈번역문 2〉를 읽다 보면 마치 부모가 어린아이에게 책을 읽어주는 느낌마저 든다. 여러분이 어린 자녀를 위해 책을 고른다면 두 번역문 가운데 어떤 것을 고르겠는가?

위에서 살펴본 〈번역문 1〉, 〈번역문 2〉는 학생의 번역이었다. 그렇다면 위와 같은 차이는 실제 출판 번역에서도 나타날까? 다행히 이를 가늠해볼 수 있는 좋은 연구 결과가 있다. 신지선(2009)은 어른과 어린이 모두에게 오랫동안 사랑받아온 아동문학의 고전 『버드나무에 부는 바람』(The Wind in the Willows)의 의성어·의태어를 연구한 바 있다. 이 작품의 한국어 번역은 연구시점을 기준으로 시공주니어(2003년), 웅진주니어(2003년), 황금두뇌(2005년)에서 출판되었다. 각 번역서를 분석한 결과, 번역서 1(TT1, 시공주니어)과 번역서 2(TT2, 웅진주니어)는 주요 독자층을 아동으로 설정했고, 번역서 3(TT3, 황금두뇌)은 애초부터 어른을 겨냥했다. 이와 같은 독자층 차이는 부사와 같은 어휘 차원에서도 드러난다.

[TT1] 강은 매끄럽고, <u>구불구불</u>하고, <u>통통</u>한 동물 같았다. 이 동물은 꼴꼴거리며 무언가를 쫓아가서 콸콸거리면서 붙잡았다가 쏴쏴거리면서 놓아주었다. (중략) 이 동물은 <u>반짝거</u>

리면서 번쩍거리면서 팟팟거리면서 찰찰대면서 윙윙대면서 졸졸거리면서 보글거리면서 몸서리를 쳐 댔다. 모울은 그 동물한테 홀딱 반해서 얼이 나가고 넋이 빠졌다.

[TT2] 미끌미끌하고 흐느적대는 이것은 무슨 동물일까. 그것은 키득대면서 무언가를 잡았다가 웃음을 터뜨리며 놔주고, (중략) 반짝거리고 졸졸 소리를 내고 휘휘 돌고, 시끄럽게 떠들면서 거품을 만들고, 두더지는 강에 홀딱 반해 버렸다.

[TT3] 구부정한 몸으로 매끄럽게 움직이는 동물 같은 강을 보는 것은 그 때가 처음이었기 때문이다. 불어난 강물은 껄껄거리고 흘러가며 강가의 무엇인가를 붙잡았다가 다음 순간에는 요란하게 웃으며 놓아주고, 다른 놀이 상대를 찾아 떠났다. 붙잡고, 흔들어주고, 번쩍이며 쓸어주고, 소용돌이를 치며 재잘거리고, 거품을 일으킨다. 두더지는 마법에 걸린 듯 매료되고 말았다. (신지선 2009: 150, 모든 강조는 원저자의 것)

밑줄 친 부분에서도 확인할 수 있듯이 아동독자를 대상으로 한 번역서 1(TT1)과 번역서 2(TT2)에서는 의식적으로 의성어와 의태어를 사용하여 번역했으나 어른을 대상으로 한 번역서 3(TT3)에서는 의성어와 의태어의 사용이 확연히 적다. 이처럼 의성어와 의태어가 독자층에 따라 달리 사용된 것은 단순한 우연이 아니다. 신지선(2009: 149)은 다음과 같이 설명한다.

아동문학 평론가들은 어린이를 위한 작품에는 의성어 의태어를 많이 사용할 것을 권장한다. 김세희는 우리나라 말의 내적 리듬감은 글자, 단어, 구절, 문장의 반복과 의성어 의태어에서 생겨난다고 하였고, 이성은도 아동을 위해 글을 쓸 때 단어의 리듬감을 강조하며 그 책을 소리 내어 읽었을 때 강한 인상을 창조하는 것이 좋다고 하였다(심성경 2000 재인용). 의성어 의태어는 의미를 감각적으로 표현하여 독자나 청자에게 그 소리나 모양, 움직임이 직접 보이거나 들리는 것 같은 느낌을 준다. 그 결과 아동이 문학의 즐거움을 느끼는 데 큰 역할을 담당한다. 그런 이유로 아동의 상상력을 키워주고 모국어의 아름다움을 느끼게 해 줄 아동문학에서 의성어 의태어 사용이 권장되는 것이다.

하지만 부사를 지나치게 많이 사용하면 텍스트 장르와 관계없이 글이 지저분해지고 내용의 초점이 흐려질 수 있다. 들어봤을지 모르겠지만 미국의 작가 스티븐 에드윈 킹(Stephen E. King)은 "지옥으로 향하는 길은 부사로 포장되어 있으니 지붕에서라도 그걸 소리쳐 말리고 싶다(I believe the road to hell is paved with adverbs, and I will shout it from the rooftops)"라고 했다. 뭐든지 과하면 독이 된다.

 참고: 가화성과 공연성

가화성(speakability)이란 발화하기 좋은 상태나 정도를 의미한다. 가화성은 아동문학 번역에서 매우 중요한 요소이다. 왜냐하면 아동문학은 눈으로만 보는 텍스트가 아니라 부모가 소리 내어 읽어 주는 텍스트이기 때문이다. 국내 아동문학에서는 의성어와 의태어를 활용하여 가화성을 높이는 것이 규범으로 간주되고 있다(신지선 2005).

아동문학에 가화성이 있다면 희곡번역에서는 **공연성(performability)**이라는 개념이 있다. 공연성은 간단히 말해 텍스트의 공연 가능성 여부나 정도를 뜻한다. 하지만 이 용어의 개념을 정확히 정의하기란 생각보다 쉽지 않다(H.-J. Lee 2015: 89). 어떤 학자는 performability 대신에 **'actability'**, **'stageability'**, **'playability'**, **'theatricality'** 등의 용어를 사용하고, 어떤 학자는 공연성의 세부 특징을 강조하기 위해 **'breathability'**, **'speakability'** 등의 용어도 사용한다. 번역의 맥락에서 공연성을 연구하고자 하는 사람은 <심화 학습을 위한 논문>에서 이형진(2009, 2013)과 박소영(2012)의 연구에 주목하라.

의성어와 의태어는 한영 번역의 맥락에서도 흥미롭다. 구체적인 논의를 위해 다음 발췌문부터 읽어보자.

우리말의 '꼬꼬댁꼬꼬'는 닭의 울음소리를 흉내낸 의성어인데, 이것을 영어로는 'cockadoodledoo', 프랑스어로는 'cocorico', 독일어로는 'kikeriki', 일본어로는 'kokkekokko'로 표현한다. 이는 곧 소리를 모방한 의성어라 할지라도 사회적 약속인 기호에 다름 아니라는 것을 말해주고 있는 것이다.

출처: 한국민족문화대백과사전 "의성어(擬聲語)"

닭의 울음소리가 언어에 따라 다른 이유는 의성어, 의태어를 표현하는 "사회적 약속", 즉 기호 체계가 다르기 때문이다. 이러한 기호 차이는 번역을 어렵게 만든다. 한국어의 경우 사자의 포효를 "으르렁", "어흥" 등의 부사로 표현하지만, 영어에서는 한국인들이 완벽한 등가라고 인지할만한 부사가 없다. 즉, 한국어와 영어는 의성어와 의태어를 표현하는 체계가 다르므로 번역 시 다른 접근법이 요구된다.

밑줄 친 부분에 주목하여 다음 문장을 읽어보자.

(1) 도로에는 차가 엉금엉금 기어가고 있었다.

(2) 타이어에서 바람이 쉬~이익 빠져나갔다.

(3) 그는 쌕쌕 숨을 쉬며 계단을 올라갔다.

(4) 쇠붙이 떨어지는 소리가 땡그랑 났다.

(5) 오리 몇 마리가 강 쪽으로 뒤뚱뒤뚱 걸어갔다.

위 문장을 영어로 표현해보면 다음과 같다.

(1) The traffic was crawling along.

(2) Air hissed out of the tire.

(3) The man wheezed as he climbed the stairs.

(4) There was a clang as the metal hit the floor. (명사로 표현)

(5) Several ducks waddled down to the river.

의성어, 의태어 번역이 좀 더 난해할 때도 있다. 예를 들면 조병화(1921~2003) 시인의 「창공을 날으던 한 마리 새가」를 읽어보자.

창공을 날으던 한 마리 새가

창공을 날으던 한 마리 새가
수렁에 빠져
날개를 칠 수가 없어

허우적
허우적

파닥
파닥

파닥거리며
홀로 가라앉아 간다.

눈에 가득한 창공
창공을 지우며
지우며.

위 시에서 두 번째 연과 세 번째 연은 의성어·의태어로만 이루어졌다. 세 번째 연의 "파닥"은 '새가 날개를 치는 소리 또는 모양'을 뜻하므로 의성어이면서 의태어이다. "파닥"은 세 번째 연뿐만 아니라 네 번째 연에서도 등장한다. 특히 세 번째와 네 번째 연은 "파닥"을 통해 내용이 연결된다. 결국, 이 시를 번역할 때 의성어와 의태어가 관건이다. 여러분은 어떻게 번역하겠는가? 앞서 필자가 보여준 사례와 설명만으로는 이 같은 시를 번역하기가 쉽지 않다.

A BIRD

A bird that flew
High in the sky
Got caught in a swamp
And could not fly.

It beat its wings,
It flapped and flapped
Until it sank, alone,
In the mire,

Erazing, as it sank,
Erazing
The blue sky
That filled its eyes.

이 번역은 한영대역본『고독하다는 건 / The Fact That I Am Lonely』에서 발췌한 것이다(O'Rourke 1990: 139). 역자인 케빈 오록(Kevin O'Rourke, 1939~2020)은 시가(詩歌) 번역의 전문가이다.

위 사례에서 확인할 수 있듯이 오록의 번역은 5연이 아닌 3연으로 구성되어 있다. 이처럼 번역과 원작이 다른 구조를 갖게 된 이유는 지금까지 논의한 의성어, 의태어와 도 관련 있다. 영어에는 "허우적", "파닥"과 완전히 들어맞는 등가어(equivalent)가 없다. 설령 비슷한 어휘가 있다 하더라도 그것만으로는 원문처럼 독립된 연을 만들기가 쉽지 않다. 따라서 의성어, 의태어만으로 구성된 연은 구조를 파격적으로 바꿀 때만이 번역 할 수 있다. 이 사례에서 오록은 원문의 2~4연을 하나로 통합하고 전체 시가 3단계로 전개되도록 했다.

끝으로, 가상의 의성어가 어떻게 번역될 수 있는지를 살펴보자. 아래 원문은 오영 수(1909~1979)의 단편「아찌야」의 일부이다.

원문(오영수의 '아찌야')
코끼리란 그림에서만 봤지 실물을 보지 못했는데도 모른다고 하기 싫어서 결국 한다는 소리가 '코끼리이' 한다고 떼를 쓰는 놈이다.

번역(Pihl 1985 : 35)
Since he hated to admit being at a loss, he insisted that it [the elephant] cries, *phant-phant!*—having never seen the real thing. Such was this boy, Hyong.

주인공은 코끼리 울음소리가 "코끼리이"(코끼리이~ 장음)라고 억지를 부린다. 코끼리 소리는 흔히 roar, trumpet 등의 동사로 표현한다. 하지만 이 사례에서는 코끼리 소리가 말장난 형태로 나오기 때문에 기존 등가어로는 번역할 수 없다. "코끼리이"를 제대로 번역하려면 두 가지 조건을 충족해야 한다. 첫째, 원작의 경우처럼 영어 독자들도 "elephant"라는 이름을 쉽게 떠올릴 수 있어야 한다. 둘째, 의성어를 번역하는 상황이니 기왕이면 동물 소리처럼 들리게 해야 한다. 위 사례에서 역자는 코끼리를 연상시키는 phant를 두 번 사용하여 리듬감과 유머 효과를 재현하였다.

곽순례 (2018) 『마당을 나온 암탉』의 아랍어 번역에 관한 고찰. 아랍어와 아랍문학 22(3): 93-120.

김도훈 (2014) 한-영 의성어·의태어 비교 및 번역 기법. 번역학연구 15(1): 25-50.

김순영, 이선영 (2015) 문체표지(style markers)로서의 말줄임표와 의성어·의태어 번역. 번역학연구 16(2): 7-31.

김혜경 (2018) 희곡 번역의 충실성과 공연성의 경계에서 —『에쿠우스』를 중심으로. 번역학연구 19(2): 89-115.

나연서 (2016) 그림책 번역 시 제목의 가화성: 의성어·의태어 사용을 중심으로. 人文研究 77: 1-54.

마승혜, 김순영 (2021) 웹툰 한영 번역양상 및 멀티모달 기계번역(MMT) 활용 가능성 모색 — 의성어/의태어를 중심으로. 통번역학연구 25(4): 103-124.

박소영 (2012) 희곡 번역과 다시쓰기:『거미여인의 키스』를 중심으로. 번역학연구 13(4): 55-79.

성승은 (2014) 영한 번역그림책의 가화성 향상 제안. 통역과 번역 16(3): 1-36.

윤현숙 (2018) 러한 희곡 번역의 공연성 연구. 노어노문학 30(1): 195-222.

이현주 (2020) 한국문학작품의 번역품질제고를 위한 중국어 번역전략 연구 — 의성·의태어를 중심으로. 통역과 번역 22(1): 263-286.

이형진 (2009) 희곡번역의 공연성과 문화번역: 로르카의 희곡 『예르마』(Yerma)의 영어번역을 중심으로. 통번역학연구 13(1): 161-181.

정영지 (2021) ≪빛의 제국≫ 중국어 번역본 의태어 비교 분석: 대륙본과 타이완본. 중국어문학 86: 277-305.

홍정민 (2021) 패밀리 뮤지컬 번역과 아동 관객: 〈마틸다〉를 중심으로. 번역학연구 22(1): 313-350.

Lee, H. (2013) Translation of 'performability' in the English translations of Park Jo-yeol's *O Chang-gun's Toenail*. *The Journal of Translation Studies* 14(3): 87-110.

36

영상번역 맛보기

영상번역은 영어로 'screen translation', 'film translation', 'audiovisual translation' 등으로 쓰인다(용어와 관련해 본 장 끝에 있는 "참고"를 확인할 것). 하지만 일반적으로 '영상 번역'이라 하면 'audiovisual translation', 줄여서 'AVT'를 의미한다. 왜냐하면 다른 두 용어는 특정 매체나 모드만을 지칭하는 반면, audiovisual translation은 모든 영상 매체 의 '시청각'(audio-visual) 측면을 강조하기 때문이다. 이러한 점에서 비디오 게임 번역도 소프트웨어 현지화를 결합시킨 영상번역에 해당한다.

영상번역 분야에서는 서브타이틀(subtitle: '서타이틀'과 비교하지 않을 경우 보통 '자막'으로 통용됨), 더빙(dubbing), 서타이틀(surtitle), 음성 해설(audio description), 보이스오버(voice-over) 등이 논의된다. 이 가운데 서브타이틀과 더빙이 뭔지는 굳이 설명하지 않아도 될 것 같다. 다만 우리나라에서 일반화된 서브타이틀의 경우 다음 두 가지를 언급하고자 한다. 첫째, 서브타이틀은 "취약한 번역"(vulnerable translation)으로도 불린다(Díaz Cintas and Remael 2007: 57). 왜냐하면 출발어를 잘 아는 시청자는 영화의 원음(원문)과 서브 타이틀을 비교하면서 번역의 문제점을 찾을 수 있기 때문이다. 서브타이틀은 시공간 적 제약을 받기 때문에 원문을 100% 반영하기란 실질적으로 불가능하다. 둘째, 서브 타이틀은 이(異) 언어 서브타이틀(interlingual subtitling), 동일언어 서브타이틀(intralingual subtitling), 이중언어 서브타이틀(bilingual subtitling) 등으로 분류할 수 있다. 이중언어 서 브타이틀이란 두 개 이상의 언어로 동시에 제공되는 자막을 뜻한다(우리나라 외화에서도 원영화의 자막을 그대로 남긴 채 그 자막의 한국어 버전을 다른 공간에 배치하기도 한다). 동일언어 서브타이틀은 인물의 대사나 배경소리 등을 동일언어 자막으로 표현한 것이다. 앞서 살펴본 배리어프리(barrier-free) 영화의 자막이 여기에 해당한다.

서타이틀(surtitle) 또는 수퍼타이틀(supertitle)은 무대 상단의 대형스크린 자막(아래 이미지), 또는 관람객 앞 좌석 뒷부분에 띄우는 작은 스크린(국제선 비행기 앞 좌석 스크린 형식) 상단 자막을 말한다. 이때 접두어 sur-, super-(supra-로도 쓰임)는 '상부의', '~위에'라는 뜻이다. 무대 위에 설치된 디스플레이에는 한 줄에 32~36자(영어기준) 정도 들어간다. 필자는 세종문화회관에서 프랑스 오페라를 관람했을 때 서타이틀이라는 것을 처음 접했다. 당시 공연은 무대 스크린 대신에 앞좌석 개별 스크린을 지원했다. 서타이틀은 용어 뜻 그대로 스크린 상단에만 등장했다. 이는 관람객의 시선이 서타이틀로 분산되는 각도를 최대한 줄임으로써 공연 관람을 방해하지 않기 위한 것이다.

공연 자막(서타이틀) ©예술의 전당
(스크린이 무대 위에 있는 경우)

공연 자막 ©예술의 전당
(스크린이 무대 좌우에 있는 경우)

    음성 해설(audio description)은 시각장애인이 각종 상황의 시각 정보를 이해할 수 있도록 그 내용을 음성으로 전달하는 서비스이다. 음성 해설은 영화뿐만 아니라 실시간으로 진행되는 상황, 예컨대 연극, 박물관 안내, 심지어 축구경기에서도 이루어진다(따라서 이러한 번역 서비스를 '영상번역'으로 부르면 어색할 때가 있다).

    보이스오버(voice-over)는 영화의 원음은 낮게 들리도록 하고 성우의 목소리(번역을 읽는 소리)를 상대적으로 크게 들리게 하는 방법이다. 보이스오버는 다큐멘터리나 인터뷰 형식의 영상물에서 주로 사용된다. 국내에서는 음성 해설과 더불어 관련 연구가 부족한 상황이다(조성은 2014).

    필자는 수업 시간에 아주 제한적인 상황에서만 영상번역을 다루어왔다. 그래서 이 책에서는 영화 한 편을 이용하여 '맛보기' 정도로만 영상번역을 다룰 수 있을 것 같다. 아래 〈원문〉은 BBC One이 제작한 「Sherlock: A Study in Pink」(『셜록: 핑크색 연구』) 가운데 초반부(10분 31초)에 해당한다. 그 아래 첫 번째 번역은 학생자막이고, 나머지 번역은 넷플릭스(Netflix) 자막과 KBS 더빙이다. 그럼 세 번역을 비교해보자.

원문: *A Study in Pink, Sherlock*

SHERLOCK (to Watson): I play the violin when I'm thinking. Sometimes I don't talk for days on end. (a)Would that bother you? (b)Potential flatmates should know the worst about each other.

(BBC One 2010)

번역문 1

학생 자막: 난 무언가 생각할 때 바이올린을 연주합니다. 그리고 가끔씩 며칠 동안 말을 안 할 때도 있죠. (a)이런 것들이 당신을 귀찮게 합니까? (b)잠재적인 룸메이트들은 서로의 단점들에 대해 알아야 되니까요.

자막(넷플릭스): 난 생각할 때 바이올린을 켜요. 며칠씩 말하지 않을 때도 있죠/ (a)괜찮겠어요? (b)같이 살려면 단점은 서로 알아야죠.

더빙(KBS): 난 생각할 게 있을 때 바이올린을 켜거든요. 며칠씩 말을 안 할 때도 있고요. (b)같이 살려면 서로의 단점에 대해 알아야죠.

위 사례를 분석하기 전에 다음과 같은 질문에 답해야 할지도 모르겠다. KBS는 왜 더빙을 선택했는가? 여러분도 주지하고 있듯이 우리나라는 소위 '자막국가'에 해당한다. 우리나라도 예전에는 더빙국가에 속했지만, 자막이 갖는 우위(단기간에 적은 비용으로 제작 가능)와 오리지널 사운드를 선호하는 시청자의 기호 등이 맞물리면서 점차 자막을 선호하게 되었다. 그럼에도 불구하고 KBS는『셜록』을 제작할 때 과감히 더빙을 선택했다.『셜록』의 경우 국내 팬덤이 두텁기 때문에 더빙은 위험한 선택이 될 수도 있었다. 하지만 더빙은 생각보다 성공적이었다. 다수의 인터넷 매체를 보면 KBS가 얼마나 섬세하게 번역을 진행했는지 확인할 수 있다. 흥미로운 사실은 KBS가 마니아층의 의견을 수용해 시즌4부터는 자막과 더빙버전을 동시에 제공했다는 점이다. KBS는 더빙과 자막으로 양분된 시청자의 기호를 모두 존중하여 본방송(KBS 1TV)은 더빙으로, 재방송

(KBS 2TV)은 자막으로 제공했다.

　　이제 본론으로 돌아와 세 번역문을 비교해보자. 우선 학생 자막은 다른 두 번역에 비해 글자 수가 많다. 반면 넷플릭스 자막과 KBS 더빙은 길이 면에서 짧고, 서로 큰 차이가 없다. 문장 (a)의 경우 넷플릭스 자막에서는 "괜찮겠어요?"로 간결하게 처리되었고, KBS 더빙에서는 완전히 삭제되었다. 반면 학생은 기계번역의 느낌마저 드는 "이런 것들이 당신을 귀찮게 합니까?"로 번역하였다. 더빙에서 (a) 전체를 삭제할 수 있었던 이유는 크게 세 가지로 판단된다. 첫째, (a)는 스토리 전개상 중요하지 않은 부분이다. 둘째, 화자(셜록)는 남을 의식하지 않는 인물이기 때문에 예의를 갖춰 말한 (a)를 삭제해도 화자의 성품과 배치되지 않는다(셜록은 왓슨을 처음 만났음에도 불구하고 왓슨을 룸메이트로 정해버린다). 셋째, 더빙의 경우 시간 및 글자 수 제한이 있기 때문에 문장 전체를 삭제하는 것이 불가피했을 수도 있다.

　　학생 번역과 나머지 두 번역의 차이는 (b)에서도 드러난다. 학생의 번역은 부자연스럽고 이해하기 어려운 반면, 넷플릭스와 KBS의 번역("같이 살려면~")은 길이도 짧고 자연스럽다.

　　학생 번역은 기존 관점에서 볼 때 자막으로 사용하기 부적합하다. 하지만 그러한

번역에도 주목해야 할 이유가 있다. 학생의 번역은 팬서브(fansub)와 마찬가지로 기존의 번역양상을 따르지 않기 때문이다. 예컨대 이미지 속 팬서브는 위 학생의 경우와 마찬가지로 원문을 그대로 번역한 것이고, 자막이 화면 절반을 뒤덮고 있다.

팬서브는 전통자막과 비교해볼 때 몇 가지 특징을 보인다. 가령 팬서버(fansubber)는 폰트 크기를 비정상적으로 수정하고, 두 줄로 제한된 기존의 공간 제약을 지키지 않는다. 또한 자막의 위치, 색깔, 모양 등을 마음대로 정하고, 역주를 사용하여 문화특정 항목, 전문용어, 말장난 등을 설명하기도 한다. 이러한 특징은 한동안 아마추어 번역가의 무지한 선택으로 해석되어 왔다. 그래서 혹자는 팬서브를 '아마추어 번역'(amateur translation) 또는 '비전문가 번역'(non-professional translation)으로 불렀다.

하지만 팬서브는 페레즈-곤잘레스(Pérez-González 2007)가 예측한 것처럼 "나비효과(butterfly effects)"를 내면서 기존의 자막번역에 큰 영향을 미치기 시작했다. 최근의 공식 자막을 관찰해보면 폰트의 색깔이나 위치가 다양해지고 3줄 이상의 자막이 등장하는 등, 팬서브의 특징으로만 알려졌던 것들이 공식자막에서도 서서히 나타나고 있음을 알 수 있다. 예컨대 영화『엣지 오브 투모로우』(Edge of Tomorrow)에서는 '화이트홀'이라는 용어를 설명하기 위해 기존의 흰색 자막에 별도의 노란색 자막 두 줄을 첨가했다. 이 노란색 '주석'은 화이트홀의 의미를 제시하고는 금방 사라진다.

 원문: *A Study in Pink, Sherlock*

SHERLOCK: I know you're an Army doctor and you've been invalided home from Afghanistan. (a)I know you've got a brother who's worried about you but you won't go to him for help (b)because you don't approve of him – possibly because he's an alcoholic; more likely because he recently walked out on his wife. (c)And I know that your therapist thinks your limp's psychosomatic – quite correctly, I'm afraid. That's enough to be going on with, (d)don't you think? The name's Sherlock Holmes and the address is two two one B Baker Street.

(BBC One 2010)

학생 자막: 난 당신이 군의관이었고 아프가니스탄에서 의가사 제대한 것을 알고 있죠. (a)당신은 당신을 걱정하고 있는 형이 있지만 도움이 필요할 때 그를 찾아가지 않을 겁니다. 그는 알코올 중독자에다가 최근 아내를 떠났기 때문에 (b)당신은 형을 신뢰하지 않으니까요. (c)그리고 당신의 치료사가 당신은 심리적 요인으로 인해 림프절에 문제가 있다고 생각하네요. 유감스럽게도 그건 어느 정도 맞는 것 같네요. 이젠 같이 살 정도로 충분히 알고 있다고 생각하는데… (d)안 그래요? 내 이름은 셜록 홈스이고 주소는 베이커가 221B입니다.

자막(넷플릭스): 당신은 아프가니스탄에서 의병 제대한 군의관이고/ (a)걱정해 주는 형이 있는데도 도움받기를 꺼리고 있죠/ 형이 알코올 중독자이거나 형이 형수를 떠났기 때문이겠죠/ (c)심리치료사는 심리적 요인으로 다리에 이상이 왔다고 하겠죠/ 안타깝지만 치료사 말이 맞는 거 같군요/ 이 정도면 알 만큼 알잖아요/ 제 이름은 셜록 홈스예요/ 베이커가 221B에서 뵙죠/

더빙(KBS): 군의관 복무 중에 아프가니스탄에서 부상을 입어 송환됐죠? (a)형이 있지만 별로 친하지 않아요. 형이 알코올 중독 때문이거나 형이 형수를 버렸기 때문이겠죠. (c)당신 상담치료사는 심리적인 이유로 다리를 전다고 믿고 있어요. 나도 그렇게 생각하구요. 이 정도면 룸메이트 자격이 되지 싶은데. 내 이름은 셜록 홈스입니다. 주소는 베이커가 221B.

학생 자막은 언뜻 봐도 KBS 더빙이나 넷플릭스 자막보다도 훨씬 길다. 먼저 밑줄 친 (a)부터 살펴보자. 더빙은 학생자막과 달리 스토리 전개상 중요하지 않은 '왓슨과 형의 관계'를 '친하지 않다'로 요약하였다. 학생-(a)에서는 "당신"을 불필요하게 자주 사용하여 문장이 자연스럽지 않다. 넷플릭스 자막은 더빙과 학생 번역의 중간 형태로, 간결하면서도 더빙보다는 정보성이 높다("걱정해 주는 형"이 포함됨).

이제 원문-(b)를 살펴보자. 넷플릭스 자막과 KBS 더빙에서는 이미 언급한 형의 특성('친하지 않은 형', '형수를 버린 사람', '알코올 중독자')을 고려하여 (b) 전체를 삭제하였다. 마찬가지로 부가의문문 (d)도 새로운 정보를 제공하지 않기 때문에 생략하였다. 반면 학생 자막은 〈원문〉을 거의 그대로 유지하고 있다.

마지막으로 (c)를 살펴보자. 넷플릭스 자막이나 KBS 더빙에서는 "limp"(절뚝거리다)의 의미를 간결하게 전달하고 있는 반면, 학생은 limp를 'lymph'(림프, 임파액)로 오독하

번역 방법	영한번역 예시
동사구 표현 바꾸기	He is gonna be just the same. → 그놈 안 변할 거야.
부정형, 수사법 문장 사용 하지 않기	We did not live in a palace … → 장소가 좁아 …
화법 바꾸기	I often tell myself: "Good thing she went, we're more at ease like this." → 그가 떠나서 기뻐. 상황이 쉬워졌거든.
이끔부와 딸림부 바꾸기	The laundry, the ironing, your grandmother did all that! → 할머니가 집안일 다 하셔.
복문(complex sentence) 사용하지 않기	I didn't tell you just because I thought you'd get pissed off. → 아무 말 안 했어. 화났다고 생각했거든.
문장 합치기	Where did you find this woman? She's a genius. → 이 천재를 어디서 찾은 거야?

여 전달하였다. 대명사 'you'도 그대로 번역하면서 이독성(readability)이 떨어지는, 불필요하게 긴 문장을 만들었다.

위에서 살펴본 것처럼 더빙과 서브타이틀은 종종 비슷한 모습을 띤다. 더빙이 서브타이틀에 적용되는 규칙을 대부분 따르기 때문이다(Díaz Cintas and Remael 2007: 25). 더빙과 서브타이틀은 텍스트 축소 면에서도 공통점이 많다. 영상번역에서 텍스트를 축소하는 원칙은 간단하다. 내용(content)을 이해하는 데 필요 없는 요소는 삭제하고 형태(form)는 가급적 압축·재구성하는 것이다. 원문을 압축·재구성하는 방법은 단어나 문장 차원에서 위 표와 같은 방법을 통해 가능하다(Díaz Cintas and Remael 2007: 144-161).

이제 다른 논의로 넘어가자. 아래 두 연속된 화면은 『셜록: 핑크색 연구』의 일부(약 00:43:15)이다.

(BBC One, 2010)

위 화면이 보여주듯이 영화『셜록』은 등장인물이 보거나 생각하는 내용을 역동적인 자막으로 표현한다(자막이 프레젠테이션 '슬라이드 쇼'처럼 움직인다). 이처럼 영화에 움직이는 자막이 존재하는 경우, 국내에서는 비슷한 효과의 한글 자막을 구현하기도 한다.

또 다른 사례를 살펴보자.

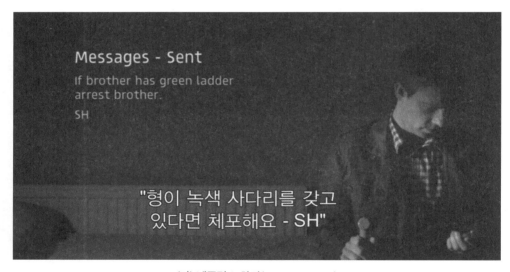

(가) 넷플릭스 화면(BBC One, 2010)

(가)는 넷플릭스의 자막화면이다. 깔끔한 흰색 폰트로 다른 일반자막과 동일한 위치에, 화면 속 영어를 한글자막으로 표현했다. 화면의 영어자막(문자메시지)을 그대로 인

용했다는 뜻에서 큰따옴표를 사용한 것이 특징이다.

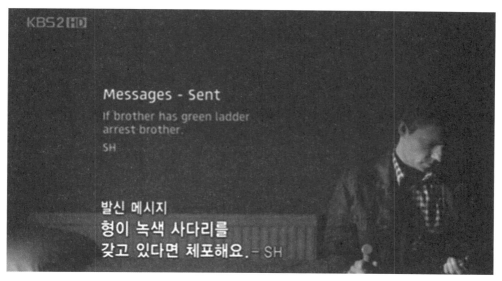

(나) KBS 더빙영화 화면(BBC One, 2010)

(나)는 KBS 더빙영화의 화면이다. 한글자막은 영어자막과 비교해볼 때 폰트 느낌, 레이아웃 등에서 매우 흡사하다. 발신메시지의 내용은 흰색 글자로 표현한 반면, "발신 메시지"라는 항목과 발신자 "SH"는 각각 노란색, 주황색으로 표현하여 세 영역을 섬세하게 구분한 것이 특징이다. 이처럼 여러 색의 자막을 사용하는 것은 팬서브에서나 있을 법한 일이지만, 최근에는 지상파 방송에서도 다양한 색깔을 적극 활용하기 시작했다.

(다) 팬 번역 화면(BBC One, 2010)

    (다)는 구글 검색을 통해 쉽게 구할 수 있는 팬서브 영화의 자막이다. 문자메시지의 내용을 대괄호 속에 표현한 것이 특징이다. 앞서 살펴본 (가), (나)와 비교해보면 글자 크기가 매우 크다는 사실을 알 수 있다. 화면 속 영어자막과 비교해볼 때도 비정상적으로 크다.

    영화 본연의 자막이 어떻게 번역될 수 있는지 또 다른 사례로 살펴보자.

(A) 넷플릭스 자막화면(셜록의 생각이 화면 상단에 나타남)

(B) KBS 더빙영화 자막화면(원자막이 한글로 대체됨)

    (A)의 한국어 자막은 자막영화라는 점을 감안할 때 특이할 것이 없다. 반면 더빙영화인 (B)의 경우에는 두 가지 특징이 존재한다. 첫째, 영어자막을 삭제하고 그 위치에 한국어 자막을 입혔다. 즉, (A)와 달리 화면 하단에 넣었을 법한 '인위적인' 자막은 사용하지 않았다. 둘째, 자막 괄호에 RACHE의 한국어 발음을 제시함으로써 시청자가 (마치 주인공의 입장에서) 단어를 마음 속으로 읽을 수 있도록 유도했다. 이러한 '개입'은 영화가 더빙이라는 점을 감안할 때 자연스럽게 느껴진다. 또한 이 장면 몇 초 뒤에 어떤 인물이 "Rache"를 한국어(음차)로 발음한다는 점에서 어쩔 수 없는 선택이기도 하다.

참고: AVT는 '시청각 번역'

영어로는 audiovisual, 즉 '시' + '청'인데, 왜 반쪽짜리 "영상"(視)이 됐을까?

AVT, 즉 audiovisual translation을 '영상번역'으로 번역하면 문제가 될 수도 있다. 영상(映像)은 "영사막이나 브라운관, 모니터 따위에 비추어진 상"(표준국어대사전)을 뜻한다. 영상이라는 단어에는 '음성'과 관련된 의미가 표면적으로 드러나지 않는다. 한영사전에 '영상'을 입력하면 picture와 image로만 확인되는 이유이기도 하다. 따라서 음성해설 등을 포함하는 audiovisual translation을 '영상번역'으로 번역하면 안 된다. 영상이라는 단어에 음성 개념이 함축적으로 녹아든 것이라 주장해도 '영상번역'은 출발어 용어만큼 직관적이지 않다. 특별한 경우가 아니라면 자막이면 자막, 더빙이면 더빙 등으로 논의대상을 한정하여 부르는 게 좋고, audiovisual translation은 포괄적 용어(umbrella term)로만 쓰는 것이 바람직하다. 결론적으로 말해, 광의의 audiovisual translation은 스크린이 수반되지 않는 번역을 포함하기 때문에 '영상번역'이 아닌 '시청각 번역' 등으로 표현하는 것이 타당하다.

「우리는 번역학 용어를 제대로 쓰고 있는가?」(p. 138)를 재구성

김정림 (2015) 자막번역의 제약과 축소 전략 연구. 통번역학연구 19(2): 111-134.

박서영, 최희경 (2019) 담화표지의 기능별 번역 양상 연구: 영한 더빙텍스트 코퍼스 분석을 중심으로. 통역과 번역 21(1): 1-30.

박윤철 (2011) 영상자막 번역과 두 줄의 미학. 서울: 한국문화사.

배유진, 김순영 (2021) 고전 영화의 영한 자막 번역 고찰 — 〈오만과 편견〉 DVD와 넷플릭스 자막 번역사례 비교를 중심으로. T&I REVIEW 11(2): 29-52.

서정예, 조성은 (2019) 유튜브 K-뷰티 콘텐츠 자막 번역 연구. 번역학연구 20(1): 127-155.

선영화 (2022) 광고 크리에이티브 관점에서 바라본 자막/더빙 번역 — TV 광고를 중심으로. 통번역학연구 26(2): 49-80.

성승은, 임현경, 한유진 (2022) 넷플릭스의 중역을 통한 다국어 번역 현황. 번역학연구 23(1): 45-80.

안미영 (2012) TED 영상번역의 번역교육 활용에 관한 소고. 번역학연구 13(4): 133-158.

오미형 (2010) 자막번역과 텍스트 외적 요소: 공유지식을 중심으로. 번역학연구 11(3): 143-166.

윤미선 (2021) 한국 영화 영어 더빙본의 평가어 분석. 통번역학연구 25(4): 149-171.

윤미선 (2021) 영화「코코」에 나타난 스팽글리시의 한국어 번역 분석. 인문사회21 12(6): 2717-2730.

윤미선 (2022) 폴리글롯 영화의 한국어 더빙 연구: 영화「먹고 기도하고 사랑하라」, 「장고」, 「콜 미 바이 유어 네임」의 다중 언어 대사 더빙 분석. 통번역학연구 26(2): 81-108.

이주은 (2015) 자막번역의 문체와 등장인물의 성격 묘사. 번역학연구 16(1): 93-116.

이지민 (2017) 뮤지컬 번역 연구: 오리지널 및 라이선스 뮤지컬의 번역 주체, 번역 절차와 특징, 번역 시 고려 사항 중심으로. 통번역학연구 21(3): 137-160.

이지민 (2021) TED 강연 자막의 양적 축소 전략 연구: 팬자막과 전문가 자막 비교. 통번역학연구 25(1): 141-176.

이지민 (2021) TED 자막 번역 전략 설문 조사. 통역과 번역 23(1): 185-211.

조성은 (2014) 영상번역 연구의 동향과 전망. 번역학연구 15(2): 205-224.

최수연 (2014) 영상번역의 '혼종적 번역가'(hybrid translator)로서의 연출가. 번역학연구 15(5): 245-286.

최수연 (2019) 자막번역 현장의 변화: 공간의 제약을 어긴 자막의 수용 사례 분석. 인문사회21 10(6):

1501-1516.

최진실 (2016) 15세 관람가 영미권 DVD의 나쁜 언어(bad language) 자막번역 연구. 통역과 번역 18(1): 211-230.

최진실 (2019) 재미있는 교양영어 수업을 위한 자막번역 교육 활용방안. 번역학연구 20(4): 219-246.

37

팬 번역
(fan translation)

앞서 우리는 영화 「셜록」의 번역을 살펴보았다. 특히 학생 번역은 공식 자막이나 더빙에 비해 단어 수가 지나치게 많아 활용 가능성이 낮아 보였다. 근본적인 문제는 텍스트의 축소나 삭제가 거의 없었다는 점이다.

그런데 요즘 인터넷을 보면 앞서 살펴본 학생의 번역처럼 투박하고 거칠어 보이는 영상번역이 많다. 이러한 번역의 상당수는 영화나 게임을 좋아하는 팬(fan)이 현지화가 완성되기 전에 제작·유포한 것이거나 공식번역의 품질에 만족하지 못하고 자신이 직접 번역한 것들이다. 다시 말해 팬에 의해 완성된 팬번역이다. 팬번역은 학생들 사이에서도 활성화되어 있다. 「셜록」 과제의 경우에도 전체 학생 가운데 2/3 가량이 자막 제작 소프트웨어를 이용하여 smi 파일(동영상 자막 파일 확장명)로 과제를 제출하였다.

팬번역은 팬이 팬덤(fandom)을 위해 만든 번역이다. 링컨의 말을 이용하자면 '팬의, 팬에 의한, 팬을 위한' 번역이다. 팬번역은 다음과 같이 최소 네 영역으로 나뉜다.

(1) 팬서브(fansubbing): 팬이 만든 서브타이틀
(2) 팬더빙(fandubbing): 팬이 만든 더빙
(3) 스캔레이션(scanlation): scan과 translation의 합성어. 만화를 스캔하고 번역한 것
(4) 팬번역(fan translation): 비디오 게임 등의 분야에서 팬번역을 지칭하는 하위어

참고: 팬번역과 관련된 번역 개념

(1) 자원봉사자 번역(volunteer translation)

어떠한 대가도 받지 않고 자발적으로 수행하는 번역이다. 여기서 '대가'라는 말은 유형이든 무형이든 번역가에게 주어지는 모든 종류의 혜택을 의미한다. 만일 어떤 고등학생이 대학입시를 위해 편지번역 봉사활동을 하고 있다면 이는 순수한 의미에서 자원봉사 번역이 아니다.

(2) 비전문가 번역(amateur/non-professional translation)

팬번역이 항상 비전문가 번역은 아니다. 종종 팬번역가는 장르지식을 활용해 전문 번역가의 수준을 뛰어넘기도 한다. 또한 일부 전문 번역가는 팬번역가로 활동하기도 한다. "비전문가", "아마추어"라는 단어는 전문번역교육을 받지 않았다는 뜻으로 해석된다.

(3) 협력 번역(collaborative translation)

협력 번역이란 단일 번역 프로젝트를 위해 여러 번역가가 협력하여 번역하는 것을 뜻한다. 팬번역은 위키피디아와 같이 분업·수정·편집을 수반하는 경우가 있기 때문에 협력 번역일 가능성이 높다. 하지만 최근에는 팬번역가 단독으로 번역을 완성·배포하는 경우도 많아지고 있다.

(4) 참여 번역(participatory translation)

다수의 사람이 참여하는 번역이다. 단어 collaboration에는 부정적인 뉘앙스도 있기 때문에 '협력 번역'보다는 '참여 번역'이라는 용어를 권하기도 한다. 네이버도 자사의 웹툰 팬번역 사업을 "네이버 웹툰 참여 번역"으로 부르고 있다.

(5) 사용자 제작 번역(user-generated translation: UGT)

전통적으로 팬은 '번역 사용자'로 분류되어 왔다. 하지만 그러한 팬이 직접 나서서 번역을 수행하고 그 번역을 다른 팬이 이용한다면 그 번역은 사용자 제작 번역이 된다.

(6) 번역 크라우드소싱(translation crowdsourcing)

크라우드소싱은 대형 프로젝트를 수행함에 있어 불특정 다수(대중)에게 자발적으로 번역에 참여할 것을 요구하는 과정이다. 페이스북, 구글, 트위터 등은 번역 크라우드소싱을 통해 자사의 웹사이트를 다개국어로 번역한 바 있다.

팬번역은 현행법상 불법으로 해석된다. 저작자의 허락 없이 번역을 하고 그 번역물을 불특정 다수에게 배포하는 행위는 그 자체로 문제가 될 수 있다. 하지만 일부 연구자는 팬번역의 장점과 팬번역이 갖는 공정이용(fair use)의 성격을 강조하며 팬번역의 필요성을 역설한다(이상빈 2011).

　최근 팬번역은 어둠의 경로를 빠져나와 양성화하고 있다. 특히 국내에서는 팬번역과 관련하여 세 가지 특징이 나타나고 있다. 첫째, 현지화 관련 기업이 팬덤의 지식과 팬번역을 적극 수용하고 있다. 예컨대 블리자드 엔터테인먼트(Blizzard Entertainment)는 비디오 게임 StarCraft 2의 현지화(한글 더빙)를 위해 '한글화 아이디어 콘테스트'를 개최하는 등 팬덤의 의견을 적극적으로 수용하였다(이상빈 2012b). 둘째, 국내 팬덤은 번역 과정에서 무료 온라인 기계번역(FOMT), 실시간 자동번역기 등을 포함한 번역 관련 기술을 적극 활용하기 시작했다(이상빈 2016). 셋째, 팬번역에 기반한 대규모 번역 크라우드소싱(translation crowdsourcing)이 활성화되고 있다. 특히 크라우드소싱 기업들은 번역 과정을 효율적으로 진행하기 위해 전문 번역플랫폼을 운영하고 있다.

　번역 크라우드소싱 가운데 최근 눈에 띄게 성장하고 있는 프로젝트가 바로 웹툰 트랜스레이트(Webtoon Translate)이다. 이 웹사이트(https://translate.webtoons.com)는 구글에서 "fan translation"을 검색할 때 가장 먼저 추천되는 사이트 중 하나다(2023년 2월 기준). 웹툰트렌스레이트는 네이버가 국내 웹툰의 세계화를 위해 제작한 전문 팬번역 사이트로, "인기 웹툰을 [스캔레이션과 달리] 합법적인 방식을 통해 여러 언어로 번역한 뒤 그 결과를 전 세계 사람들과 공유할 수 있도록 지원하는 번역 크라우드소싱 서비스"이다(Webtoon Translate 홈페이지). 이 사이트에서는 누구나 자신이 원하는 웹툰을 선택한 후 지정된 몇 개의 언어로 번역할 수 있고, 번역작업은 개인 또는 그룹 형태로 진행할 수 있다. 웹툰트랜스레이트는 아래 그림 (가)에서 볼 수 있듯이 독특한 번역 플랫폼을 지원한다. 이 플랫폼을 이용하면 각 장면에서 자신의 번역이 어떻게 반영되는지를 실시간으로 점검할 수 있고, 폰트변화나 문자정렬, 나아가 말풍선에 번역이 어떻게 배치되는지도 확인할 수 있다. 이뿐만 아니라 그림 (나)에서 볼 수 있듯이 해당 웹툰의 번역 완성도("progress"), 번역일지("last activity"), 번역가 아이디("contributor") 등도 확인할 수 있다.

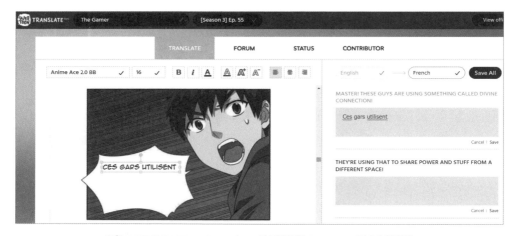

(가) WEBTOON TRANSLATE beta의 번역창(The Gamer의 영불번역)

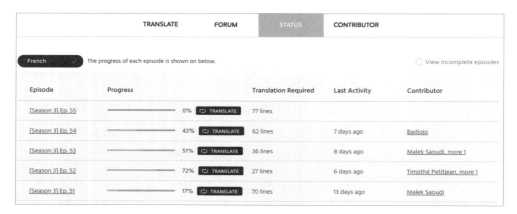

(나) WEBTOON TRANSLATE에서의 번역일지

강지혜, 유한내 (2021) "모두 함께 만들고 즐기는 자막": 플랫폼 기업 주도의 팬 번역에 관한 비판적 분석. 번역학연구 22(1): 9-37.

김순미 (2016) 번역가의 '전문성' 개념 변화의 필요성: 디지털 시대 '비전문가' 번역을 중심으로. 통역과 번역 18(특별호): 1-29.

김순미 (2016) 디지털 시대 비전문가들의 참여 번역 현상. 번역학연구 17(3): 7-32.

김순미 (2022) 플랫폼상에서 이루어지는 웹툰 팬 번역의 특징과 가능성 ― 네이버 웹툰(WEBTOON)과 토리코믹스(Torycomics). 통역과 번역 24(1): 27-58.

김순영, 정희정 (2010) 인터넷 기반 비전문가 자막번역(Fansubs)에 대한 연구의 필요성 고찰. 번역학연구 11(4): 75-97.

박소영 (2019) 이베로아메리카 한류와 번역 ― 방탄소년단 콘텐츠의 스페인어 팬 번역을 중심으로. 한국언어문화 69: 91-116.

박헌일 (2014) 평가어(Appraisal Systems) 사용에서 나타난 팬자막과 전문가 자막의 비교. 통번역교육연구 12(3): 53-70.

서유경 (2016) 러시아 한류 콘텐츠의 팬번역 양상과 특징 연구: 한국 드라마를 중심으로. 통번역학연구 20(3): 1-26.

성승은 (2018) 웹툰 공식번역에 대한 팬번역의 함의. 동서비교문학저널 46: 173-197.

원림림 (2021) 팬자막과 공식자막 번역 양상의 비교 연구 ― 드라마 〈태양의 후예〉를 중심으로. 한중인문학연구 71: 181-204.

이상빈 (2012) 팬 번역의 법적 지위 개선에 관한 연구: 공정이용의 원칙을 중심으로. 번역학연구 12(4): 119-143.

이상빈 (2012) 비디오 게임 현지화에 관한 소고(小考): 스타크래프트2 현지화·한글화에 관한 팬덤의 논쟁을 중심으로. 통번역학연구 16(1): 109-127.

이상빈 (2016) 번역기계, 팬번역가, 로컬라이저의 네트워크. 번역학연구 17(3): 117-137.

이주리애 (2016) 크라우드소싱(crowdsourcing) 번역의 번역수업 활용 제안. 번역학연구 17(2): 91-117.

이지민 (2015) 팬자막과 전통 영상번역은 과연 다른가? 번역학연구 16(2): 165-186.

이지민 (2016) 집단지성과 역의제 설정 관점에서 바라본 웹 2.0 시대의 네티즌 번역의 기능과 시사점.

통번역학연구 20(2): 103-128.

이지민 (2021) TED 강연 자막의 양적 축소 전략 연구: 팬자막과 전문가 자막 비교. 통번역학연구 25(1): 141-176.

장혜선 (2021) 방탄소년단 콘텐츠 팬자막의 번역 전략. 인문콘텐츠 63: 189-211.

조성은, 조원석 (2015) 웹툰 팬번역 양상 연구:『신의 탑』팬덤의 정서적 특징을 중심으로. 통번역학연구 19(3): 239-263.

조원석, 조성은 (2021) 방탄소년단 팬덤 '아미(ARMY)'와 팬번역. 번역학연구 22(1): 247-278.

38

번역과 이데올로기

이데올로기(ideology)란 "개인 또는 집단의 세계관에 영향을 주는 믿음과 가치 체계"(Mason 1994: 25)를 의미한다('이데올로기'를 정치적 맥락으로만 이해해서는 안 된다). 이러한 측면에서 보면 이 세상의 모든 번역은 이데올로기의 수행(performance)이자 결과에 해당한다. 번역가가 아무리 객관적인 번역을 하려 해도 이데올로기를 감추기는 쉽지 않다(물론 의도적으로 특정 이데올로기를 번역 속에 삽입시키기도 한다). 이데올로기가 번역(학)에서 문제되는 경우는 대개 제도적 번역(institutional translation)의 맥락에서다. '진보', '보수', '페미니즘' 등과 같은 집단의 이데올로기가 보다 강력하고 조직적이며 오래 지속되기 때문이다.

그렇다면 대학의 번역실습 수업에서도 이데올로기를 논할 수 있을까? 필자는 국내 논문 몇 편을 활용하여 이데올로기를 다룬 경험이 있다. 먼저, 원문은 동일하나, 미묘하게 다른 두 번역을 제시한 후, 학생들이 번역의 차이를 논하게끔 했다. 사용한 텍스트는 다음과 같이 이데올로기를 쉽게 떠올릴 수 있는 신문번역으로 한정했다.

원문: "Generally speaking, people have a <u>fairly high</u> level of satisfaction with Lee government, especially over the economy…" (2010.4.19. 월스트리트저널)

번역문 1: "일반적으로 국민들은 현 정권, 특히 경제문제에 대해 <u>매우 높은</u> 만족감을 갖고 있지만…." (2010.4.19. 연합뉴스)

번역문 2: "전반적으로 이명박 정부에 대한 지지도가 <u>꽤 높지만</u>…" (2010.4.19. 머니투데이)
(송연석 2011: 157)

위의 원문(월스트리트저널 기사)은 천안함 사건이 지방선거에 영향을 미칠 수 있다는 인터뷰 기사의 일부이다(실제 수업에서는 보다 긴 문장을 활용하였다). 이 경우 학생들은 어렵지 않게 두 번역의 차이를 찾아냈다. 밑줄 친 부분에서 알 수 있듯이 연합뉴스는 '꽤, 제법'이란 의미의 "fairly"를 "매우"(very)로 변경함으로써 친정부 성향을 간접적으로 드러냈다. 다른 예문을 살펴보자.

원문: Lee Myung-bak, the conservative president and a former boss of chaebol Hyundai's construction unit, last year pardoned Samsung's chairman after he was convicted of serious financial crimes. (2010.3.31. 파이낸셜타임스)

번역문 1: 반면 금융범죄로 유죄판결을 받은 이건희 <u>회장은 특별사면 되면서</u>… (2010.4.1. 연합뉴스)
번역문 2: 과거 현대건설이라는 <u>재벌의 사장을 했던</u> 보수주의 대통령 이명박은 지난해 유죄판결을 받은 삼성의 <u>회장을 사면했다</u>. (2010.4.1. 프레시안) (송연석 2011: 159)

위의 원문에서는 이명박 대통령을 (경제사범) 사면의 행위 주체로 묘사한다. 하지만 연합뉴스 번역(번역문 1)에서는 피동형을 사용해 행위 주체를 (의도적으로) 생략했다. 반면 프레시안의 번역에서는 원문과 마찬가지로 부정적 행위의 주체인 이명박 대통령을 그대로 표현하였다. 이뿐만 아니라 이명박 대통령에게 "재벌의 사장", "보수주의"란 수식어까지 그대로 붙였다는 점에서 연합뉴스 번역과는 크게 다르다. 송연석에 따르면 이러한 차이는 (두 신문에서) 조직적으로 이루어진 것으로 보인다. 즉, "연합뉴스는 한국 정부 관리나 대통령의 행위가 부정적인 의미일 때는 피동문으로 바꾸거나 행위 주체를 모호하게 처리한 데 반해, 정부에 비판적인 진보 성향의 신문 기사는 능동문으로 그대로 살리는 경향"(p. 159)이 관찰된다. 또 다른 예문을 살펴보자.

원문: Mr. Lee is a former construction executive and likes green projects as long as they create jobs involving shovels and concrete (파이낸셜타임스, 09/05/06).

> 번역문 1: FT는 이 대통령이 전직 건설사 최고경영자(CEO) 출신인 점을 지적하며, 그래서인지 몰라도 삽과 콘크리트가 관련된 일자리만 창출해내는 한 어떤 녹색정책도 좋아한다는 이상한 논리를 펴고 있다고 말했다(머니투데이, 09/05/07).
>
> 번역문 2: "전직 건설사 CEO 출신인 이 대통령은 삽과 콘크리트가 관련된 일자리를 창출해 내는 한, 어떤 녹색정책도 좋아하고 있다"고 비꼬았다(뷰스앤뉴스, 09/05/06).
> (송연석 2013: 93)

위의 예에서 밑줄 친 부분, 즉 인용문과 연결된 전달동사와 그 주변부를 살펴보자. 두 번역문에서는 원문에 없던 부정적 의미의 평가어를 사용하면서 파이낸셜타임스(FT)의 입장을 자의적으로 해석하였다.

> 원문: Or Washington would offer incentives--such as energy aid and removal of North Korea from the State Department list of terrorist states--in return for a North Korean compromise on aspects of the financial sanctions, to be negotiated. (Newsweek 2006년 10월 16일자)

> 번역문: 금융제재의 몇몇조항(추후협상)에 북한이 양보하는 대가로 미국정부가 유인책(예컨대 에너지 원조, 그리고 미 국무부 테러 국가 명단에서 제외)을 제공하는 방식도 있다.

위의 번역 사례는 최성희(2013: 375-76)의 논문에서 발췌한 것이다. 원문은 미국을 상징하는 "Washington"을 문장 앞부분, 즉 이끔부(theme)에 위치시킴으로써 북한을 원조하는 주체가 미국임을 명시적으로 표현하였다. 하지만 번역문에서는 "금융제재의 몇몇 조항(추후협상)에"라는 부사구를 이끔부에 위치시킴으로써 금융제재를 하는 미국의 부정적 측면이 강조되었다(구체적 맥락은 직접 확인해보길 바란다). 결국 이 예문에서 최성희가 주장하는 바는 동일한 정보를 어떻게 배열하느냐에 따라 문장의 이데올로기가 달라질 수 있다는 것이다.

최성희의 주장에 대해 일부 학생들은 공감을 표현한 반면, 다른 학생들은 수긍하기 어렵다는 반응을 보였다(독자반응은 생각보다 복잡한 문제다). 필자로서는 두 반응 모두 이해가 된다. 필자도 위 예문을 처음 접했을 때 연구자의 주장을 받아들이기 어려웠으나 여러 차례 문장을 곱씹어보고는 그 의도를 이해할 수 있었기 때문이다. 그래서 필자는 이렇게 생각한다. 최성희가 보여준 것처럼 이데올로기는 은밀하게, 조금씩 독자의 감정과 생각에 영향을 미칠 수 있다. 누가 봐도 특정 이데올로기에 치우친 번역이라면 다른 이데올로기 집단으로부터 쉽게 공격받을 수 있지 않을까? 비윤리적인 오역이라는 비판 말이다. 신문의 경우라면 조직적이고 '은밀한' 이데올로기를 '반복적으로' 보여주는 것이 보다 효과적일 수 있다.

 참고: 정보 배열의 딜레마

어순이 엄격한 영어를 어순이 유연한 언어(예: 스페인어)로 번역할 때 원문의 문장구조를 그대로 반영하여 번역하면 문장이 매우 단조롭게 느껴진다(Vazquez-Ayora 1977: 217, Munday 2012: 145에서 재인용). 따라서 번역가는 다음과 같은 딜레마에 빠질 수 있다. 원문의 정보구조를 살리면서 번역할 경우 번역이 부자연스러워지고, 원문의 정보구조를 변형하여 자연스럽게 번역할 경우 원문의 이데올로기가 달라질 수 있다.

다음으로 이상빈(2018)이 소개한 스포츠 이데올로기의 번역 사례를 살펴보자. 이상빈은 민족주의(애국심)와 상업주의가 번역에 어떠한 영향을 줄 수 있는지 다양한 번역 사례를 통해 살펴봤는데, 그 사례 가운데 하나를 소개하면 다음과 같다.

기사 제목: '시즌 9호포' 강정호, 현지 해설 "실력으로 복수했다"

동영상 속 해설 및 자막
해설자 A: Jung Ho Kang's hit by pitches in consecutive at-bats, hit by a pitch in this inning. (자막: 강정호 선수는 2번째 타석에서 몸에 맞는 볼로 출루했었고 이번 이닝에도 몸에 맞는 볼로 출루했습니다.)
해설자 B: A little payback. (자막: 본인의 실력으로 복수를 했네요.)

스포티비 뉴스(2015. 8. 10.)

위의 사례는 강정호 선수가 메이저리그에 진출한 첫 해에 나온 인터넷 스포츠 기사의 일부이다. 이 기사의 특징은 일반 인터넷 기사의 형식에 현지해설 동영상(영어해설)이 삽입됐다는 것이다. 이 동영상은 '독자'를 위한 한국어 서브타이틀을 제공한다. 기사 본문은 동영상(기사의 원문에 해당)의 내용을 해설·요약하고 경우에 따라서는 중계 해설자의 말(한국어 서브타이틀)을 직접인용하기도 한다.

따라서 인터넷 스포츠 동영상 기사는 영상번역, 트랜스에디팅 이외에도 다양한 종류의 번역을 수반한다. 예컨대 이(異) 언어 간 번역(inter-lingual translation: 영어 구두해설 → 한글 자막), 동일언어 번역(intra-lingual translation: 한글 서브타이틀 → 한글 기사), 요약 번역(gist translation: 영어 해설 → 한국어 요약정리), 기호 간 번역(inter-semiotic translation: 시청각 기호 → 문자 기호), 매체 간 번역(inter-medial translation: TV 중계 → 신문 기사)을 생각해 볼 수 있다. 또한 일반 신문 기사와 달리 원문(동영상)과 번역문을 같은 공간에 제시하고 있다는 점에서 취약한 번역(vulnerable translation)으로도 해석된다.

위 기사의 동영상에는 타석에서 두 차례나 공에 맞은 강정호 선수가 극적으로 홈런을 치는 장면이 담겨 있다. 〈번역문〉은 강정호 선수가 홈런을 치고 난 뒤 현지 해설자 두 명이 나눈 대화를 전사한 것이다. 여기서 해설자 B는 '[투수가 던진 공에 두 번이나 맞고 이제 홈런을 때렸으니] 작은 복수를 한 셈이네요.'라고 말한다. 그런데 서브타이틀과 기사본문 및 제목에는 "[본인의] 실력으로"라는 말이 추가됨으로써 기사의 초점이 '복수'를 넘어 강정호의 '뛰어난 실력'으로까지 확대되었다.

이처럼 국내언론은 우리나라 선수의 활약상을 보도할 때 실제 해외언론의 내용(원문)과는 다른 관점으로 보도(번역)하기도 한다(추가 연구가 필요하겠지만 다른 나라도 마찬가지가 아닐까 싶다). 일부는 선수의 활약상을 과장하거나 필요한 부분을 선택적으로 취합해 강조한다. 이러한 번역관행에는 두 가지 이데올로기가 작용하는 것 같다. 첫째, 자국민의 활약을 원하는 국내 독자의 애국심에 호소하는 것이다(김하성, 손연재, 박태환, 김연아, 손흥민 선수의 보도를 생각해보자). 우리나라 선수가 해외에서 활약하는 기사를 보면 일종의 자부심이 생기지 않는가? 둘째, 언론사는 기사 조회 수를 늘리기 위해 기사 제목과 내용을 흥미로운 방법으로 제시해야 한다. 때로는 기사 조회 수가 언론사의 광고수익으로도 이어지기 때문이다.

끝으로, 최근 국내에서 조금씩 주목받고 있는 페미니스트 번역(feminist translation)을 살펴보자. 아래 번역은 래디컬 페미니즘을 추구하는 한 출판사의 역서에서 발췌한 것이다.

원문(Graham, Rawlings and Rigsby 1994: 136)
And <u>college women</u> report experiencing more intense feelings associated with love (for example, euphoria) than <u>college males</u>.

번역문(유혜담 2019: 230)
<u>여자 대학생</u>은 <u>남대생</u>보다 사랑과 관련해 강렬한 감정(황홀감 등)을 더 많이 느낀다.

이 사례에서 역자는 미러링을 통해 college women과 college males를 번역하였다. 기존 방식대로라면 각각 '여대생'과 '(남자) 대학생'으로 번역하는 것이 자연스러웠을지도 모른다. 여기서 역자는 관습적인 언어 사용을 의도적으로 전복함으로써 '여대생'이라는 언어 사용에 문제를 제기한다. 즉, 남성을 무표적 형태(기본값)로, 여성을 유표적 형태로만 표현하는 현실을 꼬집는다. '남대생'이 어색하게 보이는 이유는 통상적으로 '여대생'만이 비대칭적으로 사용되었기 때문이다. 사실 '남대생'도 네이버 국어사전에 등재되어 있고 연합뉴스 등에서도 '남대생'이 사용된 전례가 있다.

페미니스트 번역가에게 '잘 읽히는 번역'은 번역의 일차적 목표가 아니다. 번역가 유혜담이 『코르셋』(원서: Beauty & Misogyny)의 서문 제목을 "자연스러움을 되묻는 불편한 용기"로 정한 것은 페미니스트 번역의 속성을 고려할 때 매우 적절해 보인다. 일반적으로 독자는 '자연스러운 번역'을 요구한다. 하지만 페미니스트 번역가는 자연스러운 번역이 무엇인지 되물으면서 언어 규범에 어긋나는(하지만 여성을 올바르게 재현하는) 번역을 제시한다. 페미니스트 번역가에게 번역은 일종의 파괴적 혁신(disruptive innovation)이다.

국내 페미니스트 번역에서 가장 일반적으로 사용되는 방법 중에는 전도(顚倒)와 대체가 있다. 전도는 어휘 요소의 순서를 뒤바꿈으로써 여성의 지위, 권리, 관점 등을 부각하는 방법이다. 대표 사례로는 여남(men and women), 모부(parents) 등이 있다. 대체는 기존 어휘를 완전히 새로운 어휘로 바꾸거나 기존 어휘의 일부만을 다른 요소로 대체하는 방법이다. 가령 여성 혐오적 시각을 내포한 '처녀막'(국어사전에는 "'질 입구 주름'의 전용어"로 등재되어 있음)은 '질막', '질 입구 주름' 등으로 바꿔 쓴다.

페미니스트 번역이 활성화되려면 페미니스트 번역을 수용할 수 있는 사회적 분위기가 조성되어야 한다. 우리나라에서도 페미니즘에 대한 인식이 미미했던 때에는 페미니스트조차도 가부장적인 사회·언어 규범을 완전히 벗어나지 못했다. 그러다 보니 현재 기준으로 과거의 '페미니스트' 번역을 보면 다양한 언어적 한계를 확인할 수 있다. 가령 이상빈과 이선우(2018)가 소개한 아래 사례를 보자.

• 원문: *Houston, Houston, Do You Read?* (1976)
Cunt, Bud grunts, you have to have a cunt in there, is it froze up? You dumb cunt ... His Majesty's sacred balls. They'll worship it — Buddy Geirr, the last cock on Earth.

• 『세계여성소설걸작선 2』에 수록된 번역(1994)
"거시기, 너 거기에 그게 달렸지, 얼어붙기라도 했냐? 이 멍청한 년 …" (pp. 214-215) "폐하의 거룩하신 거시기. 여자들이 그걸 숭배할 거야. 버디 제이르, 지구 최후의 남성." (p. 220)

• 『팁트리 주니어 걸작선 — 체체파리의 비법』에 수록된 번역(2016)
"보지. 거기 보지가 있을 텐데, 얼어붙었나? 이 멍청한 년…" (p. 253) "폐하의 성스러운 불알. 다들 그걸 숭배하겠지 … 버나드 게어, 지구상의 마지막 자지!" (p. 258)

위 사례는 제임스 팁트리 주니어(James Tiptree Jr.)의 페미니즘 SF 소설 「휴스턴, 휴스턴, 들리는가?」의 일부이다. 이 사례에서 남자 주인공 버나드 게어(버디 제이르)는 성기와 관련된 저속한 말을 쏟아내면서 남성 우월주의를 드러낸다. 〈원문〉에서 "cunt", "balls", "cock" 등의 단어는 성적으로 거침없고 방종한 버나드 게어의 성향을 여실히 보여준다. 이러한 어휘는 1994년 번역과 2016년 번역에서 달리 표현되었다. 1994년 번역에서는 cunt, balls, cock을 각각 "거시기/그게", "거시기", "남성"으로 표현해 〈원문〉의 의미를 완곡하게 전달한다. 이와 달리 2016년 번역에서는 cunt를 "보지", balls를 "불알", cock을 "자지"로 표현함으로써 버나드 게어의 언어를 가감 없이 전달한다. 원저자는 세 남자 주인공을 통해 남성 중심의 세계관을 세 가지 관점에서 비판한다. 버나드 게어는 성적 타락을 상징하는 인물이므로 그의 여성혐오를 그대로 재현해야 원작의 주제를 제대로 구현할 수 있다.

강경이 (2016) 한국사회의 유교적 이데올로기에 따른 중국 아동문학 번역에서의 텍스트 조정 양상: '장유유서(長幼有序)' 사상을 중심으로. 통역과 번역 18(1): 1-26.

강지혜 (2008) 번역기사의 제목에 관한 연구:『뉴스위크 한국판』의 북한 관련 번역기사를 중심으로. 번역학연구 9(2): 7-43.

박미정 (2013) 신문사의 이데올로기와 헤드라인 번역: 한일번역과 한영번역 비교를 중심으로. 통번역학연구 17(3): 231-251.

성승은 (2013) 일한 번역그림책의 이름 번역 추이와 성인의 이데올로기. 번역학연구 14(2): 103-123.

송연석 (2014) 사회현상으로서의 제도적 번역과 제도권 번역: 〈뉴스프로〉 사례를 중심으로. 통역과 번역 16(3): 37-58.

송연석 (2019) 이데올로기의 번역 ― 드라마 '미스터 션샤인' 자막번역을 중심으로. 인문사회21 10(2): 659-670.

신나안 (2019) 영화포스터의 영한 번역에서 여성의 시각적 변화 ― 발화의 주체에서 응시의 대상으로. 번역학연구 20(1): 177-199.

이상빈 (2016) 자막번역에 의한 여성 재현의 변이: 영화 〈섹스 앤 더 시티 2〉의 여성주의를 중심으로. 통번역학연구 20(2): 59-80.

이상빈 (2021) 강남역 살인사건 이후 젠더/여성/페미니즘 관련 번역서에 나타난 이데올로기의 변화: 표지 이미지와 책제목을 기반으로. 통역과 번역 23(1): 125-159.

이상빈, 선영화 (2017)『버자이너 모놀로그』를 통해 살펴본 국내 페미니즘 번역이 나아가야 할 방향. 통번역학연구 21(3): 109-135.

최성희 (2014) 6.29 민주화 선언문의 이데올로기 번역 양상. 번역학연구 15(1): 265-300.

황지연 (2021) 감염병 보도 프레임에 관한 중국 언론의 번역 ― 인민망 한국어판 사설의 혐오 담론을 중심으로. 통번역학연구 25(4): 227-246.

홍승연 (2019)『래디컬 페미니즘』번역과 출판과정을 통해 살펴본 페미니스트 번역가의 행동가적 실천. 통역과 번역 21(3): 239-268.

Kim, S. M. (2019) Distortion of a text through narrative framing in translation: A case study of controversy surrounding the Korean translation of Angus Deaton's *The Great Escape*. *The Journal of Translation Studies* 20(5): 305-328.

39

문장의 분리와 접합

영어 문장이 길고 복잡하면 잘라서 번역하고 싶은 충동이 생긴다. 원문 그대로, 한 문장으로 처리하려면 문장의 복잡한 논리관계를 잘 전달하면서도 문장을 자연스럽게 구성해야 하는데, 이게 말처럼 쉬운 일이 아니기 때문이다. 다음 번역 사례를 통해 문장 분리의 문제를 고민해보자.

 원문

For decades, visitors to the ghostly dome in Hiroshima that stands like a sole survivor from the dropping of the atomic bomb there more than 70 years ago entered a world that mixed unspeakable tragedy with historical amnesia.

Sanger (2016)

(A) 약 70년 전의 원폭피해에서 유일하게 살아남은 히로시마 돔 구장을 방문한 사람들은 지난 수십 년간 동안 끔찍한 비극과 역사적 기억상실증이 혼재되어 있는 세계로 들어갔다.

(B) 70년 전의 원폭피해로부터 유일하게 살아남은 후 이제는 유령처럼 서 있는 히로시마 돔에는 수많은 방문객이 다녀갔다. 그들이 이곳에서 느낀 것은 끔찍한 비극과 기억상실의 역사였다.

(C) 70년 전에 투하된 원자폭탄에서 홀로 살아남아 무섭게 서 있는 히로시마 돔(dome)에는 지난 수십 년간 많은 사람들이 오고갔다. 그런데 이곳을 방문한 사람들은 이루 말할 수 없는 비참함과 역사적 기억상실을 동시에 경험했다.

(D) 유령이 나올법한 히로시마 돔(dome)은 70년 전 투하된 원자폭탄에서 유일하게 살아남은 생존자이다. 지난 수십 년간 이곳을 다녀간 사람들은 끔찍한 비극과 잠시 잊었던 역사를 동시에 경험해야만 했다.

학생 (A)는 〈원문〉을 나누지 않고, 하나의 문장 그대로 번역하였다. 하지만 "유일하게 살아남은" 대상이 "히로시마 돔 구장"인지 아니면 "돔 구장을 방문한 사람들"인지 불분명하다(사실 문장구조로만 보면 〈원문〉과 달리 "방문한 사람들"이 'survivor'인 것처럼 느껴진다). 또한 주어를 수식하는 부분("약 70년 전의 원폭피해에서 유일하게 살아남은 히로시마 돔 구장을 방문한")이 길다 보니 문장 전체가 무겁게 느껴진다. 그래서 (A)를 읽을 때 호흡이 힘들었고 이해도 어려웠다.

반면, 학생 (B)는 〈원문〉을 두 개로 나눠 처리했다. 하지만 두 번째 문장의 화제(topic)는 '돔 방문객'이 아닌, '방문객이 [돔에서] 느낀 점'이므로 〈원문〉과는 조금 다르다. 다만 첫 문장이 "[돔에 다녀간] 사람들"로 마무리되었고, 이 내용이 두 번째 문장의 출발점으로 사용됐다는 점에서는 문장 간 연결이 자연스럽다.

학생 (C) 역시 〈원문〉을 두 개로 분리했다. 하지만 (B)와는 달리 두 번째 문장의 화제를 '돔 방문객'으로 정했다. 문제는 두 문장 사이에 "그런데"를 추가함으로써 문장 간 논리 관계가 어색해졌다는 점이다.

한편, 학생 (D)는 첫 문장에서 '원폭 돔'을 화제로 삼았다. 주어에 포함된 "[t]he

ghostly dome in Hiroshima [that] stands like a sole survivor from the dropping of the atomic bomb there more than 70 years ago"가 웬만한 문장 수준이기 때문으로 보인다. 두 번째 문장에서 이 학생은 〈원문〉의 구조와 마찬가지로 주어를 '방문객'으로 잡았고, '원폭 돔'이 화제인 첫 문장과의 결속을 위해 "이곳을 다녀간 사람들"로 문장을 시작했다. 다른 사례를 살펴보자.

 원문

Of particular note are the changes during the 1990s, when the share of services in India's GDP climbed by about 8 percentage points, as compared to a cumulative increase of 13 percentage points during 1951-90. The share of industry [the manufacturing sector], by contrast, remained constant during the 1990s.

(Gordon and Gupta 2005: 230)

 번역문

(A) 특히 90년대 변화에 주목할 필요가 있다. 90년대 서비스업의 비중은 GDP 대비 8% 포인트 상승하여 지난 50~80년대 누적증가율 13%포인트를 크게 넘어섰다. 반면 90년대의 제조업 비중에는 큰 변화가 없었다.

(B) 특히 주목해야 할 부분은 1990년대의 변화이다. 당시 GDP에서 3차 산업이 차지한 비중은 약 8%P(1951~90년 누적증가율: 13%P) 증가한 반면, 2차 산업의 비중은 큰 변화를 보이지 않았다.

(C) 주목해야 할 점은 서비스 분야가 전체 GDP에서 차지하는 비율이 약 8% 증가했던 1990년대의 변화다. 8% 상승률은 1951~90년 사이에 있었던 13% 누적상승률과는 크게 대비된다. 반면, 제조업 분야의 비율은 1990년대에 거의 비슷했다.

학생 (A)와 학생 (B)는 짧은 문장으로 '90년대의 변화'를 화제로 내세운다. 두 학생은 관계부사 "when"을 중심으로 문장을 두개로 나눴고, 문장을 연결하기 위해 "90년대", "당시"라는 '연결고리'를 만들었다. 하지만 〈원문〉의 두 번째 문장을 처리하는 방식은 학생 (A)와 (B)가 크게 다르다. (A)는 "as compared to …" 부분을 "지난 50~80년대 누적증가율 13%포인트를 크게 넘어섰다"로 풀어썼고, 〈원문〉의 두 번째 문장에서는 동일 패턴으로 번역했다(1950~80년대 모두 합쳐 13%P 증가했는데 90년대에만 8%P 올랐으니 "크게 넘어섰다"라고 볼 수 있다).

학생 (B)는 〈원문〉의 두 문장을 하나로 합쳤으며 "as compared to …" 부분을 괄호로 처리했다(매우 주목할 만한 변화다). 이러한 구조변경은 나쁘지 않은 선택으로 보인다. 왜냐하면 원저자가 전하고 싶은 내용이 90년대 2차 산업(제조업)과 비교되는 3차 산업(서비스업)의 성장이며, 그러한 틀에서 1951~90년의 누적증가율은 상대적으로 부차적인 정보이기 때문이다. 같은 맥락에서 볼 때 〈원문〉의 "The share of industry, by contrast, remained constant"는 "as compared to a cumulative increase of 13 percentage points during 1951-90"가 아닌, "the share of services in India's GDP climbed by about 8 percentage points"와 대비를 이루므로 (B)와 같은 번역이 가능하다.

하지만 학생 (C)의 번역은 논리적으로 어색하다. 세 번째 문장의 "반면"이 지시하는 대상이 바로 앞 문장이 아닌, 한 문장 건너에 있기 때문이다(즉, 두 번째 문장 "8% 상승률은 1951~90년 사이에 있었던 13% 누적상승률과는 크게 대비된다."는 중간에서 따로 노는 느낌을 준다). 학생 (C)는 문장을 임의로 잘라 번역하면서 텍스트의 논리흐름을 완전히 깨버렸다.

한국 단편소설의 영어번역에서도 문장 요소를 분리해 다른 문장에 접합한 사례를 확인할 수 있다. 아래 발췌문은 브루스 풀턴과 주찬 풀턴이 황석영의 「돼지꿈」을 어떻게 번역·교정했는지를 보여준다.

덕배라고 불리는 사내는 자전거를 세우지 않고, 허벅지로 받친 채 반장에게 물었다.
"어찌 됐습니까? 얼핏 들으니 가구당 오만 원으루 책정 되었다든데……."

번역(Fulton and Fulton 1985: 47)
Propping the bicycle against the inside of his thigh rather than standing it up, Tŏk-

pae spoke to the head of the neighborhood association. "How'd it turn out? I thought I heard someone say they're puttin' aside fifty thousand won for each household. Is that true?"

교정본(Fulton and Fulton 2007: 112)

Tŏkpae propped the bicycle against the inside of his thigh. "How'd it turn out?" he asked the headman. "Did someone say each household gets fifty thousand?"

각 영어 텍스트는 1985년 번역본과 2007년 교정본이다. 교정본에서 전달절 "[덕배라고 불리는 사내는] 반장에게 물었다"는 1985년 번역본과 달리 두 번째 문장 후반부에 있다. 이러한 교정은 화법을 독자에게 익숙한 형태로 만들기 위함이다. 영어의 직접화법 문장에서 인용문이 길면 인용문을 두 부분으로 나누고 'he said'와 같은 전달절을 인용되는 두 부분 사이에 넣는 것이 일반적이다. 따라서 교정본 "How'd it turn out?"(인용 부분) + he asked the headman(전달절) + "Did someone say each household gets fifty thousand?"(나머지 인용 부분을 새로운 문장으로 처리)는 구조적 측면에서 초역본보다 자연스럽다.

김아영 (2013) 중한 및 한중 번역 사례로 본 문장 나누기의 전략과 기법. 통역과 번역 15(2): 39-65.

성승은 (2011) 번역서와 비번역서의 문장 및 절의 길이 비교 연구: 아동 대상 번역서를 중심으로. 번역학연구 12(2): 75-108.

신지선 (2005) 그림책 번역 시 문장형태 변화의 필요성 고찰. 동화와 번역 10: 75-91.

신혜정 (2016) 소설 대화문 번역의 단락구성 연구 —『오만과 편견』의 대화문 중간삽입 지시문을 중심으로. 인문사회21 7(4): 95-116.

이상빈 (2020) 마샬 필(Marshall R. Pihl)의 번역 자가교정(self-revision)을 통해 살펴본 한국문학 번역의 방향. 번역학연구 21(5): 207-235.

이상빈 (2022) 케빈 오록의 시조 번역의 구조적 특징 — 윤선도의 〈어부사시사〉를 기반으로. 통번역학연구 26(2): 109-132.

한승희 (2016) CAT 툴 기반 다자수행 번역의 형태적 특징 연구: 영한 번역의 문장길이와 결속관계를 중심으로. 통번역학연구 20(4): 167-188.

40

코퍼스(corpus)와 번역

아동문학을 번역할 때 의식적으로 노력해야 하는 부분이 있을까? 과제를 검토하다 보면 '종결어미'라는 생각이 든다. 학생 대부분이 종결어미 "-어요"와 "- 아요"를 지나치게 많이 사용하기 때문이다. 심지어는 어색한 맥락에서도 "-요"를 사용하고, 모든 문장을 "-요"로 끝낸다. 마치 "-어요", "-아요"만 쓰면 저절로 아동문학이 된다고 생각하는 것 같다.

필자는 아동문학의 맥락에서 종결어미를 고찰할 수 있도록 몇 년 동안 학생들의 과제를 수집해왔다. 아동문학을 번역할 때 집착하는 종결어미를 조직적으로 보여주고 학생 스스로가 자신의 번역을 되돌아볼 수 있게 만들고 싶었다. 그래서 베아트릭스 포터(Beatrix Potter)의 그림소설 『The Story of Miss Moppet』을 원문으로 활용하여 학생 123명의 번역을 수집·분석하였다. 번역에서 사용된 종결어미를 상위 세 가지만 제시하면 다음과 같다.

순위	개략적인 종결어미	총 사용 횟수	평균 사용 횟수(1인당)
1	-요. (예: 들은 것 같아요)	2300	18.70
2	-답니다. (예: 뛰었답니다)	88	0.72
3	-습니다. (예: 놀았습니다)	34	0.28

*원문은 약 22개의 문장으로 구성되어 있으며 번역문의 문장 수는 학생마다 다름

학생들은 아동문학을 번역할 때 아이들이 좋아할 말을 의식적으로 사용했다. 특히 문장을 마무리할 때 위에서 보여준 어말을 의식적으로 사용하고 있었다. 필자는 학생들에게 질문했다. "-어(아)요", "-답니다"라는 어말만 쓴다고 무조건 아동문학으로 보일까요? "-답니다"의 사용 빈도를 고려할 때 X라는 학생이 이 어말을 사용한 횟수는 지나치게 많은 게 아닐까요? "-습니다"는 Y와 같은 맥락에서만 쓸 수 있을까요? 원문의 think와 feel은 "-같아요"로 번역해야 하나요? 이와 같은 논의가 가능했던 것은 필자가 '코퍼스'(corpus)라는 개념을 알고 있었기 때문이다.

코퍼스(corpus, 복수형은 'corpora')란 실제로 사용된 대규모 언어샘플을 뜻하며, 우리말로는 '말뭉치'라고도 부른다. 어떤 텍스트가 '코퍼스'로 불리기 위해서는 일반적으로 다음 세 가지 조건을 충족해야 한다(McEnery, Xiao, and Tono 2006: 5). 첫째, 코퍼스는 '컴퓨터로 처리 가능한'(machine-readable) 텍스트이다. 둘째, 코퍼스는 가상의 텍스트가 아닌 '실제'(authentic) 텍스트로 구성되어 있다. 셋째, 코퍼스는 특정 분야의 언어사용을 '대표할 수 있는'(representative), 적정 규모의 텍스트 '샘플'(sample)이다. 즉, 코퍼스는 여론조사 표본을 구할 때처럼 대표성과 균형성을 적절하게 반영한 대규모 샘플이어야 한다. 다만 일부 번역학자들은 영단어 1만 자 이하의 소규모 텍스트도 '코퍼스'로 부른다(사실 코퍼스 언어학자들이 들으면 놀랄 일이다).

코퍼스는 단일 언어 코퍼스, 비교가능 이(異) 언어 코퍼스, 병렬코퍼스로 나뉜다(물론 더 상세하게 분류할 수 있다). 단일 언어 코퍼스(monolingual corpus)는 말 그대로 하나의 언어로 구성된 말뭉치를 뜻한다. 단일 언어 코퍼스는 일반적으로 텍스트 심층 분석, 사전 제작, 외국어 학습 등에 활용된다. 예컨대 국내 유명 소설가의 장편소설을 코퍼스로 구축할 수 있다면 그 작가의 문체적 특징을 파악할 수 있다. 또한 해외에서 영역·출판된 한국문학을 코퍼스로 구축하면 번역문학의 장르적 특징도 규명할 수 있다. 이지은·최효은(2013)이 보여준 것처럼 통번역 학습자를 위한 연어(collocation) 사전 구축에도 활용할 수 있다. 단일 언어 코퍼스가 서로 다른 언어로 두 개 이상 결합되면 다국어 코퍼스(multilingual corpora)가 된다.

비교가능 異 언어 코퍼스(comparable bilingual corpora)는 특정 주제와 관련된 비번역 코퍼스로, 서로 다른 두 개의 언어로 구성된다. 가령 자동차 분야에서 오랫동안 번역을 해왔던 사람이라면 자동차와 관련된 영어 문서와 한국어 문서(두 문서 모두 번역이 아님)를 수집하여 비교가능 異 언어 코퍼스를 구축할 수 있다. 이러한 코퍼스는 대응되는 용어 쌍을 찾을 때 유용하다.

병렬코퍼스(parallel corpora)는 번역 상황에서 접할 수 있는 원문과 번역문 쌍을 의미한다. 일반적으로 문장 대 문장, 문단 대 문단으로 대응되어 구축된다. 특히 번역의 본질과 특징을 규명할 때 유용하다. 예를 들어 베이커(Baker 1993)는 자신의 코퍼스 연구에서 번역의 일반적 특징을 "명시화"(explicitation), "say와 같은 어휘 증가", "문법적 정형화"(grammatical standardization) 등으로 규정한 바 있다. 그는 코퍼스로 연구할 수 있는 번역가설을 다음과 같이 제안하였다.

- 번역에서는 명료화(disambiguation)와 단순화(simplification) 현상이 강해진다. 예컨대 원문의 모호한 대명사는 보다 명료한 대명사로 번역되고, 복잡한 문장구조는 간단하고 단순한 문장구조로 번역된다(Vanderauwera 1985: 97-98)
- 번역 문장은 표준화(standardization)되는 경향이 있다. 통역의 경우 비문법적인 문장이 문법적인 문장으로 변하고, 마무리되지 않은 불완전한 문장이 온전한 문장으로 개선된다(Shlesinger 1991: 150).
- 번역은 목표언어의 문체적 특징을 과도하게 사용하거나 강조하는 경향이 있다. 투리(Toury 1980: 130)에 따르면 히브리어 번역에서는 히브리어의 특징인 이명법의 사용이 출발어에 비해 자주 관찰된다.

국내에서는 최희경(2016)의 연구가 흥미롭다. 최희경은 영어 신문 기사 145개와 그 번역 기사 145개를 수집하여 소규모 병렬 코퍼스를 구축했고, 나아가 시사저널, 한겨레, 주간동아 등의 국내매체를 활용하여 비번역 코퍼스 145개도 함께 구축했다. 그에 따르면 번역텍스트에서는 인용의 부사격 조사 '~고'(예: "~나라가 아니다"고 말했다)가 자주 확인되는 반면, 비번역 텍스트에서는 조사 '~라고'가 압도적으로 많이 나타난다. 아래 그림은 번역 코퍼스(한국어 번역 기사)와 비번역 코퍼스(국내 일반 신문 기사)에서 각각 '말했다'의 어휘맥락색인을 생성한 결과인데, 이를 자세히 살펴보면 비번역 코퍼스인 다음 그림에서 '~라고 말했다'가 압도적으로 많다는 사실을 알 수 있다.

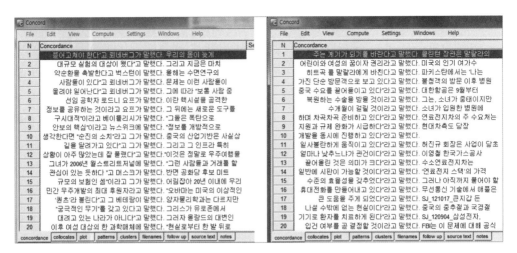

최희경(2016: 249, 그림 4)

　　하지만 학부생이 코퍼스를 사용하기란 쉽지 않다(사실 그럴 동인이 별로 없다). 다행히 무료로 사용할 수 있는 소규모 온라인 코퍼스가 있기 때문에 학생들도 코퍼스의 '기본' 정도는 체감할 수 있을 것 같다.

　　필자의 번역 수업에서는 온라인 코퍼스를 활용하여 자신의 번역을 정당화한 학생도 있었다. 이 학생의 번역에는 "… 독자들로 하여금 …"이라는 부사구가 있었는데 이를 두고 한 학생이 번역투(translationese) 같다고 지적했다. 이에 번역을 한 학생은 국립국어원의 온라인 코퍼스에 접속하여 아래와 같이 "~하여금"의 용례를 보여주고는 '하여금'이 다양한 장르의 비번역문에서도 자주 사용되고 있다고 주장했다.

'하여금'에 대한 검색결과는 총 3102건 입니다.

검색결과 내려받기

검색어 가나다 순 ▼   10개씩 보기 ▼

번호	앞문맥	검색어	뒷문맥	출전
3102	... 하는 등 문제가 심각하다고 판단, 그 자신이 당시 서동권안기부장에게 건의,	노대통령으로하여금	정상회담에 집착하지 않도록 해 들뜬 분위기를 누그러뜨렸다고 전한다. 속담에 "목마른 ...	뉴스피플, ...
3101	... 해나가도록 약속을 드리겠습니다. 나머지 韓議員께서 답변에 미진한 부분이 있으시면 저희	실무자들로하여금	상세한 내용은 언제든지 韓議員께 보고하도록 항상 대기하고 있을 테니까 양해해 ...	국회본회의 ...
3100	... 잔다르크의 활약으로 프랑스가 승리하게 되자 온갖 중상 모략으로 프랑스 왕으로	하여금	잔 다르크를 영국군에 팔아 넘기게 하여 마녀로 몰아 불에 태워 ...	먼나라 이웃...
3099	... 놓으려면 시골 구석구석까지 내 부하를 보내야 해!" 자기가 보낸 신하로	하여금	다스리게 하여 강력한 중앙 집권을 이룩하였는데, 남의 손이 닿지 않던 ...	먼나라 이웃...
3098	... 빠지는 게 뻔한 일이지. 그래서 이 항아리를 곧 덮어버리고, 너희들로	하여금	춥고 배고픈 고통과 재물의 아까움을 느끼며 글 공부와 생업에 부지런하도록 했던 ...	김홍규 칼럼
3097	... 있었던 갖가지 난관에도 실망하지 않고 묵묵히 20년을 바친 열의는 후학으로	하여금	학문의 높은 뜻을 다시금 마음에 새기도록 해 주었다. 《역대시조전서》가 간행된 ...	김홍규 칼럼
3096	... 그래서 이 항아리를 보고도 못 본 척하고 곧 덮어버리서, 너희들로	하여금	춥고 배고픈 고통과 재물의 아까움을 느끼게 하며, 잡기나 주색을 가까이 ...	김홍규 칼럼
3095	... 시도는 대개 유치한 수준으로 인식되었는데 이것은 영화라는 매체가 보는 이로	하여금	느끼게 할 수 있는 또다른 세계에 대한 시도의 미학보다는 페미니즘 ...	고려대학교 ...
3094	... 내뱉은 말이지만 지금까지 우리가 하지 못했던 말을 함으로써 읽는 독자들로	하여금	속시원하게 해주는 것이다. 또한 주인공과 일본 학자들의 광개토대왕 비문에 관한 ...	고려대학교 ...
3093	... 연연하리요. 근 이년간을 고민하던 그는 차마 그녀를 내치지 못하여 그녀로	하여금	자신을 차도록 만들었으니 높고도 높도다. 그의 인덕이며. 중학교 과정을 당당히 ...	고려대학교 ...

국립국어원 언어정보나눔터 말뭉치 사전 출력 결과("하여금"의 경우)
https://ithub.korean.go.kr/user/main.do

김자경 (2020) 포스트에디팅 결과물에 나타난 오류 고찰 ― AI 학습용 한영 번역 말뭉치를 대상으로. 통번역학연구 24(4): 35-62.

김혜림 (2014) 한중 번역의 단순화와 명시화 연구: 신문사설 코퍼스를 중심으로. 통번역학연구 18(3): 237-262.

박서영, 최희경 (2019) 담화표지의 기능별 번역 양상 연구: 영한 더빙텍스트 코퍼스 분석을 중심으로. 통역과 번역 21(1): 1-30.

신진원 (2015) 영상번역교육을 위한 코퍼스 설계. 번역학연구 16(3): 149-172.

유정주 (2016) 법령번역에서 직설법 현재형 동사의 사용 제언: 비 번역 영미법 코퍼스와의 비교를 중심으로. 통역과 번역 18(2): 99-128.

이세희, 최희경 (2020) 정체성에 따른 번역가 문체 연구: 장소 직시를 중심으로 한 안정효의 번역 및 창작 텍스트 코퍼스 분석 사례. 번역학연구 21(3): 153-184.

이지은, 최효은 (2020) 코퍼스 연구를 통해 살펴본 법령 번역 텍스트의 언어적 특성: 수동태 구문을 중심으로. 번역학연구 21(2): 251-284.

이창수 (2014) 한영번역 교육에서의 영어코퍼스 활용 방안 연구: COCA를 중심으로. 통번역학연구 18(3): 403-423.

조준형 (2018) 번역코퍼스를 활용한 프랑스어 복합과거 번역문법 연구. 번역학연구 19(3): 315-339.

조준형 (2019) 번역 연구에서 웹 코퍼스의 유용성과 한계. 통역과 번역 21(3): 181-205.

조준형 (2021) 웹 코퍼스와 불한 번역 등가어 ― 코로나바이러스 관련 연어 관계를 중심으로. 통번역학연구 25(2): 85-112.

최희경 (2016) 코퍼스 분석에 기반한 한국어 기사문 번역과 비번역의 문체 비교 연구. 통역과 번역 18(1): 231-255.

최희경 (2018) 경영전문지 영한번역에 나타나는 어휘 차용에 관한 코퍼스 기반 연구. 통번역학연구 22(1): 235-263.

Nam, W-J. (2006) Towards a corpus-based experiment in the into-English translation classroom: An action research approach. *Interpreting and Translation Studies* 10(1): 29-55.

41

기계번역과
포스트에디팅(post-editing)

알파고(AlphaGo) 충격 이후 기계번역 및 인공지능(신경망) 번역에 대한 관심이 날로 높아지고 있다. 기계번역에 관한 최근의 논의를 살펴보면 대개는 기계와 인간을 양립 불가능한 존재로 가정하고 인간번역가의 존립 자체를 부정적으로 인식하거나 기계번역의 품질을 지나치게 폄하하는 것들이다. 필자는 번역기계를 인간의 '동반자'로 인식하고 번역의 미래를 재설계해야 한다고 생각한다. 번역기계는 우리가 대적해야 할 적이 아니라 우리가 적극적으로 활용해야 할 도구이다.

기계번역은 '규칙기반 기계번역'(rule-based machine translation)과 '통계기반 기계번역'(statistical machine translation)으로 구분할 수 있다. 규칙기반 기계번역은 인간의 언어사용이 정해진 규칙에 따라 수행된다고 가정하고 그 규칙을 기계에 입력하여 기계가 번역을 수행하도록 만든 것이다. 반면 통계기반 기계번역은 두 언어의 번역 알고리즘을 통계적인 방식을 활용하여 자동 추출하고, 목표언어의 상황과 특징에 가장 부합하도록 출력하는 것이다. 따라서 통계기반 번역의 경우 (양질의) 번역데이터를 대량으로 수집하면 기계번역의 품질을 더욱더 향상시킬 수 있다. 통계기반 기계번역에서는 언어 쌍에 따라 데이터의 규모가 다르기 때문에 품질의 차이도 확연히 나타난다. 가령 영어와 스페인어의 기계번역은 영어와 타밀어의 기계번역보다 정확하다. 만일 데이터의 양과 질이 가공할 만큼 막대해져서 기계번역의 결과물이 상당히 정확해진다면 구글같은 기업들은 기계번역 서비스를 활용해 적지 않은 돈을 벌 수도 있다. 예컨대 일반기계번역 서비스(무료)의 경우 문장 1000조 개를 제공하는 반면, 프리미엄 유료서비스는 문장 9000조 개에 정확성이 높은 병렬코퍼스를 포함시키고 번역메모리(translation memory) 서비스도 제공하는 것이다(그래서 일부 기업은 원문-번역문 쌍을 판매·구입한다). 참고로, 구글 번역, 네이버 번역과 같이 누구나 인터넷을 통해 무료로 사용할 수 있는 기계번역을 "무료 온라인 기계번역"(FOMT: free online machine translation)이라고 부른다.

최근 있었던 한 번역 프로젝트에서 참가 학생들은 특정 회사의 기계번역(FOMT)을 활용하여 1차 번역물을 얻은 후 그 번역을 수정하였다. 즉, '번역' 브리프가 수반된 포스트에디팅(post-editing) 프로젝트에 참여하였다. 포스트에디팅이란 번역기계가 출력한 번역결과물을 인간번역가가 직접 수정·편집하는 후처리 과정을 의미한다. 프리에디팅(pre-editing)은 기계번역의 결과를 최적화하기 위해 기계번역에 앞서 원문을 다듬고 수정하는 선처리 과정을 뜻한다.

프로젝트에서 사용한 영어 원문은 질병·의료와 관련된 정보중심 텍스트(informative text)였다. 원문 곳곳에 의료용어가 등장하지만 전체적으로 보면 어휘수준이 높지 않고 통사구조도 단순한 텍스트였다. 즉, 원문은 기계번역을 이용하고 검토하기에 최적의 텍스트로 보였다. 참고로 말하면, 프로젝트 수행기간이 매우 짧았기 때문에 기계번역에 의존하지 않고서는 (고객의 요구대로) 번역을 마무리하기가 어려웠다.

그렇다면 학생들은 포스트에디팅을 어떻게 했을까? 여기에서는 지면의 제약상 두 예문만을 간략히 살펴보기로 한다.

The Bartholin's (BAHR-toe-linz) glands are located on each side of the vaginal opening. These glands secrete fluid that helps lubricate the vagina. Sometimes the openings of these glands become obstructed, causing fluid to back up into the gland. The result is relatively painless swelling called a Bartholin's cyst. If the fluid within the cyst becomes infected, you may develop a collection of pus surrounded by inflamed tissue (abscess). A Bartholin's cyst or abscess is common. Treatment of a Bartholin's cyst depends on the size of the cyst, how painful the cyst is and whether the cyst is infected. Sometimes home treatment is all you need. In other cases, surgical drainage of the Bartholin's cyst is necessary. If an infection occurs, antibiotics may be helpful to treat the infected Bartholin's cyst.

(Mayo Clinic Staff 2015a)

 번역문 1: 기계번역 결과

(A)Bartholin (BAHR-toe-linz) 땀샘은 질 입구의 양쪽에 있습니다. 이 땀샘은 질 윤활에 도움이 되는 액체를 분비합니다. 때로는 이 땀샘의 구멍이 막혀 유체가 땀샘으로 되돌아 가게되는 경우가 있습니다. (B)결과는 바르 톨린의 낭종이라고 불리는 비교적 통증이 없습니다. 낭종 내의 액체가 감염되면 염증 조직 (농양)으로 둘러싸인 고름 모음을 만들 수 있습니다. 바 톨린의 낭종이나 농양이 흔합니다. 바르 톨 린 낭종의 치료는 낭종의 크기, 낭종이 얼마나 고통 스러운지, 낭종이 감염되었는지 여부에 달려 있습니다. 때로는 가정 치료 만 있으면 됩니다. (C)다른 경우에는 바 톨린의 낭종을 수술 적으로 배액해야합니다. 감염이 발생하면 항생제가 감염된 바르 톨 린 낭종을 치료하는 데 도움이 될 수 있습니다.

(띄어쓰기 오류는 기계번역 결과물 그대로임)

기계번역(FOMT)의 결과인 〈번역문 1〉을 보면 몇 가지 특징을 찾을 수 있다. 첫째, (A)의 경우 전체 텍스트의 주제어인 "Bartholin"(바르톨린)이 번역되지 않았다. 이는 아마도 "Bartholin's" 다음에 나오는 발음표기가 Bartholin's와 glands 사이에 삽입됐기 때문이다. BAHR-toe-linz는 단어가 아니기 때문에 우리말로 번역될 가능성이 낮다. 번역팀이 사용했던 온라인 기계번역을 이용하여 (BAHR-toe-linz를 삭제하고) "Bartholin's glands"를 입력하면 정확히 '바르톨린 샘'으로 번역됨을 확인할 수 있다.

둘째, (B)는 문장호응이 이루어지지 않아 부자연스럽게 느껴진다. 번역에는 "swelling"의 의미도 누락되었다.

셋째, (C)에서도 확인할 수 있듯이 띄어쓰기 오류가 많다. 또한 앞에서는 "바르-톨-린"으로 번역되었던 용어가 (C)에서는 "바-톨린"으로 번역되었다(용어 불일치).

 번역문 2: 학생이 기계번역을 수정한 것

바르톨린 샘은 질 입구 양쪽에 위치해 있습니다. 이 (a)땀샘은 질 윤활에 도움이 되는 액체를 분비합니다. 때로는 이 분비샘의 구멍이 막혀 유체가 샘으로 되돌아오는 경우가 있습니다. 이로 인해 바르톨린 낭종이라고 불리는 비교적 통증이 없는 질환이 발생합니다. 낭종 내의 액체가 감염되면 염증 조직 (농양)으로 둘러싸인 고름이 생길 수 있습니다. 바르톨린 낭종이나 농양은 흔한 증상입니다. 바르톨린 낭종의 치료는 낭종의 크기, 낭종이 얼마나 고통스러운지, 낭종이 감염되었는지의 여부에 따라 달라집니다. 때로는 가정 요법으로 치료가 충분합니다. 바르톨린 낭종을 (b)수술 적으로 적출해야 하는 경우도 있습니다. 감염이 발생하면 항생제를 통해 감염된 낭종을 치료할 수 있습니다.

기계번역을 수정한 〈번역문 2〉에서도 여러 문제를 확인할 수 있다. 첫째, (a)에서 확인할 수 있듯이 번역가는 "[Bartholin's] glands"를 "땀샘"으로 남겨두었다. 기계는 문맥을 읽지 못하고 glands를 '바르톨린샘'이나 '바르톨린선' 대신 "땀샘"으로 출력하였다. 바르톨린샘은 질액을 분비하는 분비선이므로 땀샘은 어색하다.

(b)에서는 기계번역의 결과를 오히려 악화시킨 것 같다. "낭종을 수술-적으로 배액해야-합니다"[surgical drainage of the Bartholin's cyst]라는 기계번역을 '수술 적으로 적출해야 한다'고 수정했는데, 의미상 "적출"보다는 "배액"이 맞다. 각종 의료텍스트에서도 surgical drainage를 '수술배액' 또는 '배액술'로 번역하고 있다. 이 문장의 의미는 '수술을 통한 배액 과정이 필요한 경우도 있다'이다.

〈번역문 2〉의 밑줄 친 부분은 학생이 기계번역의 결과를 수정한 곳이다. 대부분은 문장을 자연스럽게 다듬은 결과이다.

포스트에디팅 사례를 하나 더 살펴보자.

 원문

Itchy skin is an uncomfortable, irritating sensation that makes you want to scratch. Also known as pruritus (proo-RIE-tus), itchy skin is usually caused by dry skin. It's common in older adults, as skin tends to become drier with age. Depending on the cause of your itchy skin, it may appear normal. Or it may be red or rough or have <u>bumps</u> or blisters. <u>Repeated scratching can cause raised, thickened areas of skin that may bleed or become infected</u>. Self-care measures such as moisturizing, using anti-itch products and taking cool baths can help relieve itchy skin. Long-term relief requires identifying and treating the cause of itchy skin. Itchy skin treatments include medications, wet dressings and <u>light therapy</u>.

(Mayo Clinic Staff 2015b)

 번역문 3: 기계번역 결과

가려운 피부는 불편하고 자극적 인 느낌으로 당신이 긁기를 원하게 만듭니다. 가려움증(proo-RIE-tus)으로 알려진 가려운 피부는 대개 건조한 피부에 기인합니다. 피부가 나이가 들면서 더 건조 해지는 경향이 있기 때문에 노인에서는 흔히 볼 수 있습니다. 가려운 피부의 원인에 따라 정상적으로 보일 수 있습니다. 또는 빨간색이거나 거칠거나 (A)범프나 물집이있을 수 있습니다. (B)반복적 인 긁힘은 피가 흘리거나 감염 될 수있는 두꺼운 피부 부위를 일으킬 수 있습니다. 보습, 가려움 방지 제품 사용, 시원한 목욕 (C)등의자가 관리 조치는 가려운 피부를 덜어줄 수 있습니다. 장기간의 구제에는 가려운 피부의 원인을 확인하고 치료해야합니다. 가려운 피부 치료에는 약물, 젖은 드레싱 및 (D)라이트 테라피가 포함됩니다.

(띄어쓰기 오류는 기계번역 결과물 그대로임)

소양감(가려움증)은 불편하고 자극적인 느낌으로, 사람으로 하여금 긁기를 원하게 만듭니다. 가려움증 (proo-RIE-tus)으로 알려진 소양감은 대개 건조한 피부에 기인합니다. 피부가 나이가 들면서 더 건조 해지는 경향이 있기 때문에 <u>노인들에게는 일반적입니다</u>. 소양감의 원인에 따라 정상적으로 보일 수 있습니다. 또는 빨간색이거나 거칠거나 (a)<u>오돌토돌한 물집</u>이 있을 수 있습니다. (b)<u>반복적인 긁힘은 피를 흘리거나 감염을 일으킬 수 있습니다</u>. 보습, 가려움 방지 제품 사용, 시원한 목욕 (c)<u>등의자가</u> 관리 조치는 소양감을 덜어 줄 수 있습니다. 장기간의 구제에는 소양감의 원인을 확인하고 치료해야 합니다. 소양감 치료에는 약물, 젖은 드레싱 및 (d)<u>가벼운 치료</u>가 포함됩니다.

〈번역문 4〉의 밑줄 친 부분은 학생이 기계번역을 수정한 곳이다. 기계번역의 결과인 〈번역문 3〉과 포스트에디팅의 결과인 〈번역문 4〉를 비교하면 다음과 같다. 첫째, (A)-(a)를 비교해보면 기계는 〈원문〉의 "have bumps or blisters"를 "범프나 물집이-있을 수 있습니다"로 번역했고, 학생은 이를 "오돌토돌한 물집이 있을 수 있습니다"로 수정했다. 학생의 번역은 음차를 사용한 기계에 비해 자연스럽게 느껴지지만 bump와 blister를 구분하지 않았다는 점에서 오역으로 해석할 수 있다. 참고로 말하면, 일부 인터넷 문서에서도 bump를 "범프"로 쓰고 있다.

둘째, (B)-(b)에서도 포스트에디팅은 기계번역의 결과를 축소시켰다. 기계는 〈원문〉의 [Repeated scratching can cause] raised, thickened areas of skin"을 "두꺼운 피부 부위를 일으킬 수 있습니다"로 번역한 반면, 학생은 이를 의도적으로 삭제한 후 전체 문장을 "반복적인 긁힘은 피를 흘리거나 감염을 일으킬 수 있습니다"로 축소하였다. 주어인 "repeated scratching"[계속 긁으면 ... 피부가 딱딱하게 일어날 수도 있습니다] 부분도 기계번역("반복적인 긁힘은")을 그대로 남겨두어 부자연스럽게 느껴진다.

셋째, 학생은 띄어쓰기 오류인 (C)를 '[목욕] 등의 자가 관리'로 수정하지 않았다. 부주의의 결과로 보이나 놓쳐서는 안 될 부분이다.

넷째, (D)-(d)를 비교해보면 학생은 "light therapy"를 "라이트 테라피"로 음차한 기계번역을 "가벼운 치료"로 수정하였다. 아마도 이 학생은 기계가 light(가벼운)의 의미를 제대로 파악하지 못한 채 '기계적으로' 음역했다고 믿었을 것이다. 하지만 〈원문〉의

light therapy는 피부과의 '광선 치료'를 의미한다. 인터넷에는 light therapy를 "라이트 테라피"로 쓴 것도 보인다.

강수정 (2020) 전문번역사들의 NMT에 대한 인식과 수용에 관한 연구 — 심층인터뷰를 중심으로. 번역학연구 21(3): 9-35.

김순미 (2021) 번역 교육 지원 도구로서 기계번역(MT) 활용 — 한영번역 포스트에디팅(MTPE) 수행에 대한 학습자 태도를 중심으로. 통번역학연구 25(4): 51-80.

김순미, 신호섭, 이준호 (2019) 번역학계와 언어서비스업체(LSP) 간 산학협력연구: '포스트에디팅 생산성'과 '기계번역 엔진 성능' 비교. 번역학연구 20(1): 41-76.

마승혜 (2018) 한영 기계번역 포스트에디팅에 대한 경험적 고찰: 학부 교육 과정 및 결과를 중심으로. 통번역학연구 22(1): 53-88.

마승혜 (2018) 문학작품 기계번역의 한계에 대한 상세 고찰. 통번역학연구 22(3): 65-88.

서보현, 김순영 (2018) 기계번역 결과물의 오류유형 고찰. 번역학연구 19(1): 99-117.

서보현, 김순영 (2020) 번역사의 번역교육 경험이 포스트에디팅 결과물의 품질에 미치는 영향에 관한 사례연구. 번역학연구 21(3): 63-91.

신지선 (2020) 기계번역 포스트에디팅에 관한 해외 연구 동향. 번역학연구 21(4): 87-114.

윤미선, 김택민, 임진주, 홍승연 (2018) 영어-한국어 언어쌍에 적합한 포스트에디팅 가이드라인: 미래 포스트에디터를 위한 가이드라인과 그 실례. 번역학연구 19(5): 43-76.

이미경 (2019) 기계번역 vs. 인간번역, 텍스트 모호성 해소를 위한 전략 고찰 — 연설문 번역을 중심으로. 인문사회21 10(2): 687-700.

이상빈 (2018) 학부 번역전공자의 구글 기계번역 포스트에디팅에 관한 현상학 연구. 통번역학연구 22(1): 117-143.

이상빈 (2018) 국내학부 번역전공자의 구글 기계번역 포스트에디팅 과정(process) 및 행위 연구. 번역학연구 19(3): 259-286.

이상빈 (2020) 기계번역에 관한 KCI 연구논문 리뷰: 인문학 저널 논문(2011~2020년 초)의 논의내용과 연구방법을 중심으로. 통역과 번역 22(2): 75-104.

이선우, 이상빈 (2021) 학부번역전공자의 인간번역과 기계번역 포스트에디팅 품질 비교. T&I REVIEW 11(2): 101-124.

이주리애 (2021) 포스트에디팅의 번역사 수용에 관한 예비연구 — 한일 기계번역을 중심으로. 통번역학연구 25(3): 109-140.

이준호 (2018) 포스트에디팅 교육을 위한 포스트에디팅과 인간번역의 차이 연구. 통역과 번역 20(1): 73-96.

이준호 (2021) 한영 포스트에디팅, 누구나 수행할 수 있는가? 포스트에디팅 수업 설계를 위한 예비 연구. 번역학연구 22(1): 171-198.

임순정, 한미선 (2014) 구글 번역의 사례연구. 번역학연구 15(1): 177-209.

한승희 (2017) 기계번역, 인간번역, 트랜스크리에이션의 문체 비교: 광고 번역을 중심으로. 통번역학연구 21(2): 163-188.

한승희, 강동희 (2022) 기계번역과 인간번역, 기계번역 사후편집본과 인간번역 감수본의 품질평가 비교 연구 ― 한-노 번역 사례를 중심으로. 통번역학연구 26(1): 195-219.

컴퓨터 보조 번역(CAT)

    번역 메모리(translation memory, TM)는 워드패스트(Wordfast), 데자뷰(DejaVu), 트라도스(SDL Trados Studio)와 같은 컴퓨터 보조 번역(computer-assisted translation, CAT) 프로그램 내에서 사용되는 데이터베이스이다. 번역 메모리는 원문의 문장과 그 번역을 하나의 쌍으로 저장한 것이다. 번역 메모리를 사용하면 이전에 번역한 내용을 다시 번역하지 않고 기존의 자료를 '재활용'함으로써 번역작업을 효율적으로(짧은 시간에 저비용으로) 진행할 수 있다. 아래 그림은 트라도스에서 번역 메모리를 이용해 영한번역을 하는 장면이다.

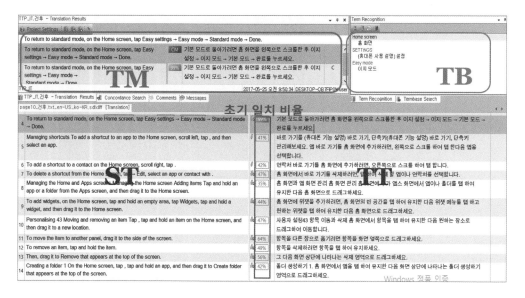

- 좌측 상단 = 번역 메모리(TM: translation memory)
- 우측 상단 = 텀베이스(TB: termbase)
- 좌측 하단 = 원문(ST: source text)
- 우측 하단 = 번역 작업창(TT: target text)
- 가운데 = 초기 일치 비율(원문을 넣었을 때 번역메모리와 일치하는 비율)
- 작업창 하단에 원하는 인터넷 검색창을 띄울 수 있고, 번역 메모리에 기계번역 결과물도 선택적으로 띄울 수 있다.

트라도스 작업 화면(한승희 2017. 6. 5. 제공)

트라도스 작업화면 왼쪽 상단에는 번역 메모리 창이 있고, 오른쪽 상단에는 텀베이스(termbase, TB) 창이 있다. 번역가는 이 두 창을 통해 원문을 빠르고 효율적으로 번역할 수 있다. 다만, 번역 메모리나 텀베이스가 구축되어 있지 않으면 트라도스와 같은 프로그램도 효용성이 떨어진다. 따라서 컴퓨터 보조 번역 프로그램은 텀베이스를 구축하기 쉬운 번역작업, 예컨대 유사한 내용과 과정을 반복하는 현지화(localization) 과정에 주로 활용된다. 텀베이스란 컴퓨터 보조 번역 프로그램 내에서 사용할 수 있는 용어 데이터베이스를 뜻한다. 기존에 번역가가 사용해왔던 일반문서 형식의 용어모음집, 가령 인하우스 번역가가 정리한 엑셀파일 등은 용어사전(glossary) 정도로 부를 수 있다.

최근 들어 일부 학과에서는 컴퓨터 보조 번역을 전문적으로 가르치기 시작했다. 일례로 한국외국어대학교 EICC학과는 "Machine Translation Post-Editing (MTPE)"와 "Computer-Aided Translation (CAT)"을 별도의 전공수업으로 운영 중이다. 이 수업에서 학생들은 스마트캣(SmartCat), 멤소스(Memsource) 등을 활용한 온라인 CAT 프로젝트를 경험할 수 있다.

지금부터는 EICC학과에서 사용 중인 멤소스를 기반으로 컴퓨터 보조 번역(영한 번역)의 과정을 간략히 살펴볼 것이다. 멤소스 작업에 활용한 영어 원문은 앞서 "기계번역과 포스트에디팅" 섹션에서 활용했던 바르톨린 낭종 관련 텍스트이다. 먼저, 프로젝트를 생성하는 절차부터 확인해보자.

❶ 번역 작업을 수행하려면 신규 프로젝트부터 생성해야 한다. 여기서는 "생각을 키우는 번역학 수업"이라는 이름으로 프로젝트를 만들었다.

❷ 영한번역을 해야 하니 "소스 언어"는 영어, "대상 언어"는 한국어로 설정했다. 물론 영어, 한국어 이외에도 다양한 언어를 선택할 수 있다.

❸ 프로젝트 생성 시 온라인 기계번역도 선택할 수 있다. 스크린 숏에는 "Memsource Translate"(기본값)로 표기되어 있지만, 실제 이 기계번역은 Google Translate이다(멤소스에서 구글 번역 서비스를 개시함). 일부 CAT 프로그램에서는 Google Translate를 무료로 사용할 수 없다.

❹ 영어 원문이 담긴 gland.docx라는 파일을 업로드했다. 파일명을 클릭하면 본격적인 작업을 수행할 수 있다.

❺ 작업에 앞서 화면 왼쪽에 있는 "번역 메모리"에서 번역 메모리 세팅을 할 수 있다. 이 프로젝트에서는 번역 메모리를 만들지 않았다.

❻ 작업에 앞서 텀베이스도 설정할 수 있다. 간단한 영어-한국어 단어 쌍을 텀베이스로 입력하였다.

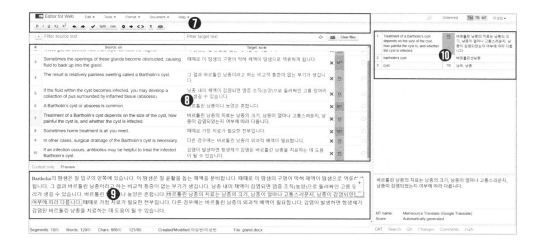

❼ 업로드한 원문 파일을 클릭하면 위와 같은 작업 화면으로 이동한다. ❼번 영역에서는 멤소스의 주요 기능을 확인할 수 있다.

❽ 원문과 번역문이 병렬로 제시되는 작업 셀이다. 왼쪽 셀에는 영어 원문이 (문장) 단위별로 정렬되어 있고, 오른쪽 셀에는 한국어 번역문이 자동으로 생성되어 있다. 참고로 말하면, 이 번역은 Google Translate(2022년 7월 말)에서 자동 추출된 것이다. 매치 비율이 더 좋으면 다른 FOMT에서도 추출될 수 있다.

❾ 번역 텍스트 전체와 작업 중인 세그먼트를 보여주는 프리뷰(Preview) 창이다. 현재 작업 중인 세그먼트(#7), 즉 "바르톨린 낭종의 치료는…… 감염되었는지 여부에 따라 다릅니다"에 색깔 테두리가 생겼다.

❿ 번역 과정에서 판단의 근거가 될만한 내용을 확인할 수 있다. 이 스크린 숏에는 Google Translate의 결과와 팀베이스(TB)에 있는 용어 두 개가 보인다.

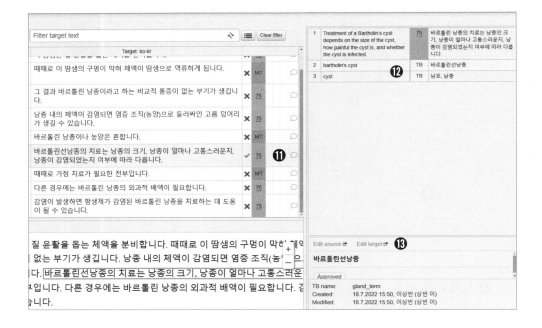

⓫ 멤소스 내에서 출력된 구글 번역은 "바르톨린 낭종의 치료는 낭종의 크기, 낭종 이 얼마나 고통스러운지, 낭종이 감염되었는지 여부에 따라 다릅니다"였다. 번 역가는 이 기계번역에 만족하지 않고 영역 ⓬에 출력된 TB(텀베이스)를 참고하 여 "바르톨린 낭종"을 "바르톨린선낭종"으로 수정하였다. 그리고 ctrl+enter를 눌러 번역을 '확정'하였다(상단 메뉴 "Edit"에서 "Confirm Segment"에 해당). 영역 ⓫에 서 볼 수 있듯이 번역을 확정하면 번역문 바로 오른쪽 기호가 빨간색 ×에서 초 록색 √로 바뀐다.

⓭ 작업 도중 텀베이스를 수정하고 싶다면 "Edit source" 또는 "Edit target"을 클릭 하여 영어 또는 한국어 용어를 수정할 수 있다.

번역 메모리가 구축된 상황이라면 번역 과정에서 좀 더 다양한 선택을 할 수 있다. 다음 스크린 숏은 멤소스가 필자에게 제공한 이미지다.

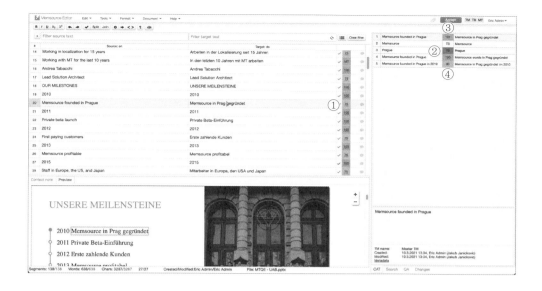

① 현재 작업 중인 세그먼트(#20)를 살펴보자. 자동으로 산출된 매치 비율("Machine translation match : automatically generated score")은 75%이다. "Memsource"와 "Prague"는 텀베이스에 등록된 어휘라서 영어 세그먼트에 노란색으로 표시되어 있다.

② 오른쪽 창에 매치 비율이 100%인 구문(녹색으로 표시)이 있다. 이는 현재 작업 중인 구문("Memsource founded in Prague")과 똑같은 구문이 이전에도 번역되었으며 그 번역 결과물이 번역 메모리에 구축되어 있음을 뜻한다. 번역가는 이 '퍼펙트 매치(Perfect Match)' 부분을 더블클릭해서 이전 번역을 가져올 수 있다.

③ 신기하게도 매치 비율이 101%이다. 이는 현재 작업 중인 구문이 메모리에 있는 구문과 정확히 일치하면서 동시에 주변 구문까지도 일치한다는 뜻이다. 매치 비율이 101%이면 앞뒤 구문 중 어느 하나만이 똑같다는 뜻이고, 102%이면 앞뒤 구문 모두 똑같다는 뜻이다. 이러한 매치를 콘텍스트 매치(Context Match)라고 부른다.

④ 90%의 퍼지(fuzzy) 매치도 확인된다. 실제 프로젝트에서는 퍼지 매치도 매우 유용하다. 일반적으로 매치는 75% 이상이어야 유용하다(최소/수용 비율은 작업자가 설정할 수 있음).

김종희 (2016) 해외대학의 CAT(Computer Aided Translation) 수업사례 분석을 통한 언어 기반 융합 수업 모형 연구. 통번역교육연구 14(3): 25-44.

진실희 (2019) 4차 혁명시대의 소프트웨어 융합 통번역교육 사례연구. 번역학연구 20(4): 189-218.

한승희 (2016) CAT 툴 기반 다자수행 번역의 형태적 특징 연구: 영한 번역의 문장길이와 결속관계를 중심으로. 통번역학연구 20(4): 167-188.

Lee, J. (2017) Crowdsourced translation and machine translation and their implications in the digital age: A case study of Flitto. *The Journal of Translation Studies* 18(4): 91-120.

43

교정교열과 편집
(revision and editing)

'교정'과 '교열'의 의미부터 살펴보자. 교정(校訂)이란 문서에서 글자나 글귀의 오류를 바로잡는 작업이며, 교열(校閱)은 글자나 글귀뿐만 아니라 문장의 오류까지도 고치고 검열하는 작업을 가리킨다.

하지만 영어의 'revision'은 교정과 교열을 통합하여 지칭하는 것 같다. 이상원(2009: 82)도 교정과 교열을 구분하지 않았고, '교정교열'(revision)이라는 용어를 "단어 이하 수준에서 문장 이상 수준에 이르기까지 잘못을 바로잡고 고치는 작업"으로 총칭했다. 필자도 이상원과 마찬가지로 'revision'을 뜻할 경우 '교정교열'이라는 용어를 선호하며, 경우에 따라서는 다소 어색하게 들릴 수 있는 '교정교열자'(reviser)라는 용어도 사용할 것이다.

> **✓ 참고: 교정교열과 관련된 용어의 문제(이상빈 2013b: 174)**
>
> 거(Ko 2011)는 "revision" 대신 "checking"이라는 용어를 사용한다. 그에 따르면 checking은 editing 이후, proofreading 이전에, 이루어지며 원문과 대조하면서 번역의 문제점을 찾아 수정하는 작업을 지칭한다. 한편 모삽(Mossop 2007: 110)은 checking을 두 가지 의미로 정의한다. 첫째, revision과 혼용해서 쓸 수 있는 동의어다. 둘째, 번역상의 문제점을 찾아내는, 하지만 그 문제를 수정하지는 않는 작업을 뜻한다.

번역학에서의 교정교열은 편집(editing)과 다르다(Mossop 2007: 1). 편집은 비번역텍스트에서 문제점을 찾아 수정하는 것을 뜻한다(보다 정확히 말하자면 번역이 아닌 맥락에서 텍스트를 수정하는 것이다). 반면, 교정교열은 번역텍스트를 기반으로 수행하는, 편집과 유사한 작업이다. 교정교열은 오역을 찾는 과정인 반면, 편집은 원고내용에 변화를 제안하거나 페이지 레이아웃 등을 고안하는 행위이다. 그래서 편집자는 '이미 교정교열을 마친' 번역텍스트를 편집한다. 편집자는 교정교열과 다른 기준을 적용하여 편집한다. 예컨대 교정교열 과정에서 문제되지 않았던 부분을 독자의 니즈나 출판사의 이해를 감안하여 과감히 삭제하기도 한다.

혹자는 이렇게 생각할지도 모르겠다. 번역을 배우는 학생들에게 교정교열이라니? 필자가 아는 한, 국내 대학(원) 중에서 교정교열을 전문적으로 다루는 학과나 교과목은 존재하지 않는다. 필자는 기회가 된다면 교정교열과 편집(editing)에 관한 전문 교과목을 개설하고 싶다. 교정교열은 번역을 전공하는 학생들에게 핵심능력으로 꼽히며 앞으로는 점점 더 중요해질 것으로 예측하기 때문이다. 교정교열이 중요한 이유는 다음과 같다.

(1) 교정교열이나 편집 기술을 연마하면 자신의 번역에도 도움이 된다.
(2) 번역가라고 해서 번역만 하는 것은 아니다. 번역가는 본연의 번역 업무뿐만 아니라 다른 사람의 번역을 교정교열해야 한다. 앞서 살펴보았듯이 무료 온라인 기계 번역(FOMT)을 기반으로 진행되는 포스트에디팅도 점차 늘어나는 추세다.
(3) 교정교열 능력은 원문을 분석하는 데도 도움이 된다. 특히 품질이 낮거나 이해하기 어려운 원문을 번역해야 해도 원문에 효과적으로 접근할 수 있다(Mossop 2007: 2).

국내 공공기관에서는 통번역 전공자를 대상으로 "영문에디터"를 모집·채용한다. 어떤 학생들은 '통번역사가 아니라 에디터?'라며 의아해할 수도 있을 것이다. 이런 궁금증은 채용공고에서 명시된 영문에디터의 업무 내용을 살펴보면 어느 정도 해소가 될 것 같다. 아래 두 기관의 공고 내용을 살펴보자.

기관 A(2017년)
- 한글로 작성된 원문을 영문으로 바꾸는 작업(주요)
- 연설문 등 각종 국제 회의자료 영문 작성
- 외국에 제출하는 공식 문서나 서신의 영문 번역 또는 교열
- 국제회의 등에 필요한 자료 번역 및 회의 참석 시 통역
- 기타 통번역 등과 관련하여 특별히 부과되는 과제 수행 (밑줄은 필자의 것임)

기관 B(2016년)
- 한글논문의 영문번역
- 영문원고 교정
- 해외 학술교류 업무보조
- 영문홈페이지 운영보조 (밑줄은 필자의 것임)

위에서 확인할 수 있듯이 두 기관 모두 영문에디터에게 번역만을 요구하지 않는다. 기관 A의 경우 한영번역을 제1순위 업무로 강조하면서도 영문 작성(번역이 아닌 일반 글쓰기)과 번역교열을 각각 2순위, 3순위 업무로 규정하고 있다. 필자도 정부기구에서 일했을 때 번역이 아닌 영어글쓰기를 해야 하거나 팀원들이 작성한 영문 서한(번역) 등을 교정해야 했다. 즉 '영문에디터'에게 요구되는 주요 업무는 통역을 제외할 경우 (1) 번역, (2) 영어글쓰기, (3) 교정교열이었다.

기관 B의 영문에디터도 A의 경우와 크게 다르지 않다. 기관 B의 영문에디터는 직원들이 작성한 논문을 영어로 번역하고 때로는 직원이 직접 작성한 영어논문을 교정해야 한다. 이뿐만 아니라 순수 영어로 진행되는 일, 예컨대 영문홈페이지 운영을 보조해야 하는 업무도 수행해야 한다. 필자도 기관 홈페이지에 입력할 영어자료를 선정·요약·편집하여 정기적으로 홈페이지를 업데이트했던 기억이 있다.

위의 사례에서도 볼 수 있듯이 국내 공공기관에서는 번역만 하는 게 아니라 다양한 관련 업무를 함께 수행하는 '영문에디터'를 채용한다. 우리가 알고 있는 '번역가'는 실제로 번역만 하는 사람이 아니다. 보다 정확히 말하자면 번역만 해서는 안 되고, 멀티플레이어가 되어야 한다. 기계번역이 힘을 얻고 있는 21세기에는 번역가에게 기대하는 역할이 더욱더 방대해지고 다양해질 것이다.

교정교열과 관련하여 번역대학원 졸업생들도 궁금해하는 점이 있다. 바로 요율이다. 어떤 텍스트의 번역비가 100원이라고 가정할 때 그 텍스트의 번역을 교열하는 비용은 얼마나 될까? 필자는 한창 일하던 시절에 50원, 즉 번역비의 50%를 받았다. 다만 여기에는 한 가지 조건이 있다. 번역품질이 너무 나빠 다시쓰기를 해야 하는 부분은 번역료(100%)로 계산하여 청구한다(당연하다. 필자는 교정을 하는 게 아니라 번역을 해야 한다). 따라서 사전에 정확한 견적을 요구하는 고객에게는 "말씀드린 두 가지 원칙에 근거하므로 정확한 금액은 작업을 완료해야 말씀드릴 수 있습니다." 정도로만 말할 수 있었다. 돈 이야기를 해서 좀 그렇긴 하지만 한 가지 더 적자면, 어떤 사람들은 진짜 엉망인 번역을 해놓고는 감수를 해달라고 부탁한다. 돈을 아껴볼까 생각하고 말이다. 일부는 구글 번역을 한 후 넘기거나 자신이 급조한 번역을 보내주고는 '감수' 비용을 묻는다.

교정교열에서 고려해야 할 요소는 크게 네 가지 영역으로 구분할 수 있다(Mossop 2007: 125-139). 첫째, 교정교열자는 내용 전달(transfer)에 주목해야 한다. 즉 오역이 없는지 살펴보고 원문의 내용이 번역문에 모두 반영되었는지 검토해야 한다. 두 번째 영역은 논리와 사실관계(content)이다. 교정교열자는 번역문의 논리에 이상이 없는지 따져보고, 원문의 각종 사실관계가 정확하게 기술되었는지도 살펴봐야 한다. 참고로, 사실관계의 오류와 오역(전달)은 조금 다르다. 오역된 문장이라 할지라도 그 자체로 논리적 문제가 없다면 독자에게 영향을 주지 않을 수도 있지만, 사실관계가 잘못 기술된 번역은 독자가 쉽게 알아차릴 수 있다. 셋째, 교정교열자는 언어 표현(language)의 품질을 조사해야 한다. 이를 위해 먼저 번역문이 자연스럽게 읽히고 문장 간(내)의 문법 관계가 명료한지 검토해야 한다(smoothness). 또한 번역문에 사용된 언어가 도착어의 관습에 부합하는지 살펴보고(tailoring), 해당 장르에 부합하는지, 용어 사용에는 문제가 없는지도 점검해야 한다(sub-language). 이뿐만 아니라 단어의 조합이 도착언어의 수사법이나 언어 관계에 부합하는지(idiom), 철자, 마침표 등이 문법규칙에 어긋나지 않는지도 따져봐야 한다(mechanics). 넷째, 교정교열자는 문서의 보여주기 방식(presentation)도 검토해야 한다. 가령 들여쓰기, 여백, 단락구분 등을 고려해야 하며(layout), 폰트의 색깔·크기, 밑줄 등의 강조표시도 가볍게 생각해서는 안 된다. 또한 번역문 전체가 구조적인 측면에서 문제가 없는지도 따져봐야 한다. 예컨대 쪽번호라든가 제목, 각주, 목차 등의 구조적 측면을 신중하게 살펴봐야 한다. 이상의 내용을 개략적으로 도식화하면 다음과 같다.

내용 전달(Transfer)		논리와 사실관계(Content)	
1. 정확성(accuracy) 2. 완결성(completeness)		3. 논리(logic) 4. 사실관계(facts)	
언어 표현(Language)		보여주기 방식(Presentation)	
5. 자연스러움(smoothness) 6. 번역 사용자에게 적합한 언어(tailoring) 7. 문체, 용어 등의 서브언어(sub-language) 8. 연어, 관용구(idiom) 9. 철자, 마침표, 문법 규칙(mechanics)		10. 레이아웃(layout) 11. 철자(typography) 12. 구성(organization)	

Mossop (2007: 125)를 요약·재구성한 것임

위에서 설명한 것처럼 교정교열은 생각보다 복잡하고 고려해야 할 요소도 많다. 하지만 필자의 경험에 따르면 많은 학생들이 교정교열을 너무 단순하게 생각하고 있으며, 실제로 교정교열에 어려움을 느낀다. 몇 년 전 필자는 번역 능력이 뛰어난 학생 다섯 명과 보통 실력을 갖춘 학생 다섯 명을 대상으로 교정교열의 차이를 확인해보고자 했다(이상빈 2013b). 필자는 두 집단에게 제3의 학생이 제출했던 한국어 번역문을 제시한 후 교정교열을 주문했고, 10명의 학생이 제출한 교정교열의 결과를 아래와 같이 베이커(Baker 2011)의 언어층위에 따라 6단계로 코딩했다.

(6) 텍스트 이외의 문제(예: 윤리)

(5) 화용적 차원, 즉 심층결속성, 함축적 의미 등과 관련된 논의

(4) 주제구조, 정보구조, 표층결속성 등을 포함한 텍스트 차원의 논의

(3) 문법(성, 수, 인칭, 태, 시제 등)과 관련된 논의

(2) 단어의 결합, 즉 연어, 관용구, 숙어 등과 관련된 논의

(1) 단어 차원의 논의

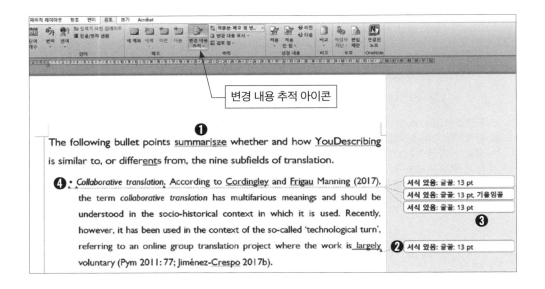

변경 내용 추적 아이콘

The following bullet points summarisze whether and how YouDescribing is similar to, or differents from, the nine subfields of translation.

❹ • *Collaborative translation.* According to Cordingley and Frigau Manning (2017), the term *collaborative translation* has multifarious meanings and should be understood in the socio-historical context in which it is used. Recently, however, it has been used in the context of the so-called 'technological turn', referring to an online group translation project where the work is largely voluntary (Pym 2011: 77; Jiménez-Crespo 2017b).

서식 있음: 글꼴: 13 pt
서식 있음: 글꼴: 13 pt, 기울임꼴
서식 있음: 글꼴: 13 pt
❸
❷ 서식 있음: 글꼴: 13 pt

10명의 교정교열을 살펴본 결과, 번역능력이 상대적으로 뛰어난 학생들은 비교집단에 비해 다양한 층위의 교정교열을 하는 것으로 나타났다. 번역능력이 부족한 학생들은 단어 차원의 수정에 집착하는 반면, 번역능력이 뛰어난 학생들은 연어와 관용구뿐만 아니라 텍스트나 화용적 차원의 수정도 시도했다. 또한 번역능력이 뛰어난 학생들은 MS Word의 다양한 기능을 활용하여 교정교열을 효과적으로 수행한 반면, 다른 집단은 번역문을 출력한 후 펜으로 직접 수정했다. 그러다 보니 번역 능력이 부족한 집단의 경우 교정교열의 범위나 내용에 있어 더 큰 제약이 뒤따랐다.

위 그림은 MS Word의 '변경내용 추적' 기능을 통해 문서를 편집하는 장면이다. 이 사람은 첫 번째 문장에서 동사 "summarize"를 "summarise"로 수정하였다(❶). 영국식 영어가 필요한 모양이다. z를 삭제하자 z가 빨강색으로 변하고 취소선이 생겼다. 또한 s를 입력하자 파란색 s가 밑줄과 함께 나타났다. 화면 하단 ❷에서는 "largely"라는 단어를 첨가했다. 역시 파란색 밑줄이 보인다. 문서 오른쪽 여백(❸)에서는 스타일의 변화 이력을 확인할 수 있다. 풍선도움말에 따르면 글자크기는 13pt로 줄어들었고 글자모양은 기울임꼴로 변경되었다. 변경내용 추적 중 변경내용이 있는 부분은 왼쪽 여백에 수직선으로 표시된다 (❹).

김정연 (2013) 출판 교정·교열에 의한 번역내용 변화의 사례연구. 통번역학연구 17(3): 81-113.

박지영 (2018) 국내 감수 실무 관행에 관한 고찰: 감수 절차 및 감수 항목을 중심으로. 번역학연구 19(2): 147-173.

박지영 (2020) 감수자 자격과 감수품질에 관한 제언: 한영번역에 대한 원어민 감수를 중심으로. 통역과 번역 22(3): 1-27.

박지영 (2021) 원어민 감수자의 자격, 능력, 직무에 관한 고찰. 번역학연구 22(3): 137-164.

오정민 (2021) 출판번역의 교정과 교열 현황. 인문사회21 12(5): 1397-1408.

윤현숙 (2022) 출판번역 교정교열의 순기능과 역기능 고찰 — 아이퍼10의 번역투를 중심으로. 통역과 번역 24(1): 191-217.

이상빈 (2013) 학부 번역전공자의 교정교열(revision)에 관한 사례연구. 번역학연구 14(5): 169-194.

이상빈 (2018) 재번역 및 자가교정(self-revision) 분석을 통한 한국문학번역 방향 고찰하기: 「서울, 1964년 겨울」을 기반으로. 번역학연구 19(4): 121-147.

이상빈 (2020) 마샬 필의 〈홍길동전〉 경판본 번역 분석. 통번역학연구 24(4): 97-124.

이상빈 (2020) 마샬 필(Marshall R. Pihl)의 번역 자가교정(self-revision)을 통해 살펴본 한국문학 번역의 방향. 번역학연구 21(5): 207-235.

이상빈 (2022) 케빈 오록의 시조 번역의 구조적 특징 — 윤선도의 〈어부사시사〉를 기반으로. 통번역학연구 26(2): 109-132.

이상원 (2013) 출판 번역에서 번역가의 책임과 권리는 어디까지인가? 교정교열 사례 분석을 중심으로. 번역학연구 13(1): 115-132.

이향 (2007) 번역물 감수와 번역교육. 파주: 한국학술정보.

최수연 (2019) 더빙번역의 감수 전략: 캐릭터 번역하기. 번역학연구 20(5): 245-276.

Nam, W-J. (2005) Reviser in the classroom: A case study on working with a professional reviser in the into-English translation classroom. *Interpreting and Translation Studies* 9: 60-83.

고정아 (번역) (2007) 내 무덤에서 춤을 추어라[Dance on my grave]. 에이단 체임버스 저. 서울: 생각과느낌.

공경희 (번역) (2009) 이상한 나라의 앨리스[Alice's adventures in Wonderland]. 루이스 캐럴 저. 서울: 도서출판 마루벌.

곽중철 (번역) (2010) 법률 통번역 입문: 유럽연합 사례로 본 모범 답안[Aequitas — Access to justice across language and culture in the EU]. 에릭 에르톡 저. 서울: 한국외국어대학교 지식출판콘텐츠원.

국립국어원 (2014) 문장 부호 해설. 서울: 국립국어원.

김경미 (번역) (2005) 이상한 나라의 앨리스[Alice's adventures in Wonderland]. 루이스 캐럴 저. 서울: 비룡소.

김도훈 (2011) 문장부호의 번역학. 서울: 한국문화사.

김명철 (번역) (2006) 경제학 콘서트[The undercover economist]. 팀 하포드 저. 서울: 웅진 지식하우스.

김상철, 이윤섭, 최정임 (번역) (2006) 세계는 평평하다[The world is flat: A brief history of the twenty-first century]. 토마스 프리드만 저. 서울: 창해.

김석주, 정필용 (2008) 와탕카: 영어만화. 서울: 도서출판 길벗.

김석희 (번역) (2007) 이상한 나라의 앨리스[Alice's adventures in Wonderland]. 루이스 캐럴 저. 서울: 웅진주니어.

김순미 (2010) 충실성과 창의적 개입 사이의 딜레마: 언어유희 번역을 중심으로. 통역과 번역 12(1): 49-77.

김양미 (번역) (2008) 이상한 나라의 앨리스[Alice's adventures in Wonderland]. 루이스 캐럴 저. 서울: 인디고.

김현우 (번역) (2005) 여성의 신비[The feminine mystique]. 베티 프리단 저. 서울: 이매진.

김현우 (번역) (2018) 여성성의 신화[The feminine mystique]. 베티 프리단 저. 서울: 갈라파고스.

류숙렬 (번역) (2009) 버자이너 모놀로그[The vagina monologues]. 이브 엔슬러 저. 서울: 북하우스.

멋진 신세계 (번역) (1994) 세계여성소설걸작선 2. 서울: 여성사.

미셸 주은 김 (번역) (2014) 명두 / Relics. 구효서 저. 파주: 아시아.

미셸 주은 김 (번역) (2014) 통조림 공장 / *The canning factory*. 편혜영 저. 파주: 아시아.

배리어프리영화위원회 (n.d.) 배리어프리 영화란? https://barrierfreefilms.or.kr/page_Fwnx71.

설순봉 (번역) (2015) 등신불 / *Tungsin-bul*. 김동리 저. 파주: 아시아.

손석주 (번역) (2014) 아베의 가족 / *Ahbe's family*. 전상국 저. 파주: 아시아.

손석주, 캐서린 로즈 토레스 (번역) (2013) 은행나무 사랑 / *Gingko love*. 김하기 저. 파주: 아시아.

송연석 (2011) 이데올로기가 제도적 번역에 미치는 영향 연구: 천안함 침몰사건 관련 외신인용기사를 중심으로. 번역학연구 12(1): 145-165.

송연석 (2013) 뉴스편역의 이데올로기: 4대강 사업 관련 외신편역의 분석. 통번역학연구 17(4): 75-100.

쉥크 카리 (번역) (2014) 아들 / *Father and son*. 윤정모 저. 파주: 아시아.

스포티비뉴스 (2015. 8. 10.) '시즌 9호포' 강정호, 현지해설 "실력으로 복수했다." http://www.spotvnews.co.kr/?mod=news&act=articleView&idxno=24852.

스텔라 김 (번역) (2017) 할로윈 / *Halloween*. 정한아 저. 파주: 아시아.

스텔라 김 (번역) (2019) 창모 / *Chang-mo*. 우다영 저. 파주: 아시아.

신지선 (2009) 이중 독자층이 내재한 아동문학의 번역양상 고찰: 『버드나무에 부는 바람을 중심으로』. 번역학연구 10(3): 141-159.

신진원, 박기성 (2011) 경제 텍스트에서의 은유 번역 사례 연구: 개념적 은유를 중심으로. 번역학연구 12(2): 129-155.

오미형 (2014) 〈쿵푸 팬더〉 시리즈 사례연구를 통해 본 아동 대상 애니메이션 번역 전략. 통번역학연구 18(1): 84-102.

유니세프 한국위원회 (2006) 그림으로 보는 아동권리협약. http://www.unicef.or.kr/education/outline_01.asp.

유정주 (2015) 한국 법령 번역에서 'shall'의 사용에 대한 고찰: 비교 코퍼스 분석 결과를 중심으로. T&I Review 5: 71-92.

유혜담 (번역) (2019) 여자는 인질이다[Loving to survive]. 디 그레이엄, 에드나 롤링스, 로버타 릭스비 저. 인천: 열다북스.

유혜담 (번역) (2020) '위안부'는 여자다[The Japanese comfort women and sexual slavery during the China and Pacific Wars]. 캐롤라인 노마 저. 인천: 열다북스.

이상빈 (2011) 팬 번역의 법적 지위 개선에 관한 연구: 공정이용의 원칙을 중심으로. 번역학연구 12(4): 119-143.

이상빈 (2012a) 한-EU FTA 번역오류 사태와 그 사회적 영향: 체스터만의 규범으로 바라본 언론 보도를 중심으로. 번역학, 무엇을 연구하는가: 언어적, 문화적, 사회적 접근. 조의연 편저. 서울: 동국

대학교 출판부.

이상빈 (2012b) 비디오 게임 현지화에 관한 소고: 스타크래프트2 현지화·한글화에 관한 팬덤의 논쟁을 중심으로. 통번역학연구 16(1): 109-127.

이상빈 (2013a) 대명사 '그녀'의 수용에 관한 독자반응 연구: 대학생과 초등학생 간의 비교 관점에서. 통번역학연구 17(4): 121-137.

이상빈 (2013b) 학부 번역전공자의 교정교열(revision)에 관한 사례연구: 번역역량에 따른 비교의 관점에서. 번역학연구 14(5): 169-194.

이상빈 (2013c) 비디오 게임에서의 유머 번역과 수용: 스타크래프트 II의 문화적 유머를 중심으로. 번역학연구 14(1): 183-210.

이상빈 (2014) 문화번역의 텍스트적 재현과 '번역': 이창래의 *Native Speaker*와 그 번역본을 중심으로. 통번역학연구 18(4): 119-140.

이상빈 (2015) 통번역학 용어의 한국어 번역에 관한 비판적 성찰. 통번역학연구 19(4): 73-92.

이상빈 (2016) 번역기계, 팬번역가, 로컬라이저의 네트워크: 게임번역기 MORT를 통해 살펴본 게임번역 네트워크의 미래. 번역학연구 17(3): 117-137.

이상빈 (2017) 광고와 젠더 번역: 수입자동차 인쇄광고의 남성타깃 번역전략. 통번역학연구 21(2): 85-108.

이상빈 (2018) 해외에서 활동하는 한국의 스포츠 선수들은 어떻게 번역되는가? 국내 멀티미디어 스포츠 신문기사에 관한 비평적 담화분석. 통역과 번역 20(3): 49-74.

이상빈 (2019) 번역문체 비교 연구: 소설 '유형의 땅'과 인바운드 vs 아웃바운드 번역을 중심으로. 통역과 번역 21(3): 125-148.

이상빈 (2020a) 마샬 필의 〈홍길동전〉 경판본 번역 분석. 통번역학연구 24(4): 97-124.

이상빈 (2020b) 마샬 필(Marshall R. Pihl)의 번역 자가교정(self-revision)을 통해 살펴본 한국문학 번역의 방향. 번역학연구 21(5): 207-235.

이상빈 (2020c) 국제회의 통역사를 위한 노트테이킹 핵심기술(개정판). 서울: 한국문화사.

이상빈 (2021a) 마샬 필의 단편소설 번역에 나타난 문체적 특징과 한국문학 번역에의 교훈: 다른 번역본과의 비교를 통해. 번역학연구 22(2): 149-184.

이상빈 (2021b) 판소리는 어떻게 풍요롭게 번역할 수 있는가: 마샬 필의 〈심청가〉 번역을 기반으로. 통번역학연구 25(4): 173-200.

이상빈, 이선우 (2018) 인물형상화와 페미니즘 번역: 제임스 팁트리 주니어의 SF 소설 「휴스턴, 휴스턴, 들리는가?」를 중심으로. 번역학연구 19(1): 147-176.

이상원 (2009) 출판번역의 교정교열 사례 분석. 통역과 번역 11(1): 81-113.

이상원 (2012) 나는 왜 '그녀'를 꺼리는가. 통역과 번역 14(1): 193-211.

이선우, 이상빈 (2017) 글로벌 화장품 광고의 윤리적 메시지는 어떻게 번역되는가. 통역과 번역 19(1): 45-66.

이수현 (번역) (2016) 팁트리 주니어 걸작선 — 체체파리의 비법. 서울: 아작.

이지은 (번역) (2007/2014) 유턴지점에 보물지도를 묻다 / *Burying a treasure map at the U-turn*. 윤성희 저. 파주: 아시아.

이지은, 최효은 (2013) 코퍼스기반 통번역 학습자용 연어사전 구축 방안: 주식용어를 중심으로 한 한국어 및 한국어-영어 연어사전 구축에 관한 예비조사. 통번역학연구 17(2): 117-147.

이해윤 (번역) (2008) 화용론[Pragmatics]. 얀 황 저. 서울: 한국외국어대학교 지식출판콘텐츠원.

이희재 (2009) 번역의 탄생. 서울: 교양인.

임우영, 유덕근 (번역) (2011) 번역이론 입문: 번역학 꿰뚫기[Übersetzungstheorien]. 라데군디스 슈톨체 저. 서울: 한국외국어대학교 지식출판콘텐츠원.

임종우, 이상빈 (2016) 외화제목의 번역규범에 관한 기술적 연구: 2014년 국내 개봉 영미(英美) 영화를 중심으로. 번역학연구 17(1): 127-146.

임현경 (번역) (2015) 전문용어학의 이해[Essays on terminology]. 알랭 레이 저. 서울: 한국외국어대학교 지식출판콘텐츠원.

장민호 (번역) (2016) (멀티)미디어 번역: 개념, 실무, 그리고 연구[(Multi)media translation]. 이브즈 겜비어, 헨릭 코틀리브 편저. 서울: 한국외국어대학교 지식출판콘텐츠원.

전미세리 (번역) (2012) 원미동 시인 / *The poet of Wŏnmi-dong*. 양귀자 저. 파주: 아시아.

전미세리 (번역) (2014a) 먼지별 / *Dust star*. 이경 저. 파주: 아시아.

전미세리 (번역) (2014b) 문 앞에서 / *Outside the door*. 이동하 저. 파주: 아시아.

전승희 (번역) (2013) 슬로우 불릿 / *Slow bullet*. 이대환 저. 파주: 아시아.

전승희 (번역) (2014) 이베리아의 전갈 / *Dishonored*. 최민우 저. 파주: 아시아.

정영목 (번역) (2003) 영원한 이방인[Native speaker]. 창래 리(이창래) 저. 서울: 도서출판 나무와숲.

정호정 (2007) 제대로 된 통역·번역의 이해. 서울: 한국문화사.

제이미 챙 (번역) (2013a) 성탄특선 / *Christmas specials*. 김애란 저. 파주: 아시아.

제이미 챙 (번역) (2013b) 유자소전 / *A brief biography of Yuja*. 김애란 저. 파주: 아시아.

제인 리 (번역) (2013) 월행 / *A journey under the moonlight*. 송기원 저. 파주: 아시아.

조성은 (2014) 영상번역 연구의 동향과 전망. 번역학연구 15(2): 205-224.

조의연 (2011) 영한 번역과정에 나타난 외축의 명시화: 비대칭 'and' 접속 구문의 화용의미 분석. 번역학연구 12(2): 185-206.

진실로 (2012) 주제구조를 고려한 영한 번역전략. 통번역학연구 16(4): 221-241.

최성희 (2013) 뉴스위크 번역을 통한 식민 담론의 전복. 번역학연구 14(1): 355-387.

최희경 (2016) 코퍼스 분석에 기반한 한국어 기사문 번역과 비번역의 문체 비교 연구. 통역과 번역 18(1): 231-255.

코오롱스포츠 (2013. 7. 3.) 사랑의 가위바위보 (배리어프리버전) One perfect day (Barrier free version). https://www.youtube.com/watch?v=HbZTI971YIA.

크리스 최 (번역) (2013) 직선과 독가스 — 병동에서 / *Straight lines and poison gas: At the hospital wards*. 임철우 저. 파주: 아시아.

테레사 김 (번역) (2015) 알바생 자르기 / *Fired*. 장강명 저. 파주: 아시아.

한국외국어대학교 문화번역 연구사업팀 (2016) 통번역 분야의 실용적 활용 토대 마련을 위한 〈한국문화 번역 용례집〉 및 DB 구축(연구책임자: 조성은). 대한민국 교육부-한국연구재단 토대기초연구지원 사업보고서.

한국일보 (번역) (2009) 블론디. http://www.blondie.net.

현진만 (번역) (1995) 네이티브 스피커[Native speaker]. 창래 리(이창래) 저. 서울: 미래사.

Aixelá, J. F. (1996) Culture-specific items in translation. In R. Álvarez and M. Carmen-África Vidal (Eds.), *Translation, power, subversion*. Clevedon: Multilingual Matters, 52-78.

Anonymous (n.d.) Panasonic portable CD player operating instructions. ftp://ftp.panasonic.com/audio/om/sl-sv550_en_om.pdf.

Anonymous (n.d.) Understanding and using population projections. http://www.prb.org/Publications/Reports/2001/UnderstandingandUsingPopulationProjections.aspx.

Anonymous (September 4, 2008) Bihar's annual sorrow. *The Economist*. http://www.economist.com/node/12070508.

Anonymous (March 10, 2012) From brawn to brain. *The Economist*. http://www.economist.com/node/21549938.

Anonymous (August 19, 2015) South Korea: Sunglasses ban for cash machine users. *BBC News*. http://www.bbc.com/news/blogs-news-from-elsewhere-33988515.

Apter, R. and Herman, M. (2016) *Translating for singing: The theory, art and craft of translating lyrics*. London: Bloomsbury.

Baker, M. (1993) Corpus linguistics and translation studies: Implications and applications. In M. Baker, G. Francis and E. Tognini-Bonelli (Eds.), *Text and technology: In honour of John Sinclair*. Amsterdam & Philadelphia: John Benjamins.

Baker, M. (2011) *In other words: A coursebook on translation* (2nd ed.). London & New York: Routledge.

Bielsa, E. and Bassnett, S. (2009) *Translation in global news*. London: Routledge.

Bort, R. (September 2, 2016) 'Mascots' looks to be Christopher Guest's first mockumentary masterpiece in years. *Newsweek*. http://www.newsweek.com/mascots-trailer-christopher-guest-netflix-495131.

Bureau of Economic Analysis (2015) What is the difference between an "entity" and a "person"? https://www.bea.gov/faq/index.cfm?faq_id=1061.

Burleigh, N. (April 14, 2017) Meet the billionaires who run Trump's government. *Newsweek*. http://www.newsweek.com/2017/04/14/donald-trump-cabinet-billionaires-washington-579084.html.

Cao, D. (2007) *Translating law*. Toronto: Multilingual Matters.

Castro, O. (2009) (Re)-examining horizons in feminist translation studies: Towards a third wave? (Translated by M. Andrews). *MonTI* 1: 1-17.

Chesterman, A. (2016) *Memes of translation: The spread of ideas in translation theory*. Amsterdam: John Benjamins.

Cho, B-H. (1990) *The fact that I am lonely: Selected poems of Cho Byung-Hwa* (Translated by K. O'Rourke). Seoul: Universal Publications Agency.

Chun, K-J. (2001). *The land of the banished*. Seoul: Jimoondang.

Colina, S. (2015) *Fundamentals of translation*. Cambridge: Cambridge University Press.

Croy, W. G. (2004) *The Lord of the Rings*, New Zealand, and tourism: Image building with film. *Department of Management working paper 10/04*, Monash University.

Delabastita, D. (1993) *There's a double tongue: An investigation into the translation of Shakespeare's wordplay with special reference to* Hamlet. Amsterdam: Rodopi.

Delabastita, D. (1996) Introduction. In D. Delabastita (Ed.), *Wordplay and translation*, 127-139.

Díaz Cintas, J. and Remael, A. (2007) *Audiovisual translation: Subtitling*. Manchester: St. Jerome.

Elliott, M. (August 3, 2001). Are you worried yet? *Time*. http://content.time.com/time/magazine/article/0,9171,172518,00.html.

Firger, J. (October 18, 2016) Containing Zika: Inside the battle to prevent a U.S. epidemic. *Newsweek*. http://europe.newsweek.com/preventing-zika-epidemic-506685?rm=eu.

Friedman, T. L. (2006) *The world is flat: A brief history of the twenty-first century* (Updated and expanded version). New York: Farrar, Straus and Giroux.

Fuchs, M. (March 4, 2011) China's deepening Arab ties: The dragon in the desert. *Reuters world news*. http://in.reuters.com/article/idINIndia-55326420110304.

Fulton, B. and Fulton, J-C. (trans.) (1985) A dream of good fortune [돼지꿈]. *Korea Journal* 25(4): 39-60.

Fulton, B. and Fulton, J-C. (trans.) (2009) *The red room: Stories of trauma in contemporary Korea*. Honolulu: University of Hawai'i Press.

Fulton, B. and Fulton, J-C. (trans.) (2007) A dream of good fortune [돼지꿈]. In M. Pihl, B. Fulton and J-C. Fulton (Eds.), *Land of exile: Contemporary Korean fiction*. London: Routledge, 101-131.

Gaffey, C. (July 20, 2016) Bosnian Pokémon Go players warned to avoid landmines. *Newsweek*. http://europe.newsweek.com/bosnian-charity-warns-pokemon-go-users-dont-step-landmines-482140?rm=eu.

Gamson, D. A. (October 5, 2015) The dismal toll of the war on teachers. *Newsweek*. http://www.newsweek.com/dismal-toll-war-teachers-379951.

García Álvarez, A. M. (2007) Evaluating students' translation process in specialized translation: Translation commentary. *Journal of Specialised Translation* 7. http://www.jostrans.org/issue07/art_alvarez.php.

Genette, G. (1997) *Paratexts: Thresholds of interpretation* (Translated by Jane E. Lewin). Cambridge: Cambridge University Press.

Goodin, D. (April 1, 2017) Smart TV hack embeds attack code into broadcast signal — no access required. *ARS Technica*. https://arstechnica.com/security/2017/03/smart-tv-hack-embeds-attack-code-into-broadcast-signal-no-access-required.

Goodman, L. M. (September 7, 2016) 9/11's second wave: Cancer and other diseases linked to the 2001 attacks are surging. *Newsweek*. http://www.newsweek.com/2016/09/16/9-11-death-toll-rising-496214.html.

Gordon, J. and Gupta, P. (2005) Understanding India's services revolution. In W. Tseng and D. Cowen (Eds.), *India's and China's recent experience with reform and growth*. London: Palgrave, 229-250.

Graham, D. L. R., Rawlings, E. I. and Rigsby, R. K. (1994) *Loving to survive: Sexual terror, men's violence, and women's lives*. New York: New York University Press.

Halliday, M. A. K. (1985) *Introduction to functional grammar*. London: Arnold.

Harford, T. (2006) *The undercover economist: Exposing why the rich are rich, the poor are poor — and why you can never buy a decent used car!* New York: Oxford University Press.

Hatim, B. (2001) *Teaching and researching translation*. Harlow: Pearson Education.

House, J. (1997) *Translation quality assessment: A model revisited*. Tübingen: Gunter Narr.

Hurtado Albir, A. and Molina, L. (2002) Translation techniques revisited: A dynamic and functionalist approach. *Meta* 47(4): 498-512.

Jakobson, R. (1959/2004) On linguistic aspects of translation. In L. Venuti (Ed.), *The translation studies reader* (2nd ed.). London: Routledge.

Jeffreys, S. (2014) *Gender hurts: A feminist analysis of the politics of transgenderism*. London: Routledge.

Kallaugher, K. (April 6, 2013) KAL's cartoon (The world this week). *The Economist*. http://www.economist.com/news/world-week/21575770-kals-cartoon.

Kang, M. (2016) *The story of Hong Gildong*. New York: Penguin Classics.

Kennedy, C. (1982) Systemic grammar and its use in literary analysis. In R. Carter (Ed.), *Language and literature: An introductory reader in stylistics*. London: George Allen & Unwin, 82-99.

Knauer, K. (April 6, 2017) I want you: The story behind the iconic recruitment poster. *Time*. https://time.com/4725856/uncle-sam-poster-history.

Koskinen, K. (2000) Institutional illusions: Translating in the EU commission. *The Translator* 6(1): 49-65.

Lee. B. J. (February 23, 2008) South Korea's Sarkozy. *Newsweek*. http://europe.newsweek.com/south-koreas-sarkozy-93829?rm=eu.

Lee, C. (1995) *Native speaker*. New York: Riverhead Books.

Lee, S-B. (2009a) Wordplay translation and speech acts: An investigation into students' translation of newspaper headlines. *Korean Journal of Applied Linguistics* 25(1): 227-258.

Lee, S-B. (2009b) An investigation into the legal translation guideline: With special reference to the Korea-US FTA. *The Journal of Translation Studies* 10(2): 303-331.

Lee, S-B. (2009c) The socio-legal and training landscape of healthcare interpreting in Korea: From the viewpoint of medical tourism. *The Journal of Translation Studies* 10(4): 115-154.

Lee, S-B. (2010) Translation commentary as a pedagogical tool for undergraduate translation courses. *Korean Journal of Applied Linguistics* 26(3): 229-264.

Lee, S-B. (2012) Old habits die hard? A case study of students' summary translations. *The Journal of Translation Studies* 13(3): 83-111.

Lee, S-B. (2013) A tale of two translations: A comparative register analysis of UNCRC summary translations. *Interpreting and Translation Studies* 17(1): 135-157.

Lee, S-B. (2019) Marshall R. Pihl and his view on how to enrich Korean literature in translation. *Sungkyun Journal of East Asian Studies* 19(2): 147-165.

Lee, S-B. (2021) Marshall R. Pihl's translation of *ch'ang* (song) in "Sim Ch'ŏng ka." *Acta Koreana* 24(2): 31-54.

Lee, S-B. (2023) Radical feminist translations and strategies: A South Korean case. *Translation*

Studies 16(1): 101-117.

Lee, S-Y. (December 31, 2015) Competition heating up in fintech sector. *The Korea Herald*. http://www.koreaherald.com/view.php?ud=20151231000832.

Lefringhausen, K. (2016) After Brexit, nationals could take a lesson in integration from immigrants. *The Conversation*. http://theconversation.com/after-brexit-nationals-could-take-a-lesson-in-integration-from-immigrants-63674.

Library of Congress (n.d.) *What Are YOU Doing for Preparedness? / James Montgomery Flagg*. https://www.loc.gov/item/2016651594.

Longman Dictionary of Contemporary English Online. http://www.ldoceonline.com.

Lörscher, W. (1996) A psycholinguistic analysis of translation processes. *Meta* 41(1): 26-32.

Lowell, J. (2007) *Investing from scratch: A handbook for the young investor*. New York: Penguin Books.

Maney, K. (May 15, 2015) Quantum computers will make your laptop look like an abacus. *Newsweek*. http://www.newsweek.com/2015/05/15/quantum-computers-will-make-your-laptop-look-abacus-327676.html.

Martin Ruano, M. R. (2015) (Trans)formative theorising in legal translation and/or interpreting: A critical approach to deontological principles. *The Interpreter and Translator Trainer* 9(2): 141-155.

Mason, I. (1994) Discourse, ideology, and translation. In R. de Beaugrande, A. Shunnaq and M. H. Heliel (Eds.), *Language, discourse and translation in the West and Middle East*. Amsterdam: John Benjamins, 23-34.

Mayo Clinic (2015a) *Bartholin's cyst: Definition*. http://www.mayoclinic.org/diseases-conditions/bartholin-cyst/basics/definition/con-20026333.

Mayo Clinic (2015b) *Itchy skin (pruritus): Definition*. http://www.mayoclinic.org/diseases-conditions/itchy-skin/home/ovc-20262856.

McEnery, T., Xiao, R., and Tono, Y. (2006) *Corpus-based language studies: An advanced resource book*. London & New York: Routledge.

Mcneese, T. (2002) *The American colonies*. Dayton, OH: Milliken Publishing Company.

Moon, I. (January 31, 2008) Hyundai bets big on India and China. *Bloomberg*. https://www.bloomberg.com/news/articles/2008-01-30/hyundai-bets-big-on-india-and-chinabusinessweek-business-news-stock-market-and-financial-advice.

Mossop, B. (2007) *Revising and editing for translators*. Manchester: St. Jerome.

Munday, J. (2012) *Introducing translation studies: Theories and applications* (3rd ed.). London & New York: Routledge.

Nam, W. (2008) How students translate culture-specific items: An analysis of student translations & suggestions for improvement. *The Journal of Translation Studies* 9(3): 151-175.

Naughton, K. (June 18, 2008) Naughton: The car of the future. *Newsweek*. http://www.newsweek.com/naughton-car-future-90667.

Newmark, P. (1981) *Approaches to translation*. Oxford: Pergamon.

Nida, E. A. (1964) *Toward a science of translating*. Leiden: E. J. Brill.

Nord, C. (1997) *Translating as a purposeful activity*. London: Routledge.

Nord, C. (2005) *Text analysis in translation: Theory, methodology, and didactic application of a model for translation-oriented text analysis* (2nd ed.). New York: Rodopi.

Norma, C. (2015) *The Japanese comfort women and sexual slavery during the China and Pacific Wars*. London: Bloomsbury.

OECD Working Group on Bribery (2008) *Annual report 2008*. http://www.oecd.org/daf/anti-bribery/44033641.pdf.

O'Rourke, K. (1995) *Poems of a wanderer: Selected poems of Midang So Chong-Ju*. Dublin: Dedalus.

O'Rourke, K. (2006) *The book of Korean poetry: Songs of Shilla and Koryŏ*. Iowa City, IA: University of Iowa Press.

Palumbo, G. (2009) *Key terms in translation studies*. London: Continuum.

Pérez-González, L. (2007) Fansubbing anime: Insights into the 'butterfly effect' of globalisation on audiovisual translation. *Perspectives* 14(4): 260-277.

Pihl, M. (trans.) (1967) A stray bullet [오발탄]. *Korea Journal* 7(5): 16-28.

Pihl, M. (trans.) (1968) The tale of Hong Kil-tong [홍길동전(경판본)]. *Korea Journal* 8(7): 4-17.

Pihl, M. (trans.) (1970) Nami and the taffyman [남이와 엿장수]. *Korea Journal* 10(12): 15-20.

Pihl, M. (trans.) (1971) Kapitan Lee [꺼삐딴 리]. *Korea Journal* 11(1): 29-41.

Pihl, M. (trans.) (1973a) Nami and the taffyman [남이와 엿장수]. In M. Pihl (Ed.), *Listening to Korea: A Korean anthology*. New York: Praeger, 179-191.

Pihl, M. (trans.) (1973b) Kapitan Lee [꺼삐딴 리]. In M. Pihl (Ed.), *Listening to Korea: A Korean anthology*. New York: Praeger, 85-112.

Pihl, M. (trans.) (1985) Uncle. In M. Pihl (Ed.), *The good people: Korean stories by Oh Yong-su*. Hong Kong: Heinemann Asia, 33-43.

Pihl, M. (trans.) (1985) Nami and the taffyman [남이와 엿장수]. In M. Pihl (Ed.), *The good people: Korean stories by Oh Yong-su*. Hong Kong: Heinemann Asia, 1-17.

Pihl, M. (trans.) (1993a) The post horse curse [역마]. In M. Pihl, B. Fulton and J-C. Fulton (Eds.),

Land of exile: Contemporary Korean fiction. New York: M.E. Sharp/UNESCO, 15-33.

Pihl, M. (trans.) (1993b) Kapitan Ri [꺼삐딴 리]. In M. Pihl, B. Fulton and J-C. Fulton (Eds.), *Land of exile: Contemporary Korean fiction.* New York: M.E. Sharp/UNESCO, 59-83.

Pihl, M. (trans.) (1993c) Seoul: 1964, winter [서울, 1964년 겨울]. In M. Pihl, B. Fulton and J-C. Fulton (Eds.), *Land of exile: Contemporary Korean fiction.* New York: M.E. Sharp/UNESCO, 84-101.

Pihl, M. (trans.) (1993d) Land of exile [유형의 땅]. In M. Pihl, B. Fulton and J-C. Fulton (Eds.), *Land of exile: Contemporary Korean fiction.* New York: M.E. Sharp/UNESCO, 200-243.

Pihl, M. (1994) *The Korean singer of tales.* Cambridge, MA: Harvard University Press.

Rauhala, E. (December 17, 2012) History's child. *Time.* http://content.time.com/time/subscriber/article/0,33009,2130926-3,00.html.

Reiss, K. (1971/2000) *Translation criticism: Potential and limitations. Categories and criteria for translation quality assessment* (Translated by E. F. Rhodes). Manchester: St Jerome.

Revere, E. J. R. (August 22, 2013) The United States and Japan in East Asia: Challenges and prospects for the alliance. *Brookings.* https://www.brookings.edu/research/the-united-states-and-japan-in-east-asia-challenges-and-prospects-for-the-alliance.

Ross, E. and Holland, A. (2006) *100 great businesses and the minds behind them.* Naperville, Illinois: Sourcebooks.

Sacco, J. (2001) *Palestine.* Seattle: Fantagraphics Books.

Sanger, D. E. (May 11, 2016) Obama's visit raises ghosts of Hiroshima. *The New York Times.* https://www.nytimes.com/2016/05/11/world/asia/hiroshima-atomic-bomb.html?_r=0.

Šarčević, S. (1997/2000) *New approach to legal translation.* The Hague: Kluwer Law International.

Schleiermacher, F. (2004) On the different methods of translating. In L. Venuti (Ed.), *The translation studies reader* (2nd ed.). London: Routledge, 43-63.

Simon, S. (1996) *Gender in translation: Cultural identity and the politics of transmission.* London: Routledge.

Snell-Hornby, M. (2006) *The turns of translation studies.* Amsterdam: John Benjamins.

Steverman, B. (April 4, 2017) Young Americans are killing marriage. *Bloomberg.* https://www.bloomberg.com/news/articles/2017-04-04/young-americans-are-killing-marriage.

Thompson, G. (2014) *Introducing functional grammar* (3rd ed.). London: Routledge.

Torresi, I. (2010) *Translation promotional and advertising texts.* London: Routledge.

Toury, G. (1995) *Descriptive translation studies — and beyond.* Amsterdam: John Benjamins.

UNICEF (n.d.) *Fact sheet: A summary of the Convention of Human Rights of the Child.* https://www.unicef.org/crc/files/Rights_overview.pdf.

Valdeón, R. A. (2015) Fifteen years of journalistic translation research and more. *Perspectives* 23(4): 634-662.

van Doorslaer, L. (2012) Translating, narrating and constructing images in journalism with a test case on representation in Flemish TV news. *Meta* 57(4): 1046-1059.

Veninga, R. L. (2002) Reclaiming our values: Lessons from tragedy. *Health Progress* (January-February): 10-47.

Venuti, L. (2008) *The translator's invisibility: A history of translation.* London: Routledge.

Vinay, J.-P. and Darbelnet, J. (2004) A methodology for translation. In L. Venuti (Ed.), *The translator's invisibility: A history of translation.* London: Routledge, 128-137.

von Flotow, L. (1991) Feminist translation: Contexts, practices and theories. *TTR* 42: 69-84.

개정판

생각을 키우는 번역학 수업
번역 실무와 이론을 한 번에

초판 발행	2017년 8월 25일
개정판 발행	2023년 3월 2일

지은이	이상빈
발행인	고윤성
기획	신선호 박경민
편집장	장혜정
도서편집	노재은 변다은
디자인	정정은 최선아 김대욱
인사행정	이근영
재무회계	김문규 정예찬
전자책·사전	변다은
발행처	한국외국어대학교 지식출판콘텐츠원
	02450 서울특별시 동대문구 이문로 107
	전화 02)2173-2493~7
	FAX 02)2173-3363
	홈페이지 http://press.hufs.ac.kr
	전자우편 press@hufs.ac.kr
	출판등록 제6-6호(1969. 4. 30)
인쇄·제본	(주)케이랩 053)583-6885

ISBN 979-11-5901-919-7 [13700]   정가: 19,000원

이 책의 초판은 교육부 및 한국연구재단의 대학인문역량강화사업
(CORE) 지원에 의해 HUFS 인문학총서로 출판되었음